职业教育外语类专业教学标准的研制及阐释

主　编　　常红梅

副主编　　王月会　卢玲蓉

编　者　　王喜雪　彭海蕾　谢金艳

　　　　　何　芸　王成霞　李慧华

外语教学与研究出版社
FOREIGN LANGUAGE TEACHING AND RESEARCH PRESS
北京 BEIJING

图书在版编目（CIP）数据

职业教育外语类专业教学标准的研制及阐释 / 常红梅主编；王月会，卢玲蓉副主编；王喜雪等编. -- 北京：外语教学与研究出版社，2024.12
ISBN 978-7-5213-4929-0

Ⅰ. ①职… Ⅱ. ①常… ②王… ③卢… ④王… Ⅲ. ①外语教学－职业教育－课程标准－研究 Ⅳ. ①H09

中国国家版本馆 CIP 数据核字（2023）第 234682 号

职业教育外语类专业教学标准的研制及阐释
ZHIYE JIAOYU WAIYULEI ZHUANYE JIAOXUE BIAOZHUN DE YANZHI JI CHANSHI

出 版 人　王　芳
责任编辑　武春华
责任校对　华　玉
封面设计　梧桐影
版式设计　彩奇风
出版发行　外语教学与研究出版社
社　　址　北京市西三环北路 19 号（100089）
网　　址　https://www.fltrp.com
印　　刷　北京天泽润科贸有限公司
开　　本　710×1000　1/16
印　　张　20
字　　数　297 千字
版　　次　2024 年 12 月第 1 版
印　　次　2024 年 12 月第 1 次印刷
书　　号　ISBN 978-7-5213-4929-0
定　　价　108.00 元

如有图书采购需求，图书内容或印刷装订等问题，侵权、盗版书籍等线索，请拨打以下电话或关注官方服务号：
客服电话：400 898 7008
官方服务号：微信搜索并关注公众号"外研社官方服务号"
外研社购书网址：https://fltrp.tmall.com

物料号：349290001

编委会

前　言

　　职业教育教学标准是国家职业教育标准体系重要组成部分，是指导和管理职业院校教学工作的主要依据，是保证教育教学质量和人才培养规格的基本文件。党的十八大以来，教育部积极推进职业教育标准体系建设，先后发布了包括专业目录、专业教学标准、公共基础课程标准、顶岗实习标准、专业仪器设备装备规范等在内的职业教育国家教学标准，形成了较为完善的国家职业教育标准体系。

　　近年来，职业教育外语类专业标准体系建设成效显著。2012 年，高职商务英语、旅游英语、应用英语以及英语教育专业教学标准相继颁布；2015 年，外语类专业目录内由原来的 26 个专业合并、调整为 16 个；2016 年和 2018 年，《高等职业学校旅游英语专业顶岗实习标准》《高等职业学校应用西班牙语专业顶岗实习标准》相继颁布；2021 年，教育部公布《职业教育专业目录（2021 年）》，其中，中职外语类专业共有 9 个，高职外语类专业 16 个，职业本科外语类专业 7 个。2021 年，《高等职业教育专科英语课程标准（2021 年版）》颁布。外语类专业目录、专业简介、专业教学标准、课程标准、顶岗实习标准的颁布，为规范和提高外语类专业人才培养质量起到了重要指导作用。

　　为深入贯彻全国职业教育大会精神，落实《教育部关于印发〈职业教育专业目录（2021 年）〉的通知》（教职成〔2021〕2 号）要求，发挥新版《目录》的规范引领作用，指导职业院校全面修（制）订专业人才培养方案，2021 年 8 月，教育部组织开展了《职业教育专业简介》和《职业教育专业教学标准》）修（制）订工作。教育部职业院校外语类专业教学委员会（以下简称"外语教指委"）在教育部的领导下，高质量完成了 32 个外语类专业的专业简介及专业教学标准修（制）订工作并首次通过专家验收。笔者作为外语教指委常务副主任委员兼秘书长，担任本次标准修（制）订工作的总负责人。由于篇幅有限，本书仅阐述 14 个高职专科及 1 个职业本科专业教学标准。

本次标准研制工作自启动以来，先后有 728 所院校，1407 家行业企业，82 家机构以及一万多名学生参与了调研，历经数十次的研讨、研制、审核、修改和完善。新修订的标准与时俱进，反映了社会、经济的发展对外语人才提出的最新要求；对标国家相关政策和要求，确保顶层指导和规范引领作用；明确了外语类专业以相关语言能力为专业基础能力，"语言 +"复合应用能力为专业核心能力。标准对于加快发展现代职业教育、加快实现职业教育现代化具有重要意义，有利于推动职业教育提升内涵和可持续发展，为提高技术技能人才培养质量提供了明确的规范和引领。

职业教育外语类专业旨在培养生产、建设、服务领域的技术技能人才，强调发挥语言优势、服务就业岗位，体现就业导向、市场导向、能力导向的职业教育的人才培养的宗旨。期待本书的出版能对职业外语教育有所裨益，能够帮助职业院校深化外语教学改革，找准办学定位，凸显办学特色，完善专业内涵，明确专业培养目标，规范专业培养规格，提高复合型外语人才的培养质量，从而开创外语类专业建设新局面。

本书共分为两大部分。

第一部分是理论篇。第一章主要对职业教育外语类专业教学标准建设的背景进行详细分析，梳理了职业教育的发展历程，外语类专业教学标准研制的背景以及外语类专业教学标准的现状；第二章侧重构建标准建设的内涵与理论基础，主要对专业教学标准的内涵进行解析，从马克思主义关于人的全面发展的理论、行动体系课程理论、行动导向教学理论三个角度论述了专业教学标准的理论基础；第三章阐述标准建设的原则和方法，从系统性、科学性、政策性、共性与个性结合、规范性和前瞻性等原则以及文献研究法、专家调查法、调查研究法等方面为标准研制搭建了框架。第四章对标准研制进行了深入的解读，包括标准定位、标准的研制过程、标准框架、标准特点以及实施建议。

第二部分是实践篇。包括本次修订的高等职业教育专科 14 个专业的教学标准以及高等职业教育本科应用英语专业教学标准。专业教学标准框架共包括 11 个方面的内容：概述、专业名称（专业代码）、入学基本要求、基本修业年限、职业面向、培养目标、培养规格、课程设置及学时安排、师资队伍、教学条件、质量保障和毕业要求。新标准坚持把立德树人贯穿于职业教育外语教学的全过程；充分对接市场、对接职业岗位，做到产教融合；体现数字经济时代人才信息化素养的培养；深化教师、教材、教法改革；加强贯通培养，体现中高本一体化设计。

本书的撰写以及标准的研制工作得到了外语教指委的大力支持及全国多所职业院校的积极响应，得到了众多职业教育和外语教育领域专家的指导；本书还参考了部分标准的调研报告。感谢参与标准研制工作的、奋斗在职业教育一线的广大外语教师，尤其要感谢编委会中标准研制组组长带领的团队，在标准研制过程中立足实践，精益求精。正是有了他们的辛苦付出，标准研制才得以顺利完成。此外，北京联合大学对本书的出版进行了资助，在此深表谢意。最后，对外语教学与出版社在本书出版过程中提供的修改和编校建议致以谢意！

由于时间和水平所限，书中难免存在疏漏，恳请各位专家、同仁不吝批评指正！

常红梅

2024 年 11 月

目　录

第二篇　实践篇

第一篇

理论篇

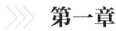

第一章
职业教育外语类专业教学标准建设的背景分析

第一节 / 职业教育的发展

党的十八大以来，尤其是 2019 年国务院颁布《国家职业教育改革实施方案》（职教 20 条）指出："职业教育与普通教育是两种不同教育类型，具有同等重要地位。要求把职业教育摆在教育改革创新和经济社会发展中更加突出的位置。"[①] 这体现了党中央国务院对职业教育的高度重视和下大力气抓好职业教育的决心，成为进一步办好职业教育发展的战略部署和行动指南。职业教育主动对接市场需求，不断优化专业结构，人才培养质量稳步提升，取得了历史性成就。

2021 年 4 月全国职业教育大会召开。这次大会的召开，充分体现了以习近平同志为核心的党中央对职业教育工作的高度重视，凸显了职业教育在国家人才培养体系中的基础性作用，对于立足新发展阶段、贯彻新发展理念、构建新发展格局、推动高质量发展，具有重大而深远的意义，是我国职业教育发展史上的重要里程碑。[②]

2021 年 10 月中共中央办公厅、国务院办公厅印发了《关于推动现代职业教育高质量发展的意见》，指出要坚持党的领导，坚持正确办学方向，

---

① 中华人民共和国教育部. 国务院关于印发国家职业教育改革实施方案的通知 [EB/OL]. （2019-01-24）[2022-06-20]. http://www.moe.gov.cn/jyb_xxgk/moe_1777/moe_1778/201904/t20190404_376701.html.

② 中华人民共和国教育部. 教育部关于学习宣传贯彻习近平总书记重要指示和全国职业教育大会精神的通知 [EB/OL]. （2021-04-26）[2022-06-20]. http://www.moe.gov.cn/srcsite/A07/s7055/202104/t20210429_529235.html.

坚持立德树人，优化类型定位，深入推进育人方式、办学模式、管理体制、保障机制改革，切实增强职业教育适应性，加快构建现代职业教育体系，建设技能型社会，弘扬工匠精神，培养更多高素质技术技能人才、能工巧匠、大国工匠，为全面建设社会主义现代化国家提供有力人才和技能支撑。[①]这些政策和文件的出台标志着我国职业教育发展进入新的阶段，职业教育走向教育教学改革与高质量发展的新阶段。

当前，我国正行进在全面建设社会主义现代化强国的新征程上，推动职业教育实现高质量发展，既是职业教育自身的内在要求，也是建设制造强国，实现高质量发展的客观需要。社会主义建设不仅需要拔尖创新人才，也需要数以亿计的高素质技术技能人才。要深刻理解高质量发展的内涵，始终把职业教育放在"两个大局"中考量，认清进入新发展阶段的历史方位，完整、准确、全面贯彻新发展理念，服务构建新发展格局。要立足服务数字化转型、智能化升级、绿色化发展，大力培养适应科技进步和生产方式变革、能够胜任生产和服务一线需要、适应数字经济时代发展要求的社会主义合格建设者和接班人。[②]

第二节 / 外语类专业教学标准研制的背景

一、标准研制的背景

国家职业教育标准是一个国家最根本的教育规范，也是职业教育现代化的重要标志之一。职业教育教学标准是国家职业教育标准体系的重要组成部分，是指导和管理职业院校教学工作的主要依据，是保证教育教学质

---

① 中华人民共和国中央人民政府. 中共中央办公厅 国务院办公厅印发《关于推动现代职业教育高质量发展的意见》[EB/OL]. （2021-10-12）[2022-06-20]. https://www.gov.cn/zhengce/2021-10/12/content_5642120.htm.

② 刘建同. 深入学习领会党的十九届六中全会精神，全力推进现代职业教育高质量发展 [J]. 中国职业技术教育，2022（1）：5-11.

量和人才培养规格的基本教学文件。

2019 年国务院印发的《国家职业教育改革实施方案》提出"要将标准化建设作为统领职业教育发展的突破口""建成覆盖大部分行业领域、具有国际先进水平的中国职业教育标准体系"。① 把职业教育看作一种类型教育，不能仅仅看到职业教育与普通教育在特征上的差别，而且要看到它对独立形态职业教育体系建设的需求。② 加快现代职业教育标准体系建设是从根本上固化职业教育作为我国教育体系中类型存在的核心路径。③ 职业教育标准体系是现代职教体系不可或缺的组成部分。

党的十八大以来，教育部积极推进职业教育标准体系建设，先后发布了包括专业目录、专业教学标准、公共基础课程标准、顶岗实习标准、专业仪器设备装备规范等在内的职业教育国家教学标准，形成了较为完善的国家职业教育标准体系。

在新一轮科技和工业革命正在孕育、新的增长动能不断积聚的新时代，培养大批具有核心竞争力的高素质劳动者和技术技能人才是实现教育强国战略的关键；建构"能力本位"的人才观和人才培养标准体系，推动职业教育内涵式高质量发展是时代赋予的历史使命。④ 当前经济社会飞速发展，新业态、新职业、新岗位不断涌现，加强教学标准体系建设，建立健全紧跟产业最新发展、不断完善并动态更新的教学标准体系建设机制，有利于推动职业教育提升内涵和可持续发展，为提高技术技能人才培养质量提供明确的规范和引领。⑤ 紧密对接产业经济发展需求，积极对接国际职业标准，突出"能力本位"的标准体系建设工作不仅是提高职业教育人才培养

---

① 中华人民共和国教育部. 国务院关于印发国家职业教育改革实施方案的通知 [EB/OL].（2019-01-24）[2022-06-20]. http://www.moe.gov.cn/jyb_xxgk/moe_1777/moe_1778/201904/t20190404_376701. html.

② 徐国庆. 确立职业教育的类型属性是现代职业教育体系建设的根本需要 [J]. 华东师范大学学报（教育科学版），2020（1）：1-11.

③ 石伟平，兰金林，刘天笑. 类型化教育改革背景下本科层次职业教育发展的困境与出路 [J]. 现代教育管理，2021（2）：99-104.

④ 杨公安，米靖，周俊利. 新时代职业教育国家标准体系构建的背景及路径 [J]. 中国职业技术教育，2020（25）：36-41.

⑤ 王继平. 职业教育国家教学标准体系建设有关情况 [J]. 中国职业技术教学，2017（24）：5-9.

质量的核心保证，也是完善职业教育治理体系、提高职业教育治理能力的有力尝试。

"十四五"时期是职业教育高质量发展的关键阶段，也是构建现代职业教育新发展格局的重要时期。职业教育的新发展格局不仅是对职业教育发展的目标指向，更是对职业教育发展内涵、结构、要素等的新阐释、新改革和新调整。当前职业教育仍存在几个关键问题，需要进一步解决。一是现代职业教育体系建设方面的问题，如怎样统筹推进职业教育与普通教育的协调发展，巩固职业教育的类型定位；二是产教融合体制机制完善方面的问题，如怎样实现职业教育的人才供给与经济社会发展的人才需求相匹配；三是校企合作方面的问题，如怎样实现校企在专业建设、课程开发、师资互派、实训资源等方面的共建共享；四是职业教育自身内部发展方面的问题，如职业教育如何构建"双师型"教师队伍、改进教学内容和教材、改革教育教学模式和方法、提高职业教育教学质量等。①

为深入解决以上问题，并深入贯彻全国职业教育大会精神，落实《教育部关于印发〈职业教育专业目录（2021年）〉的通知》（教职成〔2021〕2号）要求，发挥新版《目录》的规范引领作用，指导职业院校全面修（制）订专业人才培养方案，教育部组织开展了《职业教育专业简介》和《职业教育专业教学标准》修（制）订工作。工作要求如下：

（一）全面落实立德树人根本任务。以习近平新时代中国特色社会主义思想为指导，全面贯彻党的教育方针，落实立德树人、德技并修，体现课程思政要求，在专业层面落实好为谁培养人、培养什么人的问题。

（二）准确把握职业教育类型特征。厘清中职、高职专科、高职本科不同层次的职业面向，对接职业人才标准，从需求中来，到应用中去，突出先进性，体现引领性，创建职业教育特色鲜明的人才培养标准规范。

（三）深入调研分析新需求。对接新业态、新模式、新技术、新职业，深入调研分析有关职业或技术领域的新需求，梳理出典型工作任务，分析

---

① 王忠昌，侯佳."十四五"时期我国职业教育高质量发展的格局构建——基于18个省份教育事业发展"十四五"规划文本的分析 [J]. 教育与职业，2022（7）：5-12.

素质、知识、能力构成，科学合理确定各层次技术技能人才培养目标与规格，遵循职业教育规律和学生身心发展规律，合理安排教学内容和课程体系。

（四）统筹专家力量和既有成果。发挥行业职业教育教学指导委员会和职业院校专业类教学指导委员会的作用，和目录修订研制组专家的力量，充分用好目录修订工作成果，吸纳转化最新教改成果。

二、外语类专业人才需求情况分析

职业教育外语教育是高等职业教育的重要组成部分，职业教育的大发展同时也促进了外语职业教育教学的改革与发展。伴随着经济社会发展，对外旅游、跨境电商、外贸管理、商务交流、外语教育等领域出现了众多新兴的交叉职业岗位群和技术技能领域，带来对具有国际视野、理解多元文化、懂得国际规则、能够参与国际事务和国际竞争的复合应用型技术技能人才的需求与日俱增。[①]

职业教育外语类专业遵循职业教育教学规律和外语人才成长规律，紧跟时代的发展、经济社会转型升级以及区域经济对复合型外语人才需求的变化，创新人才培养模式，强化实践教学，注重学生技能培养，人才培养质量不断提升，职业教育特色愈发凸显。具有鲜明职业特色的订单式、现代学徒制、中高本贯通等人才培养模式逐渐形成，教师科研、信息化教学能力长足发展，国家规划教材、国家精品课程等课程资源建设取得了显著成绩。此外，全国高职院校开设的外语语种数量稳步增加。目前，高职院校外语语种已从 2009 年的 18 个增长到 2019 年的 32 个，其中，阿尔巴尼亚语、阿拉伯语、爱沙尼亚语、保加利亚语、波兰语、波斯语、柬埔寨语、捷克语、拉脱维亚语、老挝语、立陶宛语、罗马尼亚语、马来语、马其顿语、蒙古语、孟加拉语、缅甸语、葡萄牙语、塞尔维亚语、斯洛伐克语、斯洛文尼亚语、匈牙利语、意大利语、印地语、印尼语等语种为服务国家"一

---

① 常红梅.中国职业教育外语教育发展报告（2009~2019）[M]. 北京：高等教育出版社，2020：23.

带一路"倡议，为企业走出去提供了语言类人才支持。[①]

随着职业教育的发展以及经济社会对人才需求的变化，根据《职业教育专业简介》和《职业教育专业教学标准》修（制）订工作要求，教育部职业院校外语类专业教学指导委员会就外语类专业建设和人才需求展开了调研，调研情况如下：

（一）总体社会人才需求情况

随着国家经济发展和国际交流的日益增强，我国同其他国家间的友好往来日趋频繁，国际贸易、跨境电商等领域进入高速发展期，旅游业成为新的经济增长点。新一轮科技革命和产业变革改变了传统生产方式和服务业态，激发了产业的转型升级，促进了现代服务业的融合发展，推动了外语人才培养多元化，懂专业、懂技术、会外语的"三通"语言服务人才需求激增。

随着"一带一路"倡议的深入实施，我国与"一带一路"共建国家的交流往来日益密切，以英语、阿语、俄语、中文为官方语言的共建国家同中国贸易量的总和达到 58%，其他语种贸易总量占"一带一路"共建国家总贸易量的 42%。能够支持"一带一路"共建国家基础设施建设、能源、资源、经贸、技术研发等相关领域合作的外语服务型人才需求紧迫。

单一语言模式培养的毕业生已不再适应当前经济社会人才需求新变化，语言的运用必须与专业领域的职业实践密切结合，尤其是互联网、物联网、云计算、大数据等新一代信息技术的涌现，我国需要越来越多具备"外语+"能力和"互联网+"思维，熟练使用数字化、信息化办公设备及软件的复合型外语服务人才。

（二）各专业人才需求情况

1. 商务英语专业。 国际贸易、跨境电子商务领域对兼顾商务知识和英

---

① 常红梅. 中国职业教育外语教育发展报告（2009~2019）[M]. 北京：高等教育出版社，2020：23.

语能力，熟悉跨境直播、短视频、数字国际贸易等方面知识的人才需求增加。国际商务管理领域，签证办理、涉外文员、英文客服、商务助理、外贸管理、国际服务外包、涉外招商引资、海外投资等对商务英语人才需求逐步增加。商务翻译领域，大多数中小型企业对既能承担翻译工作，又能胜任商务管理、国际贸易或跨境电子商务等活动的复合型人才需求量不断增大。

2. 应用英语专业。人才需求越来越倾向领域专业化，需要大量兼备较强英语语言能力和不同领域业务技能、职业素养，能够从事外贸、英语翻译、涉外企业服务、涉外事务管理等工作的应用型服务人才。

3. 英语教育专业。在线英语教育行业人才需求缺口较大，少儿英语教师需求急剧上升。英语教育专业人才必须发音标准、表达流畅，能够使用标准教学口语组织教学，同时需熟练掌握和应用现代教育技术，如：直播课堂、录播课堂、手机 App 等各类信息化教学工具，适应在线教育或线上线下混合式教学模式。

4. 旅游英语专业。具备国际视野、理解多元文化、懂得国际规则的国际化特色鲜明的旅游英语专业技能人才需求旺盛。全球新冠疫情使涉外旅游业市场受到重创，具备"互联网＋"思维的在线旅游从业人员需求缺口凸显。

5. 商务日语专业。对日贸易（外贸业务员、外贸跟单员、采购员、外贸单证员）、商务管理与服务（经理助理、商务文员、商务专业人员、日文录入员）、日语翻译、跨境电商运营与客服等岗位人才需求较大。企业特别需要具备听说读写译日语语言应用能力，兼备商务办公、谈判、销售、进出口业务操作等能力，熟练使用各种办公自动化设备及办公软件的人才。

6. 旅游日语专业。日本市场在出入境旅游中仍处于重要地位，在未来一段时期内，与日本出入境旅游相关的从业人员仍将是行业发展的急需。能够熟练掌握日语，并在旅游策划、旅游会展、旅游传媒、旅游产品设计、旅游营销管理以及旅游信息化等方面有所涉及的复合型技能人才需求旺盛。

7. 应用日语专业。日语翻译、涉日企业生产管理人员、涉日企业文秘人员、涉日企业人力资源管理人员、涉日企业经营管理人员等职业岗位需求较大。最紧缺的是既会日语又熟悉行业知识（如汽车、电器或化工等）、外贸业务流程、质量管理、人力资源管理等方面的复合型技术技能型日语人才。

8. 韩语专业。韩语翻译、人事专员、生产管理、品质管理、财务担当、外贸业务员、韩语销售、韩语客服、酒店前台、餐厅服务等职业岗位需求较大。企业认为高职应用韩语专业学生最重要的职业能力从高到低排列分别为学习能力、语言交流能力、人际沟通与协调能力、团队合作能力、开拓创新能力、跨文化交际能力、动手实践能力和营销能力等。

9. 俄语专业。人才需求领域由以对外贸易（含跨境电商、国际物流等）领域和涉外旅游（含涉外酒店、会展等）领域为主导，转变为这两个领域只略占优势，而诸如国际航空、高铁、国际邮轮、互联网涉外客服（国际呼叫业务）、涉外健康服务等新兴产业日益增加。外贸业务员、导游员、涉外酒店服务员、涉外文秘、互联网涉外客服、国际呼叫服务员等利用俄语作为服务工具的岗位需求变大。企业重视俄语口笔译综合运用能力及职业素养（学习能力、团队合作精神、跨文化交际能力、组织协调及公关能力、独立处理问题能力等）和个人综合素质（道德修养、责任心、诚信品质、敬业精神、吃苦耐劳、协调人际关系能力等）等。

10. 越南语专业。在国际商务服务领域，签证服务、涉外文秘、外贸服务、商务翻译、涉外导游及涉外酒店管理等领域对越南语翻译人才的需求不断增加。在跨境电商、国际物流、商务服务、涉外事务管理、旅游管理及其服务等领域的越南语人才需求逐步增加。企业需要具备以听、说、读、写、译为核心的越南语语言应用能力，兼备计算机网络技能、营销沟通技能、跨文化交际技能等能力的语言服务型人才。

11. 泰语专业。掌握泰、汉、英语言，具备国际贸易、跨境电商、旅游服务、对外汉语教学等职业能力的泰语专业复合型人才需求较大。商务服务业（包括翻译、涉外事务管理、涉外旅游服务）、批发和零售业（包括国际贸易和跨境电子商务）、教育（主要是在泰国汉语培训机构）等职业岗位人才需求为主。

第三节 / 外语类专业教学标准的现状

专业目录、公共基础课程标准、专业教学标准、顶岗实习标准和专业仪器设备装备规范等共同构成了职业教育国家教学标准体系。教学标准体系建设对于加快发展现代职业教育、加快实现职业教育现代化具有重要意义，有利于推动职业教育提升内涵和可持续发展，为提高技术技能人才培养质量提供明确的规范和引领。[①]2017 年在教育部举行的新闻发布会上，教育部职业教育与成人教育司司长王继平宣布："具有中国特色的我国职业教育国家教学标准体系框架基本形成。"[②]

职业教育外语教育是高等职业教育的重要组成部分，职业教育的大发展同时也促进了外语职业教育教学的改革与发展。职业教育外语类专业标准体系建设成绩明显。2012 年高职商务英语、旅游英语、应用英语以及英语教育专业教学标准相继颁布；2015 年外语类专业目录内由原来的 26 个专业合并、调整为 16 个；2016 年和 2018 年，《职业院校旅游英语顶岗实习标准》《职业院校西班牙语顶岗实习标准》相继颁布；2021 年，教育部公布《职业教育专业目录（2021 年）》，其中，中职目录中外语类专业共有 9 个，高职外语类专业 16 个，职业本科外语类专业 7 个。外语类专业目录、专业简介、专业教学标准、顶岗实习标准的颁布，为规范和提高外语类专业人才培养质量起到了重要指导作用。

但外语类专业标准体系建设也面临新的挑战：一是随着我国经济的转型升级，行业企业对外语类人才的要求也不断提升，职业院校对外语类人

---

① 中华人民共和国教育部. 职教国家教学标准体系框架基本形成：已制定颁布 230 个中职专业和 410 个高职专业教学标准 [EB/OL]. （2017-08-31）[2022-06-20]. http://www.moe.gov.cn/jyb_xwfb/xw_fbh/moe_2069/xwfbh_2017n/xwfb_20170830/mtbd_20170830/201708/t20170831_312785.html.

② 中华人民共和国教育部. 王继平：具有中国特色的职业教育国家教学标准体系框架基本形成 [EB/OL]. （2017-08-30）[2022-06-20]. http://www.moe.gov.cn/jyb_xwfb/xw_fbh/moe_2069/xwfbh_2017n/xwfb_20170830/mtbd_20170830/201708/t20170831_312787.html.

才培养的规格也需要升级；二是中、高职外语类专业设置需要进行有效衔接，实现中高职外语类专业课程的衔接，人才培养的一体化设计是外语专业适应行业企业需求的必然之路；三是加强培养高质量复合型外语类人才。体现新内涵、新定位、新体系。要对接数字经济、科技进步、市场需求，积极探索数字化专业建设进人才培养目标、进课程体系、进实训等教育教学的关键环节，以此来实现外语类专业内涵的全面升级。① 因此，在教育部统一部署下，根据《职业教育专业简介》和《职业教育专业教学标准》修（制）订工作要求，外语教指委展开了新一轮专业教学标准的修（制）订工作。

参考文献

[1] 中华人民共和国教育部. 国务院关于印发国家职业教育改革实施方案的通知 [EB/OL]. （2019-01-24）[2022-06-20]. http://www.moe.gov.cn/jyb_xxgk/moe_1777/moe_1778/201904/t20190404_376701.html.

[2] 中华人民共和国教育部. 教育部关于学习宣传贯彻习近平总书记重要指示和全国职业教育大会精神的通知 [EB/OL]. （2021-04-26）[2022-06-20]. http://www.moe.gov.cn/srcsite/A07/s7055/202104/t20210429_529235.html.

[3] 中华人民共和国中央人民政府. 中共中央办公厅 国务院办公厅印发《关于推动现代职业教育高质量发展的意见》[EB/OL]. （2021-10-12）[2022-06-20]. https://www.gov.cn/zhengce/2021-10/12/content_5642120.htm.

[4] 刘建同. 深入学习领会党的十九届六中全会精神，全力推进现代职业教育高质量发展 [J]. 中国职业技术教育，2022（1）：5-11.

---

① 常红梅，王月会. 职业教育外语类专业目录修订解读 [J]. 外语电化教学，2021（2）：24-29+44.

[5] 中华人民共和国教育部. 国务院关于印发国家职业教育改革实施方案的通知 [EB/OL].（2019-01-24）[2022-06-20]. http://www.moe.gov.cn/jyb_xxgk/moe_1777/moe_1778/201904/t20190404_376701.html.

[6] 徐国庆. 确立职业教育的类型属性是现代职业教育体系建设的根本需要 [J]. 华东师范大学学报（教育科学版），2020（1）：1-11.

[7] 石伟平，兰金林，刘天笑. 类型化教育改革背景下本科层次职业教育发展的困境与出路 [J]. 现代教育管理，2021（2）：99-104.

[8] 杨公安，米靖，周俊利. 新时代职业教育国家标准体系构建的背景及路径 [J]. 中国职业技术教育，2020（25）：36-41.

[9] 王继平. 职业教育国家教学标准体系建设有关情况 [J]. 中国职业技术教学，2017（24）：5-9.

[10] 王忠昌，侯佳."十四五"时期我国职业教育高质量发展的格局构建——基于 18 个省份教育事业发展"十四五"规划文本的分析 [J]. 教育与职业，2022（7）：5-12.

[11] 常红梅. 中国职业教育外语教育发展报告（2009~2019）[M]. 北京：高等教育出版社，2020：23.

[12] 中华人民共和国教育部. 职教国家教学标准体系框架基本形成：已制定颁布 230 个中职专业和 410 个高职专业教学标准 [EB/OL].（2017-08-31）[2022-06-20]. http://www.moe.gov.cn/jyb_xwfb/xw_fbh/moe_2069/xwfbh_2017n/xwfb_20170830/mtbd_20170830/201708/t20170831_312785.html.

[13] 中华人民共和国教育部. 王继平：具有中国特色的职业教育国家教学标准体系框架基本形成 [EB/OL].（2017-08-30）[2022-06-20]. http://www.moe.gov.cn/jyb_xwfb/xw_fbh/moe_2069/xwfbh_2017n/xwfb_20170830/mtbd_20170830/201708/t20170831_312787.html.

[14] 常红梅，王月会. 职业教育外语类专业目录修订解读 [J]. 外语电化教学，2021（2）：24-29+44.

>>> **第二章**
# 职业教育外语类专业教学标准建设的内涵与理论基础

第一节 / 专业教学标准的内涵解析

一、专业教学标准的概念解析

（一）"标准"的含义及其特征

关于"标准"一词的含义有诸多解释。1983 年，国际标准化组织发布的 ISO 第二号指南（第四版）对"标准"概念定义如下："由有关各方根据科学技术成就与经验，共同合作起草，一致或基本上同意的技术规范或其他公开文件，其目的在于促进最佳的公众利益，并由标准化团体批准。"[①]我国国家标准 GB/T20000.1—2002《标准化工作指南》将"标准"定义为"为了在一定范围内获得最佳秩序，经协商一致制定并由公认机构批准，共同使用和重复使用的一种规范性文件。"[②] 在《现代汉语词典》中，"标准"包括两方面的涵义：一是衡量事物的依据或准则，如技术标准，实践是检验真理的唯一标准。二是本身合于准则，可供同类事物比较核对的事物，如标准音，标准时。[③] 综上所述，"标准"就是一种规范，确切的说，我们通常意义上的标准是针对某一类事物而制定的统一化规范。

[①] 中国大百科全书编纂委员会. 中国大百科全书（第二版）：第 2 卷 [M]. 北京：中国大百科全书出版社，2009：398.

[②] 李春田. 标准化概论 [M]. 北京：中国人民大学出版社，2005：11.

[③] 中国社会科学院语言研究所词典编辑室. 现代汉语词典（第 5 版）[M]. 北京：商务印书馆，2005：89.

　　标准的应用领域也非常广泛，最初应用于工业领域，但是随着时代发展，标准的应用领域已经扩展到农业、林业、采矿业、服务业、科研、教育、公共管理等诸多领域。可以说，在人类社会活动的各个领域，都把标准作为科学管理的技术基础，作为提高质量和效益的重要手段。但是无论哪个领域，标准都具有如下特征：

　　第一，标准具有统一规定性。标准作为共同遵守的准则，无论是强制性标准抑或推荐性标准，其本身是对本领域内相关事物的规范性要求，涉及相关事务时该要求也是一致的。

　　第二，标准是底线要求。标准是对某领域内相关事物统一性要求，是相关事务需要达到的基本性要求。

　　第三，标准具有科学性。标准的科学性主要体现在其制定过程的科学性，运用科学方法，对相关理论与实践进行分析、比较、验证，最终将具有普遍性规律的经验上升提炼为标准。

　　第四，标准的目的是提质增效。标准制定的出发点是为了建立最佳秩序或获取最佳效益，执行标准就是为了提升自身实力，提高质量，增加经济或社会效益。换句话说，标准制定要以提质增效为目的，不能为了有标准而去制定标准。

　　第五，标准具有短期稳定性和长期变动性。标准反映的是一定时期内的质量要求，随着社会发展和技术进步，质量要求会发生变化，标准也应随之进行修订。所以，从短期来看，标准具有稳定性，这有利于实现提质增效的目的；从长期来看，标准具有变动性，反映了社会的发展和进步。

（二）专业教学标准的概念及其特征

　　通过查阅既有研究成果可知，专业教学标准的涵义较为丰富，且截至目前并无统一概念界定。本文认为，专业教学标准也是标准的一种，归属于管理标准及质量标准范畴。依据前述标准的含义，将专业教学标准定义为，教育领域内针对专业教学而制定的一系列规范性及指导性文件。

　　本文所指专业教学标准则是指高等职业教育领域关于外语类专业"教

学基本建设、专业建设和教学实施的基本标准，是保证教育教学质量和人才培养规格的纲领性文件。"[①] 具体来说，专业教学标准是明确人才培养目标、开展专业建设、构建课程体系、组织实施教学、规范教学管理、开发教材和学习资源、建设教学团队的基本依据，是进行专业教学质量评估的衡量标尺。

外语类专业教学标准的主要包括如下特征：第一，专业教学标准是高职院校开展专业教学的基本依据。第二，专业教学标准要清晰描述专业建设及运行中的最关键要素。第三，专业教学标准是推进外语类专业高质量发展的有效保障。第四，专业教学标准为不同地区外语类专业建设提供底线建设要求，并提倡结合当地经济发展和社会需求强化特色建设。第五，专业教学标准具有周期性，需根据需要进行修正。

二、专业教学标准与其他概念的区别

教育领域还有两个重要的概念：人才培养方案和课程标准。厘清专业教学标准与人才培养方案、课程标准之间的关系，有助于更准确地把握和理解专业教学标准的涵义。

（一）专业教学标准与人才培养方案

《高等教育词典》将人才培养方案定义为"高等学校根据各专业各层次的培养目标，以及针对培养对象的特点，对人才培养实施的具体计划和方案，是学校教学工作指导、组织与管理的基础保证。"教育部对高校人才培养方案内容的制定做出了明确的要求，即：明确培养目标、规范课程设置、合理安排学时、强化实践环节、严格毕业要求、促进书证融通和加强分类指导。人才培养方案是学校落实党和国家关于人才培养总体要求，组织开展教学活动、安排教学任务的规范性文件，是实施人才培养和开展

---

① 常红梅，王月会. 高等职业院校英语类专业教学标准开发研究 [J]. 教育理论与实践，2019（33）：26-28.

质量评价的基本依据。那么，专业教学标准与人才培养方案之间的关系是什么？

从教育教学视角出发，两者之间的关系主要体现在：第一，专业教学标准是人才培养方案的上位概念。人才培养方案应当体现专业教学标准规定的各要素和人才培养的主要环节要求，包括专业名称及代码、入学要求、修业年限、职业面向、培养目标与培养规格、课程设置、学时安排、教学进程总体安排、实施保障、毕业要求等内容，并附教学进程安排表等。同时，学校可根据区域经济社会发展需求、办学特色和专业实际制订专业人才培养方案。第二，专业教学标准是基于专业大类制定的，而人才培养方案是针对具体专业进行开发的。专业教学标准规定了专业大类的基本共同点，而人才培养方案的制定权归属于具体的办学实体，更加体现出专业特色。

（二）专业教学标准与课程标准

课程标准是对某门具体课程的目标、内容、组织及教材编写与实施要求等要素的规定，是重要的课程文件，它是教学实施、教材编写、评价考核的依据。①

职业教育专业教学标准是基于岗位工作任务与职业能力所开发的对专业教学基本内容体系的描述。②

从上述两个定义可知，专业教学标准与课程标准的区别主要在于：第一，两者的站位不同。专业教学标准是着眼于专业大类，基于职业岗位的工作任务、职业能力而拟定的基本课程体系。而课程标准是针对某一门课程开发的文件。第二，两者的内容不同。专业教学标准不仅仅包含课程内容要求，还包括学业安排、师资队伍、教学条件、质量保障等其他关键性要素。课程标准则是"明确某一学科课程的性质、目标、内容以及实施建议的纲领性文件"③。

---

① 徐国庆. 职业教育课程论 [M]. 上海：华东师范大学出版社，2008：8.
② 徐国庆，李政. 职业教育国家专业教学标准开发 [M]. 上海：华东师范大学出版社，2021：3.
③ 邹炎铭. 小学数学教科书中"图形与几何"内容难度比较研究——以人教版、北师大版小学数学教科书为例 [D]. 江西：赣南师范大学，2017.

三、专业教学标准的地位与作用

2019 年 1 月，国务院印发的《国家职业教育改革实施方案》明确提出"持续更新并推进专业目录、专业教学标准、课程标准、顶岗实习标准、实训条件建设标准建设和在职业院校落地实施"。2020 年 9 月，教育部等九部门印发《职业教育提质培优行动计划（2020—2023 年）》，强调要"发挥标准在职业教育质量提升中的基础性作用"。由此可见，在当下高质量发展背景下，国家越来越重视职业教育领域内的规范性建设，职业教育专业建设和发展进入"规范＋特色"阶段，规范是国家对于职业教育专业建设的基本要求，是确保人才培养质量的基本底线；特色是各地院校结合区域经济发展及需求在确保底线之上的特色发展部分，使之更加符合本地区域经济发展。

专业教学标准作为职业教育专业发展的规定性文件，其重要作用毋庸置疑，涉及专业建设及发展的各个方面，主要包括：

第一，职业教育专业教学标准是职业教育学生核心素养培养的重要依据。专业教学标准对培养目标的基本规格和核心素养进行了规定和描述，对职业教育同类专业的一致性规定使得在全国范围内确保了职业教育发展的公平性。

第二，职业教育专业教学标准是职业教育课程建设及改革的重要依据。专业教学标准对各专业公共基础课和专业核心课进行了数量规定，并且明确了遴选范围内的课程名称及课程内容，简要说明了典型工作任务，以上做法确保同一专业的课程建设不至于跑偏。

第三，职业教育专业教学标准是提升职业教育教材质量的重要保障。当下教材建设工作日益得到重视，而专业教学标准对于教材选用进行了规定，同时也为教材建设指明了方向。

第四，职业教育专业教学标准为实训条件及资源建设提供了重要依据。实训基地建设是职业教育的特色，但是一直以来国家对于专业没有统一规定。专业教学标准补上此处缺漏，阐述了专业实训基地建设的底线要求和建设方向。

　　总体而言，职业教育专业教学标准对于专业建设和发展的作用是不可替代的。但是同时也必须认识到，具有中国特色的、高质量的专业教学标准对提升职教水平、构建现代职业教育体系的重要性[①]，因此，掌握高水平的教学标准开放方法，不断提升专业教学标准质量是职业教育业内人士面临的重要工作之一。

第二节 / 专业教学标准的理论基础

　　在本节中，主要对职业教育专业教学标准建设的理论基础进行论述，涉及培养目标、课程、教学三个层面。培养什么样的人是制定专业教学标准的逻辑起点，课程理论和教学理论是确保职业教育专业教学标准专业性的基本依据，因此，本节将对人的全面发展理论、工作过程课程理论和行动导向的教学理论进行解析。

一、马克思主义关于人的全面发展的理论

　　"人的问题是一个常新的问题。只要生活在前进，思维在运转，这个问题就不可避免地、经常地提到人们面前，迫切地要求予以思考和回答。"[②]关于人的全面发展是一个涉及政治、经济、社会、哲学、教育等多个领域的概念范畴。马克思关于人的全面发展理论是其理论体系中的重要组成部分，该理论的形成经过了一定的历史进程，随着马克思主义理论的发展而不断完善、深化。马克思基于一定的社会历史条件，以"现实的人"为逻辑起点和归宿，从多维视角对人的全面发展理论进行了系统论述。

① 姜大源. 国际化专业教学标准开发刍议 [J]. 中国职业技术教育，2013（09）：11-15.
② 顾相伟. 马克思人的全面发展思想及其当代价值研究 [M]. 上海：复旦大学出版社，2016：1.

（一）马克思主义关于人的全面发展的理论内涵解析

在对马克思人的全面发展内涵与内容的理解上，研究者从不同研究视角出发，得出的结论存在一定差异，但总结而言，可将人的全面发展的内容划分为人的需要、能力、社会关系以及个性四个层面。

1. 关于人的需要的全面发展

马克思在其著作中写道："一切人类生存的第一个前提，也就是一切历史的第一个前提，这个前提是：人们为了能够'创造历史'，必须能够生活。但是为了生活，首先就需要吃喝住穿以及其他一切东西。因此第一个历史活动就是生产满足这些需要的资料，即生产物质生活本身。"① "第二个事实是，已经得到满足的第一个需要本身、满足需要的活动和已经获得的为满足需要而用的工具又引起新的需要，而这种新的需要的产生是第一个历史活动。"②

人类需要是产生人类行动的根本原因，当一个需要满足之后，会随着生产或生活方式的变化而产生新的需要，人类就是在不断产生需要并且不断满足需要的进程中进步。人的需要的全面性体现在需要的层次性和多样性。需要的层次性主要表现在人的需要具有先后顺序，低层次需要（例如生理需要）在高层次需要之前，只有先满足低层次需要才能追求高层次需要。需要的多样化体现在人的需要不仅包括物质需要，也包括精神需要，不仅包括生存需要，也包括关系需要。马克思关于人的需要的全面发展的首要前提就是人的需要的全面发展。

2. 关于人的能力的全面发展

恩格斯指出，废除私有制的结果是"使社会全体成员的才能得到全面发展"③。马克思指出："社会上的每一个人都能完全自由地施展并发挥他的全部才能及力量。"④ "任何人的职责、使命和任务就是全面的发展

---

① 马克思，恩格斯.马克思恩格斯文集：第1卷 [M]. 北京：人民出版社，2009：531.
② 马克思，恩格斯.马克思恩格斯文集：第1卷 [M]. 北京：人民出版社，2009：531-532.
③ 马克思，恩格斯.马克思恩格斯选集：第1卷 [M]. 北京：人民出版社，2012：308-309.
④ 马克思，恩格斯.马克思恩格斯全集：第42卷 [M]. 北京：人民出版社，1979：373.

自己的一切能力。"①

人的能力的全面发展就是指人的各种方面的能力或素质应得到全面完整的发展，若有一方发展不足，就是片面发展。任何人都不应该被外在压迫所遮蔽，都应该以发展自己的全面能力为使命，若只重视某一方面的能力发展，则不能称其为"完整的人"。只有人的自身能力得到全面发展，才有人的全面发展。

3. 关于人的社会关系的全面发展

"人的本质不是单个人所固有的抽象物，在其现实性上，它是一切社会关系的总和。"②社会性是人的本质属性，人只有在与他人的交往中，才能促进自身的发展。人的社会关系的全面发展意味着人的社会关系的丰富性。对个体而言，丰富自己的社会关系会开拓自己的视野、提高个人沟通交往能力；对群体来讲，人的社会交往推进人类之间的物质交换及思想交流，促进人类的物质及文明进步。

4. 关于人的个性的全面发展

"人是一个特殊的个体，并且正是他的特殊性使他成为一个个体，成为一个现实的、单个的社会存在物。"③人的个性的全面发展关键在于个人主体性的发展，主体性表现在人是自己的主人，不被外在所奴役和压迫。人是历史的创造者，要充分发挥人的主动性、能动性、创造性，让人成为自己的主宰，而不是由外在力量主导。人的个性的全面发展意味着人要超越外在而成就自我，个性的全面发展是成为完整的人的重要标志。

（二）人的全面发展理论对职业教育专业教学标准的启示

人的全面发展是马克思主义中关于"人"的学说的核心理论。人的全面发展包括需要、能力、社会关系、个性的全面发展，由此才能成为"完整的人"。人的全面发展理论为教育发展提供一种理论支持，其核心理念

① 马克思，恩格斯.马克思恩格斯全集：第3卷[M].北京：人民出版社，1960：330.
② 马克思，恩格斯.马克思恩格斯选集：第1卷[M].北京：人民出版社，2012：139.
③ 马克思，恩格斯.马克思恩格斯文集：第1卷[M].北京：人民出版社，2009：188.

即为要把学生培养为"完整的人"，要避免将学生培养成为"片面的人"。职业教育应该以学生的全面发展为最高价值目标，把发展作为核心，把学生个人发展与社会发展高度统一起来，立足实现区域社会全面可持续发展，通过促进社会经济发展进而促进学生的全面发展。由此，制定职业教育专业教学标准要遵循以下规律：

第一，要充分考虑并满足学生发展的需要；第二，要注重挖掘并培养学生的潜在能力；第三，要注重促进学生的社会性发展；第四，要充分认识到学生个体的差异性，并促进学生的个性发展。

二、行动体系课程理论

在学校教育体系中，课程主要解决教育内容问题，即合理选择、组织和加工教育内容的问题。[①] 当下，在课程建设中存有两种话语体系：学科体系和行动体系。学科体系在我国教育领域课程建设中一直占据主导地位，即依据以知识性质为标准的学科分类进行课程建设。学科体系在定位新问题并且进行专门研究时非常有效。基于学科体系构建的课程以某一领域的科学理论作为核心内容，其课程内容组织采用"理论学习—实践应用"这一学习范式。

行动体系兴起于 20 世纪 90 年代初，其核心思想是把职业岗位的工作任务作为课程的主要资源，强调学生学会做什么来陈述课程目标，依据任务标准测量学生任务完成情况，该思想与学科话语下的课程思想完全不同，更多是采用"实践应用—获取知识"这一学习范式。

学科体系和行动体系各有优势。一般说来，学科话语体系更多是培养学术型人才，讲求知识体系的完整性和系统性；行动体系则是培养应用型人才，注重实践能力的提高。行动体系课程并非不关注理论知识，只是理论知识的排序发生了变化，不再是外离于实践的文字，而是与实践融合在

---

① 王本陆.课程与教学论研究的基本问题和当前热点 [J]. 开放学习研究，2021（5）：1-8.

一起。行动体系的课程是对学科体系知识的"解构"而非"肢解"，解构之后依据职业岗位需求重构，完成行动体系的构建过程。所以，两者之间并非孰优孰劣之争，只在于依据不同的培养目标选择相应的话语体系。

（一）行动体系课程基本涵义

行动体系课程在职业教育及培训中得以广泛应用，它以工作任务为中心，并在实践情境中实施，强调在实践中获取自我建构的知识，即获得实践经验，并进一步发展成为策略，主要解决"怎么做"和"怎么做更好"的问题。知道"怎么做"是获得经验，知道"怎么做更好"是上升到解决策略层面。经由行动体系获取的知识，很难与具体的情境分离、很难与独特的个体分离，对于个体来讲，这种知识会记得更加牢固和扎实。图 2-1 是学科体系和行动体系的内涵关系图，通过与学科体系比较而理解行动体系的课程内涵。

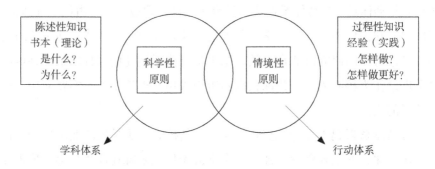

图 2-1　学科体系与行动体系的内涵及关系

（二）行动体系课程内容的选择和组织

行动体系课程在选取课程内容时应以"怎么做""怎么做更好"的知识为主，以"是什么""为什么"的知识为辅，即以获得过程性知识为主，以陈述性知识为辅。同时，人才培养目标则作为更高层次的指导原则，决定两类知识之间比例和最终选择。

课程内容选择标准确定之后，往往由于传统课程的惯性，采用学科体系进行课程内容的组织，或者说，就算是确定了职业性目标之后，往往会不自觉又回到学科体系的藩篱之中。即便是恰当的课程内容一旦按照学科体系进行序化，则课程就成为简化的、被压缩的学科课程的翻版。因此，课程内容的序化成为课程建设的难点。

行动体系课程与学科体系课程遵循不同的组织逻辑，行动体系课程是按照职业岗位工作过程的逻辑对课程内容进行排序，呈现一种串行结构，见图 2-2。那么，什么是工作过程导向的课程？工作过程导向的课程不是指向科学的子领域，而是指向职业行动领域。工作过程是完成一项工作任务所经历的完整程序，某个职业岗位的所有工作任务综合起来成为结构相对固定但又处于运动状态的系统。（详见图 2-3）

工作过程的意义在于：一个职业之所以能够成为一个职业，是因为它具有特殊的工作过程，即在工作的方式、内容、方法、组织以及工具的历史发展方面有它自身的独特之处[①]，由此为进行工作过程系统化的课程建设提供了实践性和可操作性。基于工作过程开发的课程，其特点在于：基于某一职业或职业群开发的课程能挖掘出该职业或职业群所具有的稳定工作过程及其所需知识，以及区别于其他职业或职业群特殊的工作过程及其所需知识。

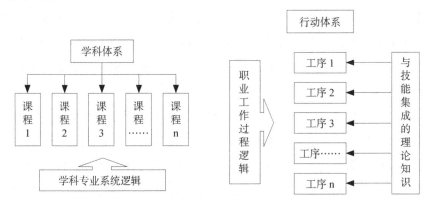

图 2-2　行动体系与学科体系课程内容组织比较

① 赵志群.职业教育与培训新概念 [M]. 北京：科学出版社，2003：97.

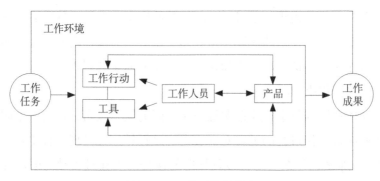

图 2-3　工作过程的涵义

（三）行动体系课程的基本特点

职业教育培养应用型人才，其首要任务是培养学生的职业能力，即让学生掌握某一职业的专业能力以及个人可持续发展的能力。基于工作过程的课程即依据企业生产实际中的典型工作任务设计学生的学习任务，这些典型工作任务中包含丰富的理论知识和实践技能，让学生在专业学习中做到理论与实践的融会贯通，实现能力培养与工作岗位无缝衔接。

行动体系课程开发基本流程为：典型工作任务分析——整合典型工作任务——工作过程系统化课程设计。典型工作任务分析是通过对职业的工作程序进行分解，分离出一个个具体工作任务，然后依据工作任务的相似程度（主要是知识应用和能力应用两个方面）对工作任务进行整合，整合之后的工作任务就成为工作过程课程设计的来源和依据。基于工作过程开发的课程具有如下特点：

第一，充分体现以学生为中心的教育思想。从课程设计来看，以提升学生能力和促进学生行动为目的；从课程实施来看，课程关注每一个学生的个体发展，关注每一个学生在学习行动中的学习体验和创造性表现；从课程评价来看，关注学生实践技能的掌握，关注学生分析思考能力的获得。

第二，工作行动的完整性。学生需要通过完整的一系列行动完成一个任务，包括：明确任务——分析思考解决路径——形成行动计划——实施计划——完成结果评估反馈这一全部任务过程。不要因为某个知识点在前面的任务中曾经学习过或操作过，就在当下的任务中放弃，同一知识点在不同任务中的运用可以帮助学生增强熟练程度，同时促进学生对思考该程序或知识点是否是必须的、为什么是必须的，从而提升学生的思考及分析能力。

第三，工作任务设计与实际工作环境的一致性。工作任务来源于某一职业工作过程中的典型任务，那么，保持与实际工作环境的一致性是确保学生能够解决真实工作问题的基本保障。学生通过接近于真实工作环境的行动，有针对性地学习，以促进自身职业能力的发展。

（四）行动体系课程对职业教育专业教学标准的指导性意义

行动体系课程包含不同的类型，例如 CBD 课程、学习领域课程等，但是无论哪一类课程都遵循行动体系课程的基本逻辑，都是基于实际工作过程进行课程开发。截至当下，在职业教育领域，行动体系课程是促进学生职业能力发展的最有效课程。

行动体系课程理论对于职业教育专业教学标准的指导性意义在于：第一，为专业教学标准的课程建设提供了逻辑起点。第二，为专业教学标准的课程体系构建提供了依据。第三，为专业教学标准的课程设置提供了方法和路径。

三、行动导向教学理论

在学校教育体系中，教学主要解决教育活动的方式方法问题，即通过科学设计、组织和开展教学活动，促进学生身心发展的问题。[1]换言之，教学的最基本问题是如何促进学生学习，涉及教学过程的各个环节。教学包括"教"和"学"两件事情，涉及教师和学生两个主体，教学理论需要解决三对关系，即事与事的关系、人与人的关系以及人与事的关系，也就

---

① 王本陆.课程与教学论研究的基本问题和当前热点 [J]. 开放学习研究，2021（5）：1-8.

是需要解决教与学的关系问题、教师和学生的关系问题、教学主体与教学活动的关系问题。

自赫尔巴特以来，出现了许多不同的教学理论，有学者对这些教学理论进行整理和分类，大致分为如下几类：面向教化的教学理论、面向学习的教学理论，和面向互动的教学理论。[①] 三类分别对应以教师为中心、以学生为中心、师生双主体的教育思想。但是无论基于何种教育思想的教学理论都需要回答前面的三对关系问题。

职业教育作为类型教育的一种，其教学理论与普通教育的教学论既有共性也有差异，其共性在于，两者均围绕教学目标、教学过程、教学评价展开，且具有复杂性和多层次性。其个性在于，职业教育自身独特鲜明的职业属性，导致其教学理论无论是教学理念、教学模式还是教学方法上均应建立在职业性的基础之上。行动导向教学理论是适应职业教育的职业属性形成的成果。

（一）行动导向教学理论

在职业教育界，行动导向教学被界定为是根据完成某一职业工作活动所需要的行动和行动产生和维持所需要的环境条件以及从业者的内在调节机制来设计、实施和评价职业教育的教学活动。[②]

德国联邦职业教育研究所比较研究部原负责人劳尔·恩斯特（Laur Ernst）提出的"行动即学习"原则是对行动导向的简单概括。行动导向是指"由师生共同确定的行动产品来引导教学组织过程，学生通过主动和全面的学习，达到脑力劳动和体力劳动的统一"。行动导向实质是强调在整个教学过程中，创造一种教与学、教师与学生互动的交往情境，把教与学的过程视为一种社会交往情境，在这种情境中产生一种行动理论的假设。行动导向是个体的学习行动，学生是学习的行动者，教师是学习行动的组

---

① [德]诺伯特·M.西尔，[荷]山尼·戴克斯特拉.教学设计中课程、规划和进程的国际观[M].任友群等译.北京：教育科学出版社，2009：3.
② 姜大源，吴全全.当代德国职业教育主流教学思想研究：理论、实践与创新[M].北京：清华大学出版社，2007.

织者、引导者、咨询者，为了行动来学习，通过行动来学习，从而达到"手脑统一"。

行动导向教学理论强调学生是学习的行动主体，教学过程中要以职业情境中的行动能力为目标，以基于职业情境的学习情境中的行动过程为途径，以独立地计划、实施与评估的行动为方法。

（二）行动导向教学理论关于教与学关系的理念

关于教学和学习的关系，英国教育哲学家赫斯特提出：教的活动是一个人的活动，这个人是 A（教师），其目的是通过另一个人 B（学生）引起一种活动（学习），B 的目的是获得某种结果状态，其目标是 X（如一种信念、态度、技能等）。简言之，教学的目的是促进有目的的学习。由此可知，教学具有意向性，即引起或指导学生的学习行为，而且要达到一定的目标[①]。教与学是彼此依赖的关系，且两者从来不是割裂的，相较于传统教学的重"教"，行动导向教学理论更加重视"学"，更加关注是否真正产生学习的行动，是否达成学习目标。

（三）行动导向教学理论关于师生关系的理念

师生关系是教学活动的基础，而良好的师生关系是有效开展教学活动的前提。很多学者都把教学活动看作是师生之间的交往过程，虽然这种认识有待进一步探讨，但充分说明师生关系愈来愈受到学界的高度重视。传统教育理念中，教师一直在师生关系中占据主导地位，且往往容易忽略学生的主体性。行动导向教学理论更加重视师生关系的平等性，这种平等性体现在教材活动的设计中，基于学生的现状和需求，进行教学设计，依据工作任务设计学习活动，让学习者真正行动起来，并通过行动获取知识。虽然教师仍然在教学中处于主导地位，但这种主导是围绕学生展开的，并以促进学习发展为目的。

---

① 石中英.教育哲学导论 [M]. 北京：北京师范大学出版社，2005：197.

行动导向教学理论认为教师应该成为教学活动的设计者、组织者、咨询者、指导者，学生是教学活动的体验者、行动者。

（四）行动导向教学理论关于教学主体与教学活动关系的理念

教师与教学的关系、学生与学习的关系是影响教学效果的重要因素。教师如何看待教学工作、学生如何对待学习活动构成了教学主体与教学活动关系的核心理念。

教师应该将教学看作需要个体理性反思的主题，教师应该通过教学获得自我发展，并通过不断反思提升个人能力；而不能把教学当做既定的工作任务，否则教师就会在教学实践中成为教学的工具人，教师与教学形成分离的状态。

学生应该在学习活动中通过参与、体验、行动获得成长的动力，职业能力获得提升，并积累社会经验，为未来的职业发展奠定基础；而不是让所学成为"惰性知识"[1]，惰性知识会很快被遗忘，成为无效信息。

综合上述两点，行动导向教学理论更加适应职业教育职业性的本质属性，它强调通过行动学习，并且是为了未来的行动而学习。行动导向教学理论不仅让教师重新审视自我和教学的关系，同时也能充分引起学生的兴趣，达到让学习真正发生的教学目的。

（五）行动导向教学理论对职业教育专业教学标准建设的启示

行动导向教学理论为职业教育专业教学标准建设的教学及实训条件和教学评价提出了要求。行动导向教学理论强调学习情境的重要性，所以教学实训条件要能满足行动导向教学过程的需要；同时，行动导向教学理论强调学生以获取应用型和策略型知识为主，于教学评价也给予了方向性指导，职业教育教学评价不应拘泥于传统的考核方式，而更应侧重学生问题解决能力、完成任务情况等过程性评价。

---

[1] 惰性知识是指接收并储存在大脑中但未被利用过的知识。

　　行动导向教学理论为职业教育专业教学标准建设提供了适应职业教育教学的方法和策略。行动导向教学理论的具体教学法包括案例教学、项目教学、角色扮演、模拟教学等，这些方法经过十几年的中国实践已经积累了一定的经验，这些方法也应成为专业教学标准提倡使用的教学方法，为职业教育教师更高质量地实现有效教学提供指导和借鉴。

参考文献

[1]　中国大百科全书编纂委员会. 中国大百科全书（第二版）：第 2 卷 [M]. 北京：中国大百科全书出版社，2009：398.

[2]　转引自李春田. 标准化概论 [M]. 北京：中国人民大学出版社，2005：11.

[3]　中国社会科学院语言研究所词典编辑室编. 现代汉语词典（第 5 版）[M]. 北京：商务印书馆，2005：89.

[4]　常红梅，王月会. 高等职业院校英语类专业教学标准开发研究 [J]. 教育理论与实践，2019（33）：26-28.

[5]　徐国庆. 职业教育课程论 [M]. 上海：华东师范大学出版社，2008：8.

[6]　徐国庆，李政. 职业教育国家专业教学标准开发 [M]. 上海：华东师范大学出版社，2021：3.

[7]　邹炎铭. 小学数学教科书中"图形与几何"内容难度比较研究——以人教版、北师大版小学数学教科书为例 [D]. 江西：赣南师范大学，2017.

[8]　姜大源. 国际化专业教学标准开发刍议 [J]. 中国职业技术教育，2013（09）：11-15.

[9]　顾相伟. 马克思人的全面发展思想及其当代价值研究 [M]. 上海：复旦大学出版社，2016：1.

[10] 马克思，恩格斯. 马克思恩格斯文集：第 1 卷 [M]. 北京：人民出版社，2009：531.

[11] 马克思，恩格斯. 马克思恩格斯文集：第 1 卷 [M]. 北京：人民出版社，2009：531-532.

[12] 马克思，恩格斯. 马克思恩格斯选集：第 1 卷 [M]. 北京：人民出版社，2012：308-309.

[13] 马克思，恩格斯. 马克思恩格斯全集：第 42 卷 [M]. 北京：人民出版社，1979：373.

[14] 马克思，恩格斯. 马克思恩格斯全集：第 3 卷 [M]. 北京：人民出版社，1960：330.

[15] 马克思，恩格斯. 马克思恩格斯选集：第 1 卷 [M]. 北京：人民出版社，2012：139.

[16] 马克思，恩格斯. 马克思恩格斯文集：第 1 卷 [M]. 北京：人民出版社，2009：188.

[17] 王本陆. 课程与教学论研究的基本问题和当前热点 [J]. 开放学习研究，2021（5）：1-8.

[18] 赵志群. 职业教育与培训新概念 [M]. 北京：科学出版社，2003：97.

[19] [德] 诺伯特·M. 西尔，[荷] 山尼·戴克斯特拉. 教学设计中课程、规划和进程的国际观 [M]. 任友群等译. 北京：教育科学出版社，2009：3.

[20] 姜大源，吴全全. 当代德国职业教育主流教学思想研究：理论、实践与创新 [M]. 北京：清华大学出版社，2007.

[21] 石中英. 教育哲学导论 [M]. 北京：北京师范大学出版社，2005：197.

>>> **第三章**
# 职业教育外语类专业教学标准建设的原则和方法

第一节 / 专业教学标准建设的原则

为适应产业优化升级需要，对接产业数字化、网络化、智能化发展新趋势，对接新产业、新业态、新模式下职业领域和岗位（群）的新要求，不断满足高质量发展对高层次技术技能人才的需求，推动职业教育专业升级和数字化改造，提高人才培养质量，遵循推进现代职业教育高质量发展的总体要求，参照国家相关标准编制要求，进行本科层次职业教育外语类专业教学标准的研制，以下称为《标准》。在研制中遵循以下原则：

一、系统性原则

系统性原则也称为整体性原则，它要求把决策对象视为一个系统，以系统整体目标的优化为准绳，协调系统中各分系统的相互关系，使系统完整、平衡。因此，在决策时，应该将各个小系统的特性放到大系统的整体中去权衡，以整体系统的总目标来协调各个小系统的目标。[1]

对中职、高职专科、高职本科设置的相同或相近专业，要处理好不同层次相关专业的培养规格定位，处理好同一个专业类内专业之间的边界。对复合型专业，相关研制组之间要跨组沟通研讨，避免专业间课程设置重

---

[1] 林崇德，王炳照，王彬等. 中国中学教学百科全书：教育卷 [M]. 沈阳：沈阳出版社，1996.

复太多。处理好调研报告与简介、标准间的因果逻辑和一致性，处理好与已有实训教学条件建设标准等的呼应、关联。

相较于普通本科更注重学科体系、知识体系的完整性，高职本科应用英语专业更注重针对职业面向和岗位群设置课程，课程设置偏重实用，侧重培养学生解决职业领域工作内容的技术技能，并根据岗位群要求，设置专业方向课程，满足不同学生的就业求职需要，旨在提高学生的就业能力和就业质量。此外，《标准》"接续硕士学位授予领域""接续硕士学位二级学科"，以此来确保应用英语的语言类属性，也保障了标准的系统性。例如：中职、高职和职业本科在培养目标、职业面向和培养规格等方面既有关联又体现逐层递进。中职人才培养突出基本素质和外语初级能力培养，定位为技术技能人才；高职人才培养突出高素质和外语中级能力培养，定位为高素质技术技能人才；职业本科人才培养突出专业素养和外语高级能力培养，定位为高层次技术技能人才。

《标准》引领专业人才培养的方向，整体理念与时俱进、聚焦产业化升级、数字化改造，培养符合当下社会需求的专业人才。培养规格上，基本素质、专业知识、专业技能、体育、美育、劳动等方面的内容体现了德、智、体、美、劳全面发展观的要求，培养规格中的新时代所要求的工匠精神、创新精神等素质要求；培养方式上，按照《职业学校学生实习管理规定》《职业学校校企合作促进办法》等相关要求，通过实习场所的基本要求引领学校强化校企合作、工学结合、理实一体教学等工作的开展。

需注意高职与中职、本科的外语人才定位的层次区分与衔接。中职主要培养技能人才，高职主要培养高素质技术技能型人才，本科则主要培养在知识结构和能力等方面更具深度广度的复合型、应用型人才；在能力表述上也进行了一定的程度区分。

二、科学性原则

科学性原则是指决策活动必须在科学决策理论的指导下，遵循科学决策的程序，运用科学思维方法做决策的决策行为准则。[①]科学决策是相对于经验决策而言的，它的主要标志是：（1）信息全面、迅速、准确；（2）预测科学、及时、正确；（3）方向对头、目标明确；（4）方案齐全，相互独立；（5）论证充分，分析恰当；（6）实施步骤清晰、有度；（7）责任明确，要求具体；（8）调控得当，反馈及时。

为保证本次标准研制信息的全面、准确，要深入开展调研工作，不能流于形式。必须通过对专业对应的职业领域、岗位群（或技术领域）进行深入调研，以了解实际需求。在此基础上，对调研结果进行深入分析与归纳，梳理典型工作任务，依据典型工作任务分析培养规格要求，再依据培养规格要求安排课程设置，从而形成课程体系。

各研制组应充分利用好专业目录修（制）订时对职业面向和岗位需求的调研、分析成果及专业设置和调整的论证报告，如"四新对照表"（新经济、新职业、新技术、新专业），对照用好职业分类大典、发布的新职业中有关职业能力的要求，按照专业内涵升级和数字化改造要求，进一步聚焦、深化，并根据需要补充调研。

为获取一手的调研数据支撑标准制订工作，研制组精心设计了"行业企业""院校""毕业生"及"研究评价机构"四套问卷，以问卷调查、电话访谈、文献研究等方式在东北、华北、华东、中南、西北和西南六大区域31个省、自治区和直辖市的74个城市（最大量）开展了密集的调研活动，并针对拟开设应用英语本科专业的院校设计了"典型院校访谈提纲"。调研过程中，针对典型工作任务开展了两轮调研，并通过梳理猎聘网、智联招聘等主流招聘网站的英语类岗位及主要职责描述，细化并规范典型工作任务表述，归纳提炼了行动领域，最终转换成学习领域（专业核心课程）。通过认真梳理前期调研结果，研制组给出了标准制订建议，最大程度地保障了标准的真实性和有效性。

通过行业企业调研，了解相应行业的人才结构现状、技术技能人才需

---

① 萧浩辉.决策科学辞典 [M].北京：人民出版社，1995.

求状况，厘清企业职业岗位设置情况和工作任务，把握行业企业发展的最新要求、职业标准、岗位群或技术领域的实际工作任务、工作内容和工作要求，进行工作任务分析，准确提炼汇总，科学归纳出若干典型工作任务（每专业 10 个左右），对典型工作任务进行解构，分析出素质、知识、能力要求，提出科学合理的专业课程体系设置建议。通过学校调研，了解目前试行的专业教学标准贯彻情况、专业建设情况、教学条件的配置情况、专业人才培养方案及执行情况等，听取对专业教学标准修（制）订工作的意见建议。通过毕业生调研，了解毕业生毕业后对学校教学方面问题的意见建议。通过研究机构调研，了解职业教育教学、教法、教改最新研究成果以及职业教育人才培养国际比较研究成果，听取专业教学标准与国际接轨的建议等。

三、政策性原则

政策性原则是国家和其他政治共同体为了达到某一目的或目标或为了实现某一时期某一方面的任务而制定的方略。[1]

在职业教育本科外语类专业教学标准制订过程中，研制组深入贯彻落实全国职业教育大会精神，认真研读《国家职业教育改革实施方案》以及《教育部关于印发〈职业教育专业目录（2021 年）〉的通知》（教职成〔2021〕2 号）等文件，并严格按照《职业教育语言类专业简介和标准修（制）订工作》总体部署和"专业教学标准修（制）订调研工作要求"等文件要求，有序推进标准制订各项工作，把握了标准制订的正确方向。深入解读了以下政策文件精神：（1）《国家中长期教育改革和发展规划纲要》要求"制定教育质量国家标准，建立教育质量保障体系"；（2）《国家职业教育改革实施方案》再次将"构建职业教育国家标准"作为重要任务；（3）《职业教育提质培优行动计划（2020—2023 年）》进一步提出"标

---

① 张文显. 法理学 [M]. 北京：高等教育出版社，2011.

准先行，试点突破"的原则，健全国家、省、校三级标准体系，完善标准落地的工作机制，实施职业教育治理能力提升行动，健全职业教育标准体系；（4）《职业教育专业目录》（2021 版）以新发展理念为指导，对专业设置进行了较大调整，体现了专业升级和数字化改造新要求，构建了中职、高职专科和高职本科一体化职业教育目录体系；（5）全国职业教育大会召开，习近平总书记对职业教育作出重要指示，强调加快构建现代职业教育体系，培养更多高素质技术技能人才、能工巧匠、大国工匠。前国务院总理李克强作出批示指出，职业教育是培养技术技能人才、促进就业创业创新、推动中国制造和服务上水平的重要基础；前国务院副总理孙春兰在全国职业教育大会上指出，要一体化设计中职、高职、本科职业教育培养体系，深化"三教改革"，"岗课赛证"综合育人，提升教育质量。

四、共性与个性结合原则

共性指不同事物的普遍性质；个性指事物区别于其他事物的特殊性质。共性和个性是一切事物固有的本性，每件事物既有共性又有个性。共性决定事物的基本性质；个性揭示事物之间的差异性。共性是一类事物与另一类事物的区别，而个性是同一类事物中不同个体的区别。[1]

在标准制订过程中，要充分考虑到东、中、西部的区域差异及院校间的差异，发挥好标准缩小差距的引导作用。在实习实训硬件配备上，不做严格一致的要求，尊重院校特色化选择；在专业拓展课程设置上，设计板块内容，为院校依据专业方向，实现特色化发展预留了较大的可为空间。

厘清与其他专业之间的区别性特征。一方面细分领域，界定职业群；另一方面注重培养学生较为扎实的外语基本功及应用能力，凸显了外语在应用领域的重要功能。

各高等职业院校的培养定位可根据标准适当调整，以适应区域发展需

---

[1] 刘建明，王泰玄，谷长岭等.宣传舆论学大辞典 [M].北京：经济日报出版社，1993.

要，体现办学特色。一般建议在确定行业领域后，再根据生源特点、本校优势、本区域需求等确定领域内 3 个左右具体岗位并进行精细化和差异化培养，集中师资和各类教学资源，做强专业，注重应用，形成特色。

五、规范性和前瞻性原则

规范性原则指内容明确、肯定和具体，可直接适用的原则；前瞻性原则是指要有预见能力，能判断准即将到来的形势或即将发生的事件，并进行相关策划的原则。"前瞻性"从大的范围来说，是对一种社会形势（包括政策、社会思潮等）的预见能力；从小的角度来讲，是对某一行业发展的预见能力，看到发展趋势。

职业教育本科外语类专业标准的规范性体现在标准的宏观原则定位上，在专业人才培养目标、人才培养规格及各类课程设置上坚持把立德树人放在首位，引导学生以习近平新时代中国特色社会主义思想为指导，践行社会主义核心价值观，做到爱党爱国、知法守法、安全生产、强健体魄，具备支撑本专业学习和可持续发展必备的文化知识、职业技能及职业精神。其灵活性体现在微观特色定位上。为保障应用英语人才培育与区域经济发展、行业企业需求的对应，同时兼顾院校特色发展，在专业课程设置过程中，研制组力图理顺专业基础课程、专业核心课程及专业拓展课程的逻辑关系，进一步夯实"强语言技能"的专业基础课程定位，打造助推专业发展的特色专业核心课程和拓宽专业发展路径的专业拓展课程。微观层面（1）对人才培养方案的核心要素进行了规范；（2）对核心课程的主要教学内容进行规范；（3）对师资方面的要求进行规范；（4）对文字表述进行规范。

随着中国经济全球化发展及国家文化发展战略的进一步实施，对外开放水平持续扩大，供给侧改革持续深入，企业转型升级不断加快，新业态和新商业模式层出不穷，对外语类人才的需求必将长期保持在高位状态。与此同时，翻译技术日新月异使得翻译对象和方式也发生了巨大变化，也因此催生了许多新的就业岗位，如机器翻译译后编校、技术写作专员、语言产品营销员等等。本标准充分考虑到这些新变化，调整了专业课程设置，如在专业核心课程中加入了一些全新课程。同时要求院校配备相关实训室，以保障学生获取这一核心能力，提升就业竞争力。

第二节 / 专业教学标准建设的方法

职业教育外语类专业教学标准研制采用的是需求导向、问题导向的方法论，依据需求——典型工作任务——培养规格——教学条件的内在逻辑，根据专业对应的职业、岗位群或技术领域的需求（通过调研获得），归纳出典型工作任务，按照素质、知识、能力三个维度解构典型工作任务，形成素质、知识、能力要求，这就是专业培养规格，根据培养规格要求，搭建课程体系，根据课程体系的教学实施，提出教学条件和师资队伍配置要求。这条逻辑线是连续的、递进因果的。在研制中采取文献研究、实地访谈、专家访谈、线上线下问卷调研等方式，从产业发展、行企人才需求、院校标准应用、毕业生反馈和研究机构评价等角度，围绕现行专业教学标准的实施效果，包括专业人才的培养目标、培养规格、职业面向和课程设置、师资队伍、教学设施、质量保障等方面进行调研、分析和研究。

一、文献研究法

研究基于中国知网进行文献检索，同时搜索相关著作、浏览各相关院校的公开网站，以获取对外语类专业标准建设的基础资料。进而广泛收集教育主管部门出台的职业教育相关规定或政策，从而为深入开展本研究提供文献依据。文献梳理主要从研究趋势、研究主题和研究内容等方面进行归类分析。梳理发达国家相关专业建设和专业教学设计情况、典型案例等；梳理职业教育教学、教法、教改最新研究成果；梳理职业教育人才培养国际比较研究成果，教学标准与国际接轨建议等。并对如麦可思、金苹果、梧桐果、前瞻产业研究院等数据机构近几年相关数据，及对智联招聘、猎聘网上关于本科外语类岗位招聘情况等方面开展了文献梳理和分析。

二、专家调查法

采用反馈匿名函询法，其大致流程是在对所要预测的问题征得专家的意见之后，进行整理、归纳、统计，再匿名反馈给各专家，再次征求意见，再集中，再反馈，直至得到一致的意见。[①]为保障专业标准的科学性和合理性，严格遴选专家团成员，并基于时间和空间地域等实际情况，主要采用邮件、电话、线上线下座谈会的形式，征求不同地区、不同层次研究的行业企业、院校专家对专业标准建设的意见，这种背对背匿名的方式阻隔了评价专家彼此之间的交流，充分展现了大家对问题的真实思考，克服了屈从于大众意见或权威意见的弊端，确保了构建出的专业标准的科学性。

三、调查研究法

本研究坚持混合式研究的研究方法论，运用调查研究及扎根理论的研究方法，综合运用问卷法及访谈法收集研究资料。制定本科层次职业教育外语类专业问卷，广泛调研职业院校和科研机构等，结合实际访谈，制定科学的专业标准。

（一）调研方案设计原则

调研的问题要聚焦《专业教学标准》内容中的核心条目；调研方式要使直接调研与间接调研相结合；调研对象要使先进企业与一般企业相结合，示范校与普通校相结合；关注面向要使主流性技术或服务与引领性技术或

---

① 冯俊华.企业管理概论 [M].北京：化学工业出版社，2006 年.

服务相结合；团队组建要使行业企业人员与学校教师相结合；调研分析要使定性分析与定量分析相结合。

（二）调研对象、范围及要求

行业企业：调研不少于 10 家本专业相关行业企业，应兼顾不同地域、不同规模、技术密集型和劳动密集型，重点调查具有代表性的大、中、小型企业及科技创新型企业，部分行业可将有关行业组织纳入调研范围。职业院校：调研不少于 15 所开设本专业的职业院校，应兼顾东、中、西部地区分布，同时兼顾一般院校和示范校。毕业生：调研本专业不少于 100 名毕业生，应兼顾东、中、西部地区分布，同时兼顾一般院校和示范校。研究机构：对职业教育研究机构发布的有关专业建设、教学设计、国际比较等研究成果进行文献调研。

（三）重点调研内容

第一，行业调研。调研相关行业国内、国外发展总体形势（包括总体现状与趋势等，可参考国家经济和社会发展"十四五"规划和行业"十四五"规划及有关权威分析报告等）；调研经济转型升级、产业结构调整、新技术应用等带来的行业有关职业人才标准的新要求；调研专业对应的职业岗位设置情况及行业人才结构现状；调研专业教学标准与职业标准对接的情况。第二，企业调研。在企业生产实际中，调研专业对应的岗位群或技术领域，技术型岗位群对应的技术应用变化情况（工艺、设备、材料等）；调研管理型岗位群对应的管理方式变化情况（管理对象、管理内容、管理流程等）；调研服务型岗位群对应的工作方式变化情况（商业业态、服务内容、服务方式等）。同时调研企业生产实际中采用国际通行或行业普遍认可的相关标准（如产品质量标准、生产流程标准等）情况；调研企业对毕业生最关注的职业素养；调研企业要求的职业类证书。重点调研岗位群或技术领域的实际工作任务、工作内容和工作要求，归纳出若干典型工作任务，解构典型工作任务，分析出必须够用的素质、知识、能力要求。第三，学校调研。调研学校教学基本情况（包括专业建设、校企合作、课程体系、教学实施、教学管理、教学评价、质量保障、师资队伍、实习实训条件、配套资源等）；调研有关专业招生、就业情况（包括生源情况、专业就业率、对口就业率，毕业生考取有关职业类证书情况等）；调研现行专业教学标准贯彻情况及评价；调研学校有关专业人才培养方案内容及执行情况（包括专业人才培养方案的执行情况、存在问题、课程设置结构、专业教学内容更新情况等）。第四，毕业生调研。调研毕业生对在校学习期间本专业教学效果的评价；调研毕业生所从事的工作及岗位对本专业素质、知识、能力的实际需求情况；调研毕业生对本专业人才培养工作（如教学内容、教学实施、实训教学、拓展课程、职业类证书等）的意见建议。

我们对以上调研数据进行了定量和定性归纳、提炼和分析，调研结论和建议作为《标准》研制的科学依据。

参考文献

[1] 林崇德，王炳照，王彬等. 中国中学教学百科全书：教育卷 [M]. 沈阳：沈阳出版社，1996.

[2] 萧浩辉. 决策科学辞典 [M]. 北京：人民出版社，1995.

[3] 张文显. 法理学 [M]. 北京：高等教育出版社，2011.

[4] 刘建明，王泰玄，谷长岭等. 宣传舆论学大辞典 [M]. 北京：经济日报出版社，1993.

[5] 冯俊华. 企业管理概论 [M]. 北京：化学工业出版社，2006 年.

>>> **第四章**
# 职业教育外语类专业教学标准建设／研制解读

第一节 ／ 标准定位

2021年4月，全国职业教育大会召开。这是新中国成立以来第一次以党中央、国务院名义召开的职教大会，具有重要意义和深远影响。大会充分肯定了职业教育在教学改革方面取得的新进展，认为职业教育经过多年发展，取得了历史性成就，发生了格局性变化。职业教育在发展过程中主动对接市场需求，不断优化专业结构，人才培养质量得到稳步提升，不仅服务于社会发展，还促进了人员就业。大会还对建设技能型社会这一新形势进行了深入分析。随着社会的发展，我国的经济特点也有了极大变化。我们重视科学技术的发展，需要高科技、创新型人才，同时也需要大量的技术技能人才，尤其是高素质技术技能人才。高素质技术技能人才是发展实体经济、推进制造强国等国家战略实施的重要力量。职业教育是培养高素质技术技能人才的主阵地。因此，发展职业教育是发展实体经济、建设技能型社会的重要途径。而建设技能型社会有利于推动区域产业转型和经济社会发展，也有助于促进与之相适应的教育结构、学科专业结构、人才培养结构的构建。大会提出发展服务于技能型社会的教育体系，职业教育要在其中发挥重要作用。

全国职业教育大会就构建高质量职业教育体系提出了新战略，陈宝生指出，要建设有特色的标准，进一步强化标准的支持引领作用，健全教师、课程、教材、教学、实习、实训、信息化、安全等职业教育特色标准体系。

根据"关于启动《职业教育专业简介》和《职业教育专业教学标准》修（制）订工作的通知（教职成司函〔2021〕）"，职业教育专业教学标准应满足以下要求：

一、全面落实立德树人根本任务

专业教学标准的研制，要以习近平新时代中国特色社会主义思想为指导，全面贯彻党的教育方针，落实立德树人、德技并修，体现课程思政要求，在课堂教学、技能培养、实习实训等各个教育环节融入品德教育，培养学生的劳模精神、劳动精神、工匠精神，结合中华优秀传统文化，引导学生努力学习、锤炼技能、健康成长。

二、准确把握职业教育类型特征，体现一体化设计

专业教学标准的研制，需要对接职业人才标准，从需求中来，到应用中去，突出先进性，体现引领性，创建职业教育特色鲜明的人才培养标准规范。厘清中、高、本不同层次的职业面向，注意职业教育不同层次之间课程体系的衔接和贯通，以及职业教育与普通教育间的衔接和融通。

三、体现新变化带来的新需求

通过深入调研，分析有关行业、职业或技术领域的新需求，梳理出典型工作任务，分析素质、知识、能力构成，科学合理地确定各层次技术技能人才培养目标与规格，合理安排教学内容和课程体系，深化专业升级和数字化改造，对接新业态、新模式、新技术、新职业。当前数字经济的出现以及信息技术的快速发展对人才的素质、能力和技能提出全新要求，很多职业都要求人才具备数字化操作能力、数字化职业能力、数字化知识结构等。因此，新专业教学标准中的专业课程体系应该纳入新一代信息技术，

加强对学生数字能力的培养。

根据"统稿指导工作要求"，职业教育专业教学标准应满足以下特点：

（一）政治性。要全面落实立德树人根本任务，在专业层面回答好德智体美劳"五育并举"的问题，德技并重培养技术技能人才。要推进思政教育与技术技能培养融合统一，关注标准是否充分体现了课程思政相关要求，突出劳动精神、工匠精神和职业素养的培养。

（二）逻辑性。要按照职业教育逻辑进行研制，要处理好调研报告与简介和标准之间的逻辑，遵循"党和国家对育人的总体要求——调研岗位需求——典型工作任务和能力分析——形成培养目标和规格要求——构建课程体系——提出教学条件和师资队伍等配套要求"的流程，关注简介和标准的相关要求是否有调研结论支撑，关注调研报告是否厘清对应岗位群或技术领域、培养目标和规格，职业面向是否符合实际及未来走势。

（三）科学性。要注意职教语境，按照模板的体例格式，规范文字表述，在表述专业定位、专业内涵、专业边界时要注意用职教术语，课程设置要坚持职教类型定位，不应有太多"XXX学"的课程，要准确把"岗课赛证"关系落在综合育人上，"岗""课"是按照生产实际和岗位需求设计开发课程；应把成熟典型"赛""证"的内容融入教学，但总体上"赛""证"是印证和评价"岗""课"教学成效的过程。课程内容不要有科学性错误或问题。国家标准是基本要求，要兼具普适性和引领性，要给地方和学校留出空间，各地各校可以在国家标准基础上提高要求。

（四）先进性。要关注国家和本行业"十四五"规划对本行业的人才需求，关注正在陆续发布的新职业，调研报告要使用最新的行业规范和近三年的有关数据，调研的企业要具有行业与区域代表性，将行业企业新发展趋势、岗位新要求及时纳入到培养规格和具体教学内容中。要对课程体系和教学内容进行数字化升级，将新一代信息技术与专业课程教学有机融合，注重培养学生的数字化能力，适度体现新技术、新工艺、新方式应用的前瞻性。

（五）一致性。要尽可能保证中高本在区分不同层次的同时，相关表述的一致性，中高本衔接的专业在培养定位上要一体化设计，对中高本名称相同或相近专业，要处理好不同层次专业的培养规格定位，处理好同一个专业类内部专业之间的边界，同一个专业类内部中高本专业可一起组织统稿。调研报告相关结论和建议的信息应体现到简介和标准中，简介和标准的课程设置要保持一致。要充分利用好专业目录修（制）订时对职业面向和岗位需求的调研、分析成果及专业设置和调整的论证报告，用好新经济、新职业、新技术、新专业对照分析表，用好职业分类大典、人社部发布的新职业中有关职业能力要求，要处理好与已有的教学标准等的呼应和衔接。

（六）规范性。使用规范术语，规范表达，简明扼要，简称统一，无歧义。

（七）精准性。定位明确，突出重点，把握实质，聚焦主题，要言不烦，少用长句子和形容词。

第二节 / 标准的研制过程（调研情况 + 研制说明）

一、标准研制的工作过程（2019~2022）

2019 年到 2022 年期间，共研制完成 17 个职业教育外语类专业教学标准，其中高职专科专业 14 个，高职本科专业 1 个，中职专业 2 个。

2019 年，依据 2015 版专业目录和专业简介，外语教指委组织对外语类高职专科 14 个专业的专业简介和专业教学标准进行制订或修订。该项研制工作于 2019 年底完成，14 个专业教学标准全部获得教育部行指委办公室审批通过。

2021 年，为落实《教育部关于印发〈职业教育专业目录（2021 年）〉的通知》（教职成〔2021〕2 号）要求，根据工作安排，在教育部行办的指导下，外语教指委组织对 2019 年研制的除"英语教育专业"之外的其他 13 个高职专科专业以及 2 个中职专业的专业简介和专业教学标准按新要求和新模板进行修订，并新增制订高职专科"小学英语教育专业"和高职本科"应用英语专业"2个专业的教学标准，同时新制订3个高职专科专业、8个高职本科专业和7个中职专业的各专业简介，合计共有33个专业简介和17个专业教学标准进行制订和修订。

为高质量完成职业教育专业简介和教学标准修（制）订工作，外语教指委在8月初迅速成立工作组，制定并细化工作方案，并及时于8月7日召开职业教育语言类专业简介和标准修（制）订工作启动会，根据"单位类型上兼顾行业企业、研究机构和院校，院校层次上兼顾中、高、本和应用本科，地区上兼顾东、中、西部地区分布"等原则成立了20个研制组进行专业简介和专业教学标准的修（制）订工作。研制组成立后即刻开展工作，深入领会工作精神、学习资料、开会研讨、编制问卷、展开调研等。

专业简介和教学标准研制期间，为了更好地理解任务要求，工作组组织研制组成员进行了多主题培训，邀请了综合组专家解读调研工作、调研报告、简介和标准的体例框架，邀请专家进行学术讲座，分析国家经济政策及社会发展与外语人才需求，帮助研制组把握政策，拓展思路。同时，各研制组按中职、高职专科和高职本科分层次同专业举行纵向交流会，聚焦同专业中、高、本不同层次在培养目标、培养规格和职业类证书方面的衔接，明确了外语类专业以相关语言能力为专业基础能力，"语言+"复合应用能力为专业核心能力。

10月底，各研制组提交调研报告、专业简介、专业教学标准及研制说明初稿后，工作组组织专家对所有初稿进行初审。针对初审中发现的格式体例及具体内容方面的问题，各研制组专家进行了讨论确认和修改。

11月6日~7日，工作组按要求组织专家组对修改后的材料进行内审。经过两轮组织严密的内审，外语类专业的研制材料均获得通过。

11月15日，职业教育外语类专业简介和专业教学标准中高本课程一体化研讨会召开，会议聚焦专业标准的职业面向、专业能力要求、专业课程、职业类证书、接续专业，参考专业课程一览表、职业类证书一览表、接续专业一览表、实训室名称一览表等进行讨论，确定一体化设计方案，包括专业课程名称的衔接，接续专业的一致，语言类资格证书的统一等。会后各专业按一体化设计方案对材料进行修改完善并于 11 月 19 日提交了外语类中、高、本 32 个专业的专业简介和专业教学标准送审稿。

12 月，由行办组织，在综合组专家指导下进行统稿。外语类专业分三批参加了行办统稿：第一批 19 年批次 15 个专业（13 个高职专业和两个中职专业）参加，第二批 21 年批次中高职 10 个专业参加，第三批 21 年批次本科 7 个专业参加。统稿重点为职业面向、专业能力要求、专业课程、职业类证书、接续专业，具体包括：（1）培养规格，将模板中有关专业知识和能力的两条条目拓展为 4-5 条，并进行融合表述，即把相关知识和相应能力融合表述为一条条目。专业能力和岗位能力分条目表述，与典型工作任务和核心课程对应。（2）主要专业能力增加通用能力表述内容，主要专业课程增加实习实训环节。（3）课程设置，小语种统一保留外语（英语），英语专业不保留外语。（4）职业类证书举例，原则上分三类列举，即国家职业资格证书、职业技能等级证书和其他证书。优先选取人社部公布在册的 59 个，统一将其他证书改为语言类证书，并对一些语言类证书进行统一。对材料进行多轮反复修改后，提交综合组，由综合组组织审议验收。2021年 12 月，职业教育外语类 32 个专业简介和 17 个专业教学标准全部获得验收通过。高职本科外事实务专业于 2022 年 1 月获得验收通过。

在本次简介和标准的研制工作中，全面负责组织落实的工作组统筹有力，组织有方，指导有效；研制组人员认真解读材料和文件，充分交流，积极研讨，及时跟进；综合组专家站位高，经验丰富，指导意见明确有针对性；统稿专家责任心强，引导到位，指导专业，把关严格。正是所有参与人员的共同努力，使得专业简介和专业教学标准的研制得以顺利完成。

表1　外语类专业 2021 年专业简介和教学标准制订和修订情况

高等职业教育专科				中等职业教育			
序号	专业	修（制）订		序号	专业	修（制）订	
		简介	标准			简介	标准
1	商务英语	☆	☆	1	商务英语	☆	
2	应用英语	☆	☆	2	商务日语	☆	
3	旅游英语	☆	☆	3	商务德语	☆	
4	应用韩语	☆	☆	4	商务韩语	☆	
5	商务日语	☆	☆	5	商务俄语	☆	
6	应用日语	☆	☆	6	商务法语	☆	
7	旅游日语	☆	☆	7	商务泰语	☆	☆
8	应用外语	☆		8	商务阿拉伯语	☆	☆
9	应用俄语	☆	☆	9	旅游外语	☆	
10	应用法语	☆	☆	高等职业教育本科			
11	应用西班牙语	☆	☆	1	应用英语	☆	☆
12	应用德语	☆	☆	2	应用日语	☆	
13	应用泰语	☆	☆	3	应用韩语	☆	
14	应用越南语	☆	☆	4	应用俄语	☆	
15	应用阿拉伯语	☆		5	应用泰语	☆	
16	小学英语教育	☆	☆	6	应用外语	☆	
				7	应用西班牙语	☆	
				8	外事实务	☆	

二、调研情况

专业教学标准设计采用需求导向、职业导向的方法论，专业教学标准中的核心内容需要依据调研结果来确定。

（一）调研要求

1. 行业调研：相关行业国内、国外发展总体形势；经济转型升级、产业结构调整、新技术应用等带来的行业有关职业人才标准的新要求；专业对应的职业岗位设置情况及行业人才结构现状；专业教学标准与职业标准对接的情况。

2. 企业调研：企业生产实际中，专业对应的岗位群或技术领域，技术型岗位群对应的技术应用变化情况，管理型岗位群对应的管理方式变化情况；服务型岗位群对应的工作方式变化情况。同时调研企业生产实际中采用国际通行或行业普遍认可的相关标准情况；企业对毕业生最关注的职业素养；企业要求的职业类证书。重点调研岗位群或技术领域的实际工作任务、工作内容和工作要求，归纳出若干典型工作任务，解构典型工作任务，分析出必须够用的素质、知识、能力要求。

3. 学校调研：学校教学基本情况（包括专业建设、校企合作、课程体系、教学实施、教学管理、教学评价、质量保障、师资队伍、实习实训条件、配套资源等）；有关专业招生、就业情况（包括生源情况、专业就业率、对口就业率，毕业生考取有关职业类证书情况等）；现行专业教学标准贯彻情况及评价；学校有关专业人才培养方案内容及执行情况（包括专业人才培养方案的执行情况、存在问题、课程设置结构、专业教学内容更新情况等）。

4. 毕业生调研：对在校学习期间本专业教学效果的评价；所从事的工作及岗位对本专业素质、知识、能力的实际需求情况；对本专业人才培养工作（如教学内容、教学实施、实训教学、拓展课程、职业类证书等）的意见建议。

5. 研究机构调研：发达国家相关专业建设和专业教学设计情况，典型案例等；职业教育教学、教法、教改最新研究成果；职业教育人才培养国际比较研究成果，教学标准与国际接轨建议等。

调研要求兼顾不同地域、不同规模、技术密集型和劳动密集型，不少于 10 家本专业相关行业企业；兼顾东、中、西部地区分布，同时兼顾一般院校和示范校，确保 15 所以上开设本专业的职业院校；兼顾东、中、西部地区分布，同时兼顾一般院校和示范校的 100 名以上毕业生；并对职业教育研究机构发布的有关专业建设、教学设计、国际比较等研究成果进行文献调研。

（二）调研范围、发现的主要问题和对策建议

1. 高职专科商务英语专业

研制组调研了遍布全国各地的 32 家行业协会、158 家企业，主要涉及国际贸易、跨境电子商务、国际商务管理、商务翻译等领域；72 所高职院校参与了调研，收集人才培养方案 53 份；2496 名毕业生参与调研，有效问卷 1947 份；调研了 18 个教育研究、评估及认证机构，收集了 100 余篇 / 部与商务英语相关的研究论文 / 专著、8 份专业教学标准 / 标准开发规程、20 份商务英语专业建设及国际合作材料等文献。

发现的主要问题和对策建议：

（1）培养目标过于宽泛，专业内涵边界划分不清晰，特色不明显。调研发现商务英语专业方向 / 模块设置涉及国际贸易、跨境电子商务、国际商务管理、商务翻译、旅游英语、涉外酒店、国际会展、英语教育、教育培训、国际营销、项目管理、国际商务、国际教育服务、语言服务、商务交际等。毕业生就业行业包括批发和零售业、教育业、租赁和商务服务业。与应用英语、英语教育、旅游英语、国际贸易、酒店管理和电子商务等专业存在较多交叉。

建议：精准定位培养目标，对应行业建议为商务服务业、批发业和零售业；主要岗位（群）建议为商务翻译、外贸业务、跨境电商运营、涉外

商务服务。各高等职业院校的培养目标岗位可据此适当调整，以适应区域发展需要，体现办学特色。

（2）教学内容缺乏针对性，教学质量保障体系不完善。调研表明毕业生知识、能力和素质与实际需求之间仍存在较大距离。一些企业认为商务英语毕业生的工作表现一般。多数毕业生认为专业课教学内容与实际工作岗位脱节。部分高职院校实习实训设施老化，信息化水平较弱。此外，虽然各院校均有专业指导委员会、内部质量保障体系、保障制度和监督机制等，但整体看，缺乏系统性，有待改善。

建议：根据新时代、新经济形态、新战略的要求，提出科学合理的专业课程体系；加大投入，改善实习实训条件；形成系统完善的质量保障体系，将新要求落细、落小、落实至培养过程，提高培养质量。

（3）缺乏既符合国家要求又获企业认可的职业资格证书。调研显示，多数用人单位看重毕业证书之外的其他技能证书，而目前国家认可的语言类职业资格证书只有全国翻译专业资格（水平）考试（CATTI），此证书难度较大，不具有普遍意义。企业认可的证书还有剑桥商务英语证书（BEC），不过考试费用高，以及一些英语语言水平类证书，如全国大学英语四六级考试（CET）等，但是此类证书并非国家认可的职业类证书。

建议：因英语水平是本专业的核心竞争力，可以将英语语言水平证书的相应等级纳入专业教学标准。建议相关行业、有影响力的企业和有能力的学校通力合作，逐步创建高认可度的、适合本专业学生的语言类职业资格和技能证书。

2. 高职专科应用英语专业

研制组调研了全国各地共124家企业；院校调研覆盖面广，涉及全国92%开设应用英语专业的高等职业学校，共计180所；毕业生调研覆盖全国所有开设应用英语专业的省、自治区、直辖市，5021人，收回有效问卷4736份；调研教育研究、评估及认证机构共8家，其中，国内3家、国外5家。

发现的主要问题与对策建议如下：

（1）课程体系不能完全满足学生未来职业发展的需求。调研中发现，企业希望能进一步提升学生职业素养，培养学生语言能力和实践动手能力，培养学生沟通能力、独立解决问题的能力等。不少毕业生对学校开设的专业课程满意率不高。部分院校专业课程在教学目标、内容、结构和考核形式等方面，与人才培养的目标适应性不强，课程体系的岗位针对性也不强。

建议：根据人才培养目标和岗位需要进行课程设置，加强学生职业素养、英语语言能力和实践能力的培养，同时考虑学生未来职业发展的迁移能力和产业升级对应用英语人才的新要求，修订更为科学的应用英语专业课程体系。

（2）实践教学不能满足需求。调研表明，虽然多数院校配备了多媒体语音室、文化体验室，少数院校新建了虚拟情景实训室和翻译实训室，各院校都建了应用英语专业的校外实习基地，但是实践教学与岗位的实际工作过程仍然有较大差距。许多毕业生反馈应增加实践，提高职业技能训练的针对性，对接企业和学生需求。

建议：重视发展校企合作，对接对口实习单位和实习岗位，增加学生到企业实践实习的机会；增设创新创业相关课程与活动，注重创新能力的培养，丰富学生社会实践，培养学习兴趣。

（3）师资队伍建设有待强化。调研结果显示，应用英语专业的师资综合能力有待提高，尤其需要扩充既精通外语又了解外事服务、涉外企业服务、涉外事务管理、国际经济法律等专业知识的教师队伍。教师分布不均，出现结构性失衡。教学团队建设相对滞后，专任教师专业服务能力比较弱，兼职教师的管理不到位。

建议：加强专业教师队伍的建设，尤其是双师队伍建设。根据地方区域和学校特点，重视教师企业实践学习，建设兼职教师队伍。

3.高职专科旅游英语专业

研制组在川渝陕、滇黔甘、赣浙宁、晋苏沪、京津冀、辽吉黑、闽桂琼、湘鄂皖、粤鲁豫等27个省、自治区和直辖市进行了调研，另外，调研人员也了解了新青藏和内蒙古的部分情况。累计调研企业单位300余家、高职院校和研究机构100余所、专业带头人近50名、专业毕业生700余人，举行座谈 20 余次。发现的主要问题与对策建议如下：

（1）旅游英语专业教学标准滞后于行业标准。专业人才培养目标和人才培养规格与行业标准对接的联动机制不强，调整略显滞后，缺乏新业态内涵。专业拓展方向设置过于宽泛，且"英语+"特色不鲜明。行企调研结果表明，旅游业的发展规模对人才供给提出更大需求，但人才的供给明显不足，行企与院校在行业标准与职业资格证书对接方面匹配度不高，难以形成联动机制。

建议：梳理专业人才的就业面向、相关职业群和工作岗位，引导专业发展产教融合，重点解决专业与国民经济发展和职业岗位要求错位等问题。

（2）旅游英语专业产教融合不够深入。旅游行企育人主体作用明显不足。旅游产业结构和技术在不断转型升级，"英语+"、"互联网+"、"国际化"等复合应用特质需求日益明显，新技术在旅游业的应用、旅游业与其他产业的融合形成了许多旅游新业态和新岗位，而这些变化目前并没有在旅游英语专业的课程设置和教学中得到充分体现。此外，毕业生认为实习和实践环节不够，尤其是缺乏专业技能相关实训，包括语言技能与职业技能相融合的实践实训。

建议：拓宽与专业相关的通识知识范畴，重点包括中华优秀传统文化、文明旅游、生态旅游、全域旅游等。着力突出能够体现专业特色的"英语+"实践能力要求。重点解决专业人才培养不能适应旅游产业发展需要的问题，尤其是专业人才"英语+""互联网+"等复合应用能力不足的问题。

（3）旅游英语专业国际化程度不高。

旅游英语在专业建设和课程设置方面取得的国际旅游教育认证屈指可数。近 90% 的毕业生认为，出国学习或实习能有效增强他们的英语应用能力，拓宽国际视野。但是，大多数学校难以形成涵盖课程体系、规范且适于长期践行的人才培养方案或体系，虚拟仿真或真实境外实习实训基地匮乏导致学生缺乏境外实习、就业的机会和平台，无法发挥旅游英语专业的语言优势或专业核心竞争力。

建议：进一步夯实"强英语语言技能"的专业基础课程之定位，打造

"树国际视野"的专业核心课程之"英语+"特色,重点解决"国际化+"视域下学生服务旅游核心岗位的实践动手能力不强的问题。

4. 高职专科应用韩语专业

研制组对中韩两国重点合作领域的5个相关行业(机械、电子、汽车、外贸、旅游)进行了调研,涉及全国8个省24家企业,包括生产制造、批发零售、贸易、旅游等行业的大中小规模外资企业和民营企业;调研了全国11个省32所开设应用韩语专业的职业院校,其中示范校(骨干校)13所,专科外语学院5所,一般院校14所;全国21个省(直辖市)的183名应用韩语专业毕业生参与了调研;调研的研究机构主要是职业教育研究院、韩国课程教育研究院等国内外机构。

发现的主要问题与对策建议:

(1)就业行业指向性不明确,就业岗位覆盖面较广,培养定位不明确。调研结果显示,应用韩语专业毕业生主要的职业岗位面向为商务服务业、批发和零售业的翻译文员岗位、外贸业务员岗位、跨境电商人员岗位和涉外旅游接待服务员岗位等。企业通常要求韩语能力等级中级以上,没有十分明确的专业技能等级证书要求,部分企业对外贸操作员、单证员、韩语导游证书、酒店前厅接待员、餐饮服务员等级证书有要求。

建议:明确培养目标,明晰专业定位,保持语言专业的特点,以韩语语言能力为专业基础能力,"语言+"复合应用能力为专业核心能力,并适应产业数字化发展需求。

(2)课程体系结构不清晰,课程设置与岗位能力要求关联度不高,课程内容与工作内容对应性不强。调研表明,相比其他相关专业知识,企业更看重学生的韩语语言水平。2/3以上的企业对应用韩语专业毕业生韩语能力等级要求为三级以上。此外,多数毕业生认为理论课程,实践课程偏少,学生实践能力不足。

建议:明确专业人才培养定位,专业基础课程体现和满足韩语技能的培养与训练,专业核心课程与基础课程合理衔接,对接岗位能力培养和训练。

（3）实践教学形式单一，教学环境不能满足学生韩语实践需要。毕业生反馈学校应改善教学软硬件设施、改善口语教学环境、营造外语学习氛围、进行实景模拟教学等。50%以上的院校课程教学仍旧采取以课堂教学为主的传统教学方式，大部分院校的课程网络化资源建设基础还很薄弱，信息化教学技术在专业教学中的应用还远远不够。

建议：加大韩语实践课程设置比例，规范专业实践教学。加强校内外实训基地建设，拓展实训内容，安排从入学岗位认知实训到企业顶岗实习的实践教学。

5.高职专科商务日语专业

研制组共调研全国各地相关行业企业63家，其中大型企业占比58.7%、中型企业占比7.9%，小型企业占比28.6%，微型企业占比4.8%；调研院校50所，其中国家示范（骨干）院校12所，省级优质（示范）院校20所，一般院校18所；调研高职院校商务日语专业毕业生208人，其中境外占比6.7%，境内调研兼顾了东、中、西部地区的院校及一般院校和示范校的比例；调研职业教育研究评价机构6所，其中境外2所。

发现的主要问题与对策建议如下：

（1）存在着专业内涵边界划分不清，培养目标过于宽泛的情况。调研发现，由于缺乏专业教学标准，各院校在制定专业人才培养方案时无据可依。有的地区设立高职日语类专业单一，即只开设商务日语专业，没有其他日语类专业，为满足区域经济发展需求，商务日语专业人才培养目标里出现了"日语导游""涉外酒店服务"等岗位或岗位群。

建议：精准定位培养目标，主要岗位（群）建议为商务日语翻译、对日贸易业务员、对日跨境电子商务运营专员、涉日企业助理等。各高等职业院校的培养目标岗位可根据区域发展需要，适当调整，体现办学特色。

（2）各院校专业课程设置差异性较大。调研结果显示，从开设院校比率来看，排在前8位的专业基础课程中有6门课程开设的院校超过60%；而排名前8位的专业核心课程中，有一门课程开设的院校为64%，有两门课程开设的院校为50%，其余均不到50%；排名前8位的拓展课程中，则只有一门课程开设的院校为 60%，其余课程均低于 50%。

建议：专业教学标准制订后应注意标准的贯彻实施。各院校应依据教育部颁布的高职专科商务日语专业教学标准，结合区域和院校特点，搭建课程体系。

（3）缺乏既符合国家要求又获企业认可的职业类证书。目前国家认可的语言类职业资格证书只有全国翻译专业资格（水平）考试（CATTI），此证书难度较大，不具有普遍意义。调研结果显示，目前最受企业认可的证书是日本语能力测试（JLPT）证书，但由于该证书是由日本国际交流基金会和日本国际教育支援协会颁发，不属于我国职业类证书范围。

建议：将具有同等能力水平的由我国国家人力资源和社会保障部认可的"实用日本语鉴定证书（J.TEST）"列为商务日语专业学生的职业类证书。另外，建议各院校根据区域经济发展需求，探索"1+X 证书"模式。

6. 高职专科应用日语专业

研制组调研各地相关行业企业 49 家；调研院校 29 所，其中公办院校 21 所、民办院校 8 所、国家示范（骨干）院校 8 所、省级优质（示范）院校 8 所、一般院校 13 所；调研高职院校应用日语专业毕业生 204 人，其中境内占比 87.75%，并兼顾了东、中、西部地区的院校及一般院校和示范校；调研职业教育研究评价机构 5 所，其中境外 1 所。

发现的主要问题与对策建议如下：

（1）职业面向相对广泛且分散。调研结果显示，应用日语专业毕业生就业岗位排在前十位的有翻译（51.02%）、涉日企业生产管理人员（24.49%）、涉日企业文秘人员（24.49%）、涉日企业人力资源管理人员（20.41%）、信息服务人员（16.33%）、涉日企业经营管理人员（16.33%）、涉日企业财务人员（16.33%）、信息技术人员（8.16%）、教育服务人员（8.16%）、教育管理人员（8.16%），就业分布比较分散。

建议：准确定位人才培养目标，建议面向翻译人员、商务专业人员等职业，日语翻译、涉日企业服务等岗位群。

（2）培养规格和课程设置等需要更新。调研表明，企业对应用日语专业毕业生工作能力要求主要集中在日语语言能力以及相关专业能力方面。随着科技进步，各类翻译软件、人工智能等现代科技手段已经开始在工作中广泛使用，需要在培养规格和课程体系中补充相关内容，体现新形势和新发展，让学生能更好适应岗位需求。

建议：及时充实和提升人才培养的内涵与规格要求，制订与人才培养规格相对应且凸显应用日语专业核心竞争力的课程体系。重视新技术的发展，将现代技术应用等新的知识内容纳入课程体系。

（3）国家与企业均认可的职业类证书缺乏。国家认可的全国翻译专业资格（水平）考试（CATTI），难度较大，不具有普遍意义。目前最受企业认可的证书是日本语能力测试（JLPT）证书，但由于该证书是由日本国际交流基金会和日本国际教育支援协会颁发，不属于我国职业类证书范围。

建议：将实用日本语鉴定证书（J.TEST）作为语言能力证书列为应用日语专业的职业类证书。另外，建议各院校根据区域经济发展需求，探索"1+X证书"模式。

7. 高职专科旅游日语专业

研制组对37家相关企业，15所高等职业院校（其中东部地区6所，中部地区7所，西部地区2所；公办院校14所，民办院校1所；国家示范或骨干院校4所，省级优质或示范院校8所，一般院校3所），137名旅游日语专业毕业生，6个相关职业教育研究评价机构进行了调研。调研问卷回收率为100%。

发现的主要问题与对策建议如下：

（1）职业面向不太清晰。调研发现，本专业职业面向主流趋势没有变化，但随着旅游市场经济的发展，同时出现了会展策划员这一新型职业类别，岗位需求占比约为18.42%。此外，旅行社及其相关服务业的岗位群也发生了变化，在导游、领队、计调、旅行顾问等传统主流岗位的基础上，旅游电商服务等体现现代旅游服务技能的岗位占比18.42%。但仅有部分院校可以开设相关课程。

建议：职业面向要清晰。本专业的主要职业类别仍为旅游及公共游览场所服务员和住宿服务人员两大类。至于会展策划、旅游电商业务等新型岗位群，可根据地方经济及其办学情况，作为特色，开展相关教学活动。

（2）各院校培养规格上标准不一、知识与能力的结构层次尚不明晰。对相关院校的人才培养方案进行比对发现，人才培养规格上的结构层次尚不清晰。例如有的院校把日语语言能力和运用日语从事相关岗位工作的能力称之为专业能力，把掌握非日语语言相关的从业能力等称为其他能力；有的院校把日语语言能力称为语言能力，从事相关岗位工作能力称为专业能力等，相关院校对于知识与能力的不同表述，体现了不同的重心和标准。

建议：明确旅游日语专业毕业生的四大基本知识结构为日语语言知识、跨文化交际知识、岗位技能知识、职业素养知识，五大核心能力为语言能力、岗位技能、交际能力、合作能力与学习能力，由此形成旅游日语专业毕业生较为全面的知识与能力结构。

（3）缺乏既符合国家要求又获企业认可的职业类证书。从调研数据来看，企业对相关证书的重视程度依次为：日本语能力测试（JLPT）证书（71.05%）、全国导游人员资格证书（日语）（57.89%）、全国导游人员资格证书（普通话）（47.37%）、大学英语等级考试证书（34.21%）、实用日本语鉴定考试（J.TEST）证书（31.58%）。相关院校和毕业生对上述证书的认可度也较为一致。但是语言类证书不属于符合国家规定的职业类证书。

建议：将证书分为两大类，第一类为职业资格证书，包括导游员资格证书（普通话或日语）；第二类为语言能力证书，包括日本语能力测试（JLPT）证书、实用日本语鉴定考试（J.TEST）证书、大学英语等级考试证书。也建议各院校根据区域经济发展需求，探索"1+X证书模式"。

8.高职专科应用俄语专业

调研北部沿海经济区、南部沿海经济区和东部沿海经济区，包含对外贸易、国际物流、涉俄旅游、国际酒店、国际航空服务等领域31家行业企业；调研内蒙古、黑龙江、河北、河南、江西、上海、广东和海南等省及自治区 16 所院校；500 余名黑龙江、内蒙古、河北、河南、江西、上海、广东和海南等省及自治区各级各类高等职业院校应用俄语专业毕业生参与了调研。

发现的主要问题与对策建议如下：

（1）人才培养目标定位不明确，与其他专业有交叉。从院校调研数据上看，80% 的院校将培养方向定位在商务（经贸）方向，45% 的院校定位在旅游方向，同时相应地将应用俄语专业岗位群定位在外贸业务员、导游员等，在职业面向上与诸如国际贸易、旅游管理等专业存在边界不明晰的问题，没有体现出应用俄语专业语言属性的特点。

建议：参考国家行业和职业分类大典的基础上，结合语言专业的特点设定培养目标，职业面向应突出俄语语言属性。

（2）人才培养规格与岗位群典型工作任务所需能力要求匹配不够，实践性教学学时不足。职业院校应用俄语专业人才培养方案中，培养规格大都包含素质、知识、能力三方面，但在实践操作中大部分重知识、轻素质与能力，这与院校师资队伍缺少企业实践经历、实践教学不足、校企合作不深入等有直接关联。

建议：能力培养注重相关行业中俄语实际应用能力的培养，同时对创新创业能力、分析解决问题能力、信息技术应用能力、沟通表达能力、团队合作能力、终身学习能力等方面也应提出要求。加大实践教学学时，增加专业拓展课。

（3）双师型教师匮乏。虽然调研院校的双师型教师比例平均达到 56.8%，但大多数双师型教师缺乏企业工作经历，企业挂职锻炼的经历不足。

建议：加强双师型教师的培养。兼职教师建议从企业聘请，推动企业高技能人才和高职院校教师的双向流动；长期聘请至少一名专 / 兼职俄语外籍教师负责俄语口语等课程的课堂教学与实训活动。

9. 高职专科应用法语专业

调研了 85 家与相关院校建立了合作关系，并在近 3 年内招聘过应用法语专业毕业生的企事业单位，其中私营和民营企业占比近 70%；调研了全国 18 所开设应用法语专业的代表性院校，基本涵盖了开设应用法语专业的各类高职院校，包括外语外贸类院校、经贸及工商管理类院校、旅游职业院校、以工科为主的职业技术综合类院校以及其他综合类院校；对毕业生的调研面向各校应用法语专业近 3 届毕业生发放调查问卷，兼顾各主要就业领域和行业，收到有效答卷 212 份；搜索并查阅了浙江省教育评估院、麦可思、中国对外承包工程商会、阿里研究院 4 家机构关于应用法语专业的办学成果和市场前景的统计与预测资料。

发现的主要问题与对策建议如下：

（1）职业面向需要进一步梳理和明晰。调研显示，各院校专业内涵比较清晰，培养目标比较明确，但随着时代的发展，出现了一些新兴岗位，如跨境电商专员成为需求最为旺盛的新兴岗位之一。其他如涉外文秘、驻外业务员、会展接待、留学与签证服务、涉外旅游服务等，对人才需求量也很大，占了整个市场需求的一半以上。

建议：职业面向突出本专业的语言应用属性，将商务翻译、国际贸易、跨境电商销售与客服、涉外旅游服务等作为本专业的主要岗位群，不仅体现了应用语言类专业应用面广的特点，同时也符合市场需求实际、专业现况和发展趋势。

（2）课程体系有待完善。调研发现，各高职院校的应用法语专业虽基本按照"基础＋核心＋拓展"三大板块构建专业课程体系，但各院校的课程分类标准不统一，三者之间的层次不太分明，关联度不高，部分院校有将专业拓展课程取代专业核心课程的倾向。另外，有的院校专业基础课程和核心课程教学时数不足。

建议：将相关语言知识和能力的基础阶段课程及相关领域的实务性知识和技能课程归类于专业基础课程，将语言知识和能力的应用阶段课程归类于专业核心课程，其他相关应用领域的课程归类于专业拓展课程。

（3）专业教师队伍结构欠合理。相关调研显示，大多数院校师资队伍年龄和职称结构缺陷明显，仅具有初级职称的年轻教师所占比例过高（39%），高级职称教师稀缺（4%），90% 的专业负责人职称为讲师。另外，生师比普遍较高，个别院校的生师比高达 75∶1。双师型教师短缺。

建议：加强对青年教师的培养，不仅培养其教学与教学研究的水平与能力，提供去企事业单位进行实践学习的机会，打造双师型教师队伍。建设外聘、兼职教师队伍。学生数与本专业专任教师数比例应不低于 25∶1。

10. 高职专科应用西班牙语专业

调研覆盖华东、华中、华北、华南等多个地区，兼顾国家示范性高职院校、骨干高职院校和普通高职院校。共回收 21 份学校问卷、65 份企业问卷、554 份毕业生问卷，访谈了 5 位教育研究机构的专家。

发现的主要问题与对策建议如下：

（1）人才培养目标定位还需进一步明确。对企业和毕业生的调研均表明，外贸业务、西班牙语翻译和跨境电商这三个岗位群无论是企业需求量还是实际就业的占比都位列前三，而院校调研显示，虽然外贸业务、西班牙语导游和跨境电商是院校认为最理想的人才培养目标定位，但实际上超过半数的院校的人才培养目标定位是外贸业务、西班牙语导游和西班牙语翻译。

建议：及时跟踪新业态，结合所在区域特点确定人才培养目标。根据企业需求量和毕业生实际就业情况，可以优先考虑外贸业务、西班牙语翻译和跨境电商这三个岗位群。

（2）现有教材适用性较差，有些课程内容亟待改进。所有被调研学校均使用本科教材。66.67% 的被调研学校认为现有教材对学生难度偏高，100% 的学校认为目前教材建设面临最严重的问题是缺乏适合本专业的教材。调研中还发现，有的课程学校重视，企业也认为相关知识很重要，而毕业生认为所学对工作帮助不大，说明学习效果并不理想。

建议：以企业人才需求为导向，制订课程标准，开发适合本专业学生的教材。课程内容务必基于调查研究，紧贴真实的工作内容，避免"为开课而开课"。

（3）师资队伍结构不合理。调研结果显示，各校应用西班牙语专业普遍存在专业教师队伍梯队不合理、生师比失调、教师职称普遍较低等问题。此外，应用西班牙语教师大多都毕业于西班牙语语言文学专业，普遍缺乏教学法和职业技能的相关培训或企业工作经验。

建议：教师入职以后，继续接受各种相关培训或去企业参加实践，提高教学能力、积累企业工作经验，积极学习教育教学技术，提高教学效率。

11.高职专科应用德语专业

调研了毕业生分布较为密集的相关行业，包括生产制造、贸易、旅游、教育培训等，覆盖全国 11 个省、市的 50 家企业；调研了全国 9 个省、市 16 所开设应用德语专业的高职院校；全国 18 个省、市的 247 名应用德语专业毕业生参与了调研；调研了华东师范大学职业教育与成人教育研究所、上海市教育科学研究院职成教研究所、山西省中华职业教育社、浙江省教育评估院 4 所职业教育研究机构。

发现的主要问题与对策建议如下：

（1）学生就业覆盖面广，培养目标宽泛，专业特色不明显。从毕业生调研看，就业岗位分散、涉及领域较多，毕业生大多供职于与德国有经贸往来的外向型企业，从事在生产、商务及服务活动中用德语从事翻译等综合运用的相关工作。院校调研显示，专业人才培养目标均为以德语为工作语言，专业定位有外贸、跨境电商、涉外企业服务、导游及酒店服务、德语教学、机电技术等各种方向。

建议：根据调研情况，建议专业人才培养目标为以德语为工作语言，面向翻译人员、销售人员、商务专业人员、旅游及公共游览场所服务人员等职业。

（2）专业教师配置不合理。调研结果显示，教师队伍年轻化，职称结构不合理，中间大、两头小，基本上都集中在中级职称，高级职称师资稀少，90% 的院校专业带头人普遍为中级职称，"双师型"教师比例也普遍偏低，教师企业轮训实践开展较少。

建议：加强青年教师教学科研能力的提升，加强校企合作，为教师创造更多企业实践机会，打造双师型教师队伍。可从企业聘请具有扎实专业知识和丰富实际工作经验的人员，承担兼课及实习实训指导任务，以此来丰富师资结构。

（3）实践教学及实践教学设施不能满足人才培养需要。调研结果显示，60%的学校认为应用德语专业实训设施配置情况不能满足实训要求，缺少实训软件等，此外还存在实训内容与实际业务脱节的问题。毕业生也普遍认为专业课程理论多、实践少，从而导致自身实践能力不足等问题。

建议：需优化实践教学模式，加强校企深度合作。需加大校内实训室及校外实训基地建设投入，规范实训教学条件，全面提升实训设施。加强校外实训基地建设，拓展实践内容。

12.高职专科应用泰语专业

调研有聘用应用泰语专业人才需求的国内外企业、语言培训机构、旅游服务公司，收回企业问卷41份；调研了国内开设应用泰语专业的高职院校，收集人才培养方案17份，院校问卷17份，毕业生问卷316份。

发现的主要问题与对策建议如下：

（1）培养目标过于宽泛，导致专业课程设置多而不实。基础课程和核心课程结构松散，教学内容缺乏较高关联度和系统性。国际贸易、市场营销、人力资源管理、导游实务、旅游实务、对外汉语等专业技能课开设数量过多，占用课时比例较大，语言基础课程和语言核心课程被挤压，学时数不足，学生语言基础不扎实，语言技能薄弱，偏离应用泰语以培养语言能力为主的专业目标。

建议：明确应用泰语专业是语言类专业，确立泰语语言基础和语言技能在人才培养过程中的首要地位，保证语言基础课程及语言核心课程有足够的教学时数。

（2）师资队伍结构不合理。调研发现，各校高职应用泰语专业师资力量不容乐观，普遍存在专业教师队伍梯队不合理的问题，参与调研的院校中65%的院校生师比超过25∶1，师资构成以中级职称为主，高级职称比例极低，拥有高级职称师资的院校仅占比18%，76%的院校双师型教师所占比例不足50%。

建议：加强对青年教师的培养，不仅要提高他们的教学水平与能力，同时还要让他们到企事业单位进行实践学习，打造双师型教师队伍，提升教师科研、教学能力。

（3）现有教材适用性较差。调研发现，由于泰语专业高职特色教材选择面较小，高职专科应用泰语专业普遍借用本科教材或者引进国外教材，缺乏面向高职应用泰语专业的、能体现工作岗位要求的泰语语言能力教材，造成学生所学与工作岗位所需有一定差距。

建议：开发符合高等职业教育规律、典型工作岗位要求的技术技能型、任务型泰语教材，建设应用泰语网络教学资源库。

13. 高职专科应用越南语专业

调研了近三年来中越经贸、跨国企业、旅游、涉越运输服务和行政事务管理等领域的企业、事业单位，访谈越南经贸人事、企业家20人，调研20家企业，收回企业问卷30份；收回院校问卷10份，人才培养方案8份；收回毕业生问卷100份；调研教育研究和评估机构4家。

发现的主要问题与对策建议如下：

（1）人才培养模式缺乏创新机制，专业核心能力培养不足。调研中发现，大多学校的应用越南语专业人才培养模式简单，虽然实施2+1模式或2+0.5+0.5的国际合作办学模式，只限于把学生送到越南去留学，但在课程设置、实践教学、学分互认等方面缺乏有效的衔接和创新。另外，人才培养方案不规范。部分院校的应用越南语专业人才培养方案核心课程设置不足，培养目标指向不明，专业核心能力培养不强。

建议：依托区域优势和特色，积极开展产教融合。明确越南语语言应用能力为专业核心能力，加强越南语语言应用能力的培养。

（2）实习实践机制有待改进。调研结果显示，受制于班级人数多、教师学业、职业背景等原因，校内实训尽管有多种形式，但效果并不理想。实践课时少，不利于学生的应用能力培养。校企合作开展困难，合作数量有限。合作企业能够提供的实习和实训岗位远远不能满足大批量学生的实习需求。企业对参与实践教学和实训基地建设缺乏积极性。

建议：实践性课程不应低于课程全部内容的50%。重视校企合作、产教融合。充分发挥院校所在的地域或资源优势，借用企业的师资、设备、场地、市场等资源来开展实践教学活动。

（3）师资队伍结构不够合理。调研中发现，目前大多院校高职专科应用越南语专业配备专任教师 3~4 人，外籍教师 1 人，教师大多为年轻教师，中级职称以下的教师占 95%，大多院校尚未配备副高职称以上的老师，双师型教师只占 30%。

建议：加强教师科研及教学能力的培养，鼓励多种形式多渠道的师资队伍培养与能力提升，争取各种项目或活动机会，让教师能力得到锻炼。

14. 高职专科小学英语教育专业

调研共 72 家用人单位，遍及全国 21 个省市，其中 71.6% 为公立小学，20.99% 为培训学校，私立小学、幼儿园及其他类型单位各占 2.74%。共访谈 80 人；调研高职院校 45 所，其中公办院校 44 所，民办院校 1 所，国家级示范校或骨干校 2 所，省市级示范校 8 所，访谈院校教师 35 人，回收调查问卷 77 份；参与调研的毕业生 1146 人，其中 479 人参与访谈；调研 15 所教育研究机构。访谈研究人员 11 人。

发现的主要问题与对策建议如下：

（1）人才培养规格需要进行调整。随着时代发展，对小学英语教师的专业能力提出了新要求。现代信息技术在教育行业中已经成为主导的教学手段之一，专业学生不仅需掌握基本的计算机应用技术和 PPT 的制作，还需要学习使用教学需要使用的直播课堂、录播课堂、手机 App 等各类信息化教学工具。此外，文化意识、自主学习能力和综合素养要求也有所提高。

建议：根据新要求，促进职业素养的培养与内化、调整课程设置并重构核心课程体系，注重核心英语语言能力、教学技能实践、教育信息技术应用能力的培养。

（2）英语语言能力作为专业核心能力需要强化。企业调研反馈要求将语音设置为专业教学的重点内容。英语教学口语能力是本次调研所有企业考核新晋教师能否走上讲台的一项重要指标，也是所有企业反映专业学生在短期内提升效果最弱的一项能力。94.59% 毕业生提出最核心的"小学英语教学能力"是英语听说读写能力。

建议：突出核心能力培养，提高以口语为首要，读、写为关键的英语语言能力，培养语言与教学能力并重的复合型人才。

（3）职业资格证书和各类认证标准众多。调研发现，除了教师资格证，普通话、计算机等级证、家庭教育指导师、育婴师、心理咨询师证等证书也被建议纳入专业1+X证书中。职业资格证书按照更为细化的岗位工作要求出现了多元化趋势。国内对于语言教学和教师的主要认证标准除国际通行的四种外，还有教师资格证认证、《小学教育专业师范生教师职业能力标准（试行）》认证等。

建议：将教师资格证作为必要证书继续予以强调。同时根据就业新型岗位要求，确立相关职业资格或技能等级证书。尽可能在专业教学要求上对国内相关标准的要求予以覆盖统一。

15.高职本科应用英语专业

在东北、华北、华东、中南、西北和西南六大区域74个城市开展了密集的调研活动，累计调研外贸企业、旅行社、涉外酒店、培训机构等行业企业256家；调研院校107所，包括开设应用英语及相关专业的高职高专院校、应用型本科院校、职业技术大学及少量普通高校，其中，对开设应用英语专业的2所职业技术大学进行了重点调研；毕业生325名，遍布24个省、自治区、直辖市的74个城市；研究评价机构12家，并通过梳理麦可思、金苹果、梧桐果、前瞻产业研究院等数据机构近几年相关数据开展了文献调研。

发现的主要问题与对策建议如下：

（1）专业定位需要进一步明确。调研结果显示，由于供给侧改革、企业转型升级、新业态和新商业模式不断出现，目前，毕业生知识、能力和素质与实际岗位需求之间仍存在较大差距。跨境电商发展逆势上扬，催生新业态和新模式，语言服务产业高速发展，造就了许多新的就业岗位，如机器翻译译后编校、语言产品营销员等等。

建议：专业定位为面向商务服务业、批发业和零售业的语言服务岗位群及涉外商贸服务与管理岗位群，其他存在实际需求或发展前景的跨境电商运营主管、涉外导游、涉外酒店运营主管等岗位，通过设置专业方向课程加以培养。

（2）课程体系需要进行调整。参与调研的毕业生中有66.15%认为课程体系设计偏重理论讲解，实践教学缺乏，49.85%的毕业生坦言自己知识面过窄，不熟悉业务，41.54%的学生认为自己英语口语及书面表达能力不强，还有36.31%的学生认为校内所学知识与所从事岗位工作内容脱节。

建议：职教本科应用英语专业课程体系应兼具专业性、职业性及应用性。建议夯实"强语言技能"的专业基础课程定位，打造"英语+"特色专业核心课程和拓宽专业发展路径的专业拓展课程。

（3）专业实践教学体系需要完善。调研结果显示，许多院校实习实训基地/场地不足、类型单一、对口岗位缺乏。更有甚者，20.95%的院校没有语言实训室，38.1%的院校专业教学实训设备匮乏，60%的院校缺少固定校外实践基地。实践教学存在的其他问题还包括实践课时总量不足、内容设置不合理，实践教学效果不理想，实践教学体系尚未形成等。

建议：加强校企合作，尽可能多开发相对固定的校外实习实训基地。同时，加快校内实训室建设，及时更新软硬件设备，保证开足、开全实训课程，确保实践教学效果。

第三节 / 标准框架

教育部要求，制订专业教学标准，一要适应产业优化升级需要，对接产业数字化、网络化、智能化发展新趋势，对接新产业、新业态、新模式下职业领域和岗位（群）的新要求，不断满足产业高质量发展对高素质技术技能人才的需求；二要遵循推进现代职业教育高质量发展的总体要求，实施新版职业教育专业目录，推动职业教育专业内涵升级，提高人才培养质量，参照国家相关标准编制要求。

因此，专业教学标准设计必须坚持需求导向、职业导向的方法论，确保其内在逻辑是连续的、递进的、因果的。要落实党和国家对人才培养的总体要求，在调研的基础上，根据岗位需求进行职业分析，获得典型工作任务，形成培养规格要求，根据培养规格要求，进行课程设置，搭建课程体系，根据课程实施的需要，提出教学条件和师资队伍配置要求。

根据"《职业教育专业教学标准》体例框架及编写要求"和"专业教学标准模板解读提纲"，专业教学标准框架共包括11个方面的内容：概述、适用专业、培养目标、入学基本要求、基本修业年限、职业面向、培养规格、课程设置及学时安排、师资队伍（包括队伍结构、专业带头人、专任教师、兼职教师）、教学条件要求（包括教学设施和教学资源）、质量保障和毕业要求。

一、概述

概述部分是新增内容。要求明确专业要适应什么产业或领域的优化升级需求，明确所从事的岗位群等。要求结合实际简要介绍所遵循的国家以及行业"十四五"规划等相关文件政策、专业人才培养定位和标准的作用等内容。

二、适用专业

根据《职业教育专业目录（2021年）》填写专业名称（专业代码）。

三、培养目标

"培养目标"是对该专业毕业后3年左右能够达到的职业和专业成就的总体描述，同时还包括学生毕业时的要求。满足适应社会经济发展的需要。

表述上分三个层面：第一层面，明确全面发展，强调职业教育特色的素质、知识和能力培养的定位；第二层面，明确应掌握的专业知识和技术技能，以及职业面向和能够从事的工作；第三层面，明确不同层次定位，高素质劳动者和技术技能人才（中职）/高素质技术技能人才（高职专科）/高层次技术技能人才（高职本科）。

四、入学基本要求

高职本科和专科的入学基本要求为：中等职业学校毕业、普通高级中学毕业或具备同等学力。中职的入学基本要求为：初级中等学校毕业或具备同等学力。

五、基本修业年限

高职本科为四年；高职专科和中职为三年。

六、职业面向

中高本三个层次有区分。一是不同培养层次专业面向的职业岗位不同（明确"为什么样的企业和岗位培养人"的问题）；二是不同培养层次对应的职业领域典型工作任务的复杂程度不同；三是不同培养规格（层次）毕业生解决职业领域工作内容的要求的知识、能力、素质结构不同。

职业面向要基于调研报告分析，为典型工作任务的归纳提供支撑。关注同一专业类、相似专业类，以及三个层次之间在岗位群（技术领域）内的衔接和差异。

所属专业大类和所属专业类对照《职业教育专业目录（2021年）》填写；对应行业参考《国民经济行业分类（2019修改版）》填写，具体到行业大类或中类；主要职业类别参考《中华人民共和国职业分类大典（2015年版）》

及后续发布的新职业，具体到小类。主要岗位（群）或技术领域举例依据调研结果，参考行业及企业现行通用岗位群或技术领域表述填写（注意对接新业态、新技术等）。职业类证书举例依据调研结果，列举相应的职业资格证书、职业技能等级证书、执业资格证书，及行业、企业、社会认可度高的有关证书。列举的职业资格证书参照 2021 年 1 月《国家职业资格目录》中专业技术人员职业资格以及 2019 年 1 月《国家职业资格目录》中技能人员职业资格，已取消的职业资格证书不再纳入；1+X 试点的职业技能等级证书择优选取。

七、培养规格

依据党和国家对职业院校学生的综合素质要求、调研报告中典型工作任务分析结果，关注岗位（群）数字化升级新要求，参考职业分类大典及后续发布的新职业中有关职业能力的表述，采用逐条列举式描述。要求新变化要对应到课程体系（内容）当中，如"绿色生产、安全防护……""具有适应产业数字化发展需求的基本数字技能……""劳育相关表述"等新变化都要解构对应到后面的课程设置中。此外，要根据典型工作任务和能力要求归纳出的"知识、素质、能力"融合表述，注意同一专业类、相似专业类，以及三个层次之间在典型工作任务和能力体系方面的衔接和差异，根据要求，起始句可使用"掌握、能够、具有、具备"等词。

相比之前的标准，新标准的变化有三。一是融合表述，即将"素质、知识、能力"的表述融合，如掌握×××知识（技能），具有×××能力。每一条在表达上遵循一定的逻辑关系（或是学习规律）。二是共性统一，如统一通用关于思想政治与德育、体育、美育、劳育等方面的要求。三是区分内涵，参考模板中共列出中职参考表述 11 条、高职专科 11 条、高职本科 14 条。区别主要表现在"知识、素质和能力"方面的职业教育内涵上。如中职要求"初步掌握数字化技能"，高职专科"基本掌握数字化技能"，高职本科"掌握数字化技能"等。高职本科对满足岗位要求的能力上做了更深层次的要求，如"成果转化、解决复杂问题等能力"。

八、课程设置及学时安排

（一）课程设置

1. 课程搭建思路

第一步：按照专业大类对应产业、专业类对应行业、专业对应岗位群或技术领域确定专业定位，找准专业的职业面向。

第二步：围绕需要解决的核心问题，面向行业、企业、院校、毕业生和研究机构进行广泛而深入的专业人才需求调研。

第三步：对专业需求调研材料进行汇总和整理，注意甄别客观需求和主观需求。

第四步：根据岗位需求，进行职业分析，形成若干个典型工作任务，对标国家职业标准，转换形成素质、知识、能力需求的培养规格框架。

第五步：依据培养规格的要求，根据课程体系的建构原则、学生的认知规律和职业成长规律，进行归类排序和科学搭配，形成课程体系。采用课程目标承载某部分专业素质、知识、能力要求的方法和从简单到复杂、从基础到专业、从核心到拓展的建构逻辑，分类设置公共基础课、专业基础课、专业核心课和专业拓展课，完成课程设置。

2. 课程设置

四部分内容：公共基础课程（高职专科和本科 25%，中职 1/3）、专业课程（统一为专业基础课、专业核心课程和专业拓展课）、实践性教学环节和相关要求。

（1）公共基础课程

按照国家有关规定开齐开足公共基础课程。

应将思想政治理论、体育、军事理论与军训、心理健康教育、劳动教育课程列为公共基础必修课程。将党史、新中国史、改革开放史、社会主义发展史、中华优秀传统文化、语文、应用文写作、国家安全教育、信息技术、艺术、职业发展与就业指导、创新创业教育等课程列为必修课程或选修课程。

学校根据实际情况可开设具有地方特色的校本课程。

（2）专业课程

专业基础课程（高职专科6~8门，高职本科8~10门）：为专业核心课程提供理论和技能基础的课程，即由需要集中学习的理论知识和技能构成的课程。

专业核心课程（高职专科6~8门，高职本科8~12门）：直接根据岗位工作内容、典型工作任务设置的课程，需要列出对应的典型工作任务描述和主要教学内容与要求。

专业拓展课程：体现培养规格要求，进行专业横向拓展和纵向深化的课程，包括专业方向课程。

有条件的专业，可结合教学改革实际，探索重构课程体系，如按项目式、模块化教学需要，将专业基础课程内容、专业核心课程内容、专业拓展课程内容和实践性教学环节有机重组为相应课程。

（3）实践性教学环节

主要包括校内外进行的实训、实习、毕业设计、社会实践等。

（4）相关要求

学校应结合实际，落实课程思政，推进全员、全过程、全方位育人，实现思想政治教育与技术技能培养的有机统一。应开设社会责任、绿色环保、新一代信息技术、数字经济、现代管理等方面的拓展课程和专题讲座或举办相关活动，并将有关内容融入专业课程教学中；将创新创业教育融入专业课程教学和有关实践性教学环节中；自主开设其他特色课程；组织开展德育活动、志愿服务活动和其他实践活动。

（二）学时安排

高职专科总学时不少于2500学时，高职本科不少于3200学时。每16~18学时折算1学分，其中，公共基础课总学时一般不少于总学时的

25%。实践性教学学时原则上不少于总学时的 50%，其中，岗位实习累计时间一般为 6 个月，可根据实际集中或分阶段安排实习时间。各类选修课程的学时累计不少于总学时的 10%。军训、社会实践、入学教育、毕业教育等活动按 1 周为 1 学分。

（三）师资队伍

按照"四有好老师""四个相统一""四个引路人"的要求建设专业教师队伍，将师德师风作为教师队伍建设的第一标准。

1. 队伍结构

学生数与本专业专任教师数比例高职专科不高于 25∶1，高职本科不高于 20∶1；"双师型"教师占专业课教师数比例高职专科一般不低于 60%，高职本科不高于 50%；高级职称专任教师的比例高职专科不低于 20%，高职本科不低于 30%；高职本科具有研究生学位专任教师的比例不低于 50%，具有博士研究生学位专任教师的比例原则上不低于 15%。

2. 专业带头人

高职专科专业带头人原则上应具有本专业及相关专业副高及以上职称和较强的实践能力，能够较好地把握国内外相关行业、专业发展，能广泛联系行业企业，了解行业企业对本专业人才的实际需求，主持专业建设、开展教育教学改革、教科研工作和社会服务能力强，在本专业改革发展中起引领作用。

高职本科专业带头人应具有本专业及相关专业副高及以上职称；原则上应是省级及以上教育行政部门等认定的高水平教师教学（科研）创新团队带头人、省级及以上教学名师、高层次或高学历人才，或主持获省级及以上教学领域有关奖励两项以上，能够较好地把握国内外相关行业、专业发展，能广泛联系行业企业，了解行业企业对本专业人才的实际需求，能主持专业建设、教学改革，教科研工作和社会服务能力强，在本区域或本领域具有一定的专业影响力。

3.专任教师

应具有高校教师资格；高职专科专任教师原则上应具有相关专业本科学历且具有本专业理论和实践能力，高职本科专任教师应具有相关专业本科及以上学历且具有本专业扎实的理论功底和实践能力；能够落实课程思政要求，挖掘专业课程中的思政教育元素和资源；能够运用信息技术开展混合式教学等教法改革；能够跟踪新经济、新技术发展前沿，开展技术研发与社会服务；专业教师每年至少 1 个月在企业或实训基地实训，每 5 年累计不少于 6 个月的企业实践经历。

4.兼职教师

主要从本专业相关行业企业的高技术技能人才中聘任，应具有扎实或坚实的专业知识和丰富的实际工作经验，原则上应具有中级及以上相关专业技术职称，了解教育教学规律，能承担专业课程教学、实习实训指导和学生职业发展规划指导等教学任务。

（四）教学条件

1.教学设施

主要包括能够满足正常的课程教学、实习实训所需的专业教室、实训室和实训实习基地。

（1）专业教室基本要求

具备利用信息化手段开展混合式教学的条件。一般配备黑（白）板、多媒体计算机、投影设备、音响设备，互联网接入或无线网络环境，并具有网络安全防护措施。安装应急照明装置并保持良好状态，符合紧急疏散要求、标志明显、保持逃生通道畅通无阻。

（2）校内外实训场所基本要求

实训场所符合面积、安全、环境等方面的条件要求，实训设施（含虚拟仿真实训场景等)先进，能够满足实验实训教学需求,实训指导教师确定，能够满足开展实训活动的要求，实训管理及实施规章制度齐全。鼓励开发虚拟仿真实训项目，建设虚拟仿真实训基地。

（3）实习场所基本要求

符合《职业学校学生实习管理规定》《职业学校校企合作促进办法》等对实习单位的要求，经实地考察后，确定实习单位合法经营、管理规范，实习条件完备且符合产业发展实际、符合安全生产法律法规要求，与学校建立稳定合作关系的单位成为实习基地，并签署学校、学生、实习单位三方协议。

2. 教学资源

主要包括能够满足学生专业学习、教师专业教学研究和教学实施需要的教材、图书及数字化资源等。

（1）教材选用基本要求

按照国家规定，经过规范程序选用教材，优先选用国家规划教材和国家优秀教材。专业课程教材应体现本行业新技术、新规范、新标准、新形态。

（2）图书文献配备基本要求

图书文献配备能满足人才培养、专业建设、教科研等工作的需要。及时配置新经济、新技术、新管理方式、新服务方式等相关的图书文献。

（3）数字教学资源配置基本要求

建设、配备与本专业有关的音视频素材、教学课件、数字化教学案例库、虚拟仿真软件、数字教材等专业教学资源库，种类丰富、形式多样、使用便捷、动态更新、满足教学。

（五）质量保障和毕业要求

1. 质量保障

（1）学校和二级院系应建立专业人才培养质量保障机制，健全专业教学质量监控管理制度，改进结果评价，强化过程评价，探索增值评价，健全综合评价。完善人才培养方案、课程标准、课堂评价、实验教学、实习实训、毕业设计以及资源建设等质量标准建设，通过教学实施、过程监控、质量评价和持续改进，达到人才培养规格要求。

（2）学校和二级院系应完善教学管理机制，加强日常教学组织运行与管理，定期开展课程建设、日常教学、人才培养质量的诊断与改进，建立健全巡课、听课、评教、评学等制度，建立与企业联动的实践教学环节督导制度，严明教学纪律，强化教学组织功能，定期开展公开课、示范课等教研活动。

（3）专业教研组织应建立集中备课制度，定期召开教学研讨会议，利用评价分析结果有效改进专业教学，持续提高人才培养质量。

（4）学校应建立毕业生跟踪反馈机制及社会评价机制，并对生源情况、对在校生学业水平、毕业生就业情况等进行分析，定期评价人才培养质量和培养目标达成情况。

2. 毕业要求

根据专业人才培养方案确定的目标和培养规格，全部课程考核合格或修满学分，准予毕业。

鼓励学生毕业时取得职业类证书或资格，或者获得实习企业关于职业技能水平的写实性证明，并通过职业教育学分银行实现多种学习成果的认证、积累和转换。

第四节 / 标准特点

一、标准总体特点

（一）对标国家政策要求，兼具指导性和规范性

在职业教育外语类专业教学标准制订过程中，各研制组深入贯彻落实全国职业教育大会精神，认真研读《国家中长期教育改革和发展规划纲要》《国家职业教育改革实施方案》《职业教育提质培优行动计划（2020—2023 年）》《教育部关于印发〈职业教育专业目录（2021 年）〉的通知》等国家文件，严格按照《职业教育语言类专业简介和标准修（制）订工作》总体部署和"专业教学标准修（制）订调研工作要求"等文件要求，有序

推进标准制订各项工作，严格对标文件精神和要求，确保教学标准的顶层指导和规范引领作用。

习近平总书记在全国职业教育大会中的重要指示为职业教育教学改革与高质量发展提供了基本遵循。在根本要求上，要"坚持党的领导，坚持正确办学方向，坚持立德树人"；在发展路径上，强调"深化产教融合、校企合作"；在关键改革上，强调"深入推进育人方式、办学模式、管理体制、保障机制改革"；在发展重点上，强调"稳步发展职业本科教育，建设一批高水平职业院校和专业"；在发展要求上，强调"推动职普融通，增强职业教育适应性"；在发展目标上，强调"加快构建现代职业教育体系，培养更多高素质技术技能人才、能工巧匠、大国工匠"。

职业教育外语类专业教学标准修订在落实立德树人、德技并修上下足功夫，将德育融入课堂教学、技能培养、实习实训等各个环节，推进思政教育与技术技能培养融合统一，课程思政和思政课程同向同行。新版标准增加了创新创业教育、思想政治素养、工匠精神、质量意识、安全意识、环保意识、信息化教学、理实一体化教学等内容，体现了时代特征。比如在培养规格上，提出："坚定拥护中国共产党领导和我国社会主义制度，在习近平新时代中国特色社会主义思想的指引下，践行社会主义核心价值观，具有深厚的爱国情感和中华民族自豪感；具有健康的体魄、心理和健全的人格，掌握基本运动知识和一两项运动技能，养成良好的健身与卫生习惯，良好的行为习惯；具有一定的审美和人文素养，能够形成一两项艺术特长或爱好"。在培养目标上，规定："培养理想信念坚定，德、智、体、美、劳全面发展，具有一定的科学文化水平，良好的人文素养、职业道德和创新意识，精益求精的工匠精神，较强的就业能力和可持续发展的能力，掌握本专业知识和技术技能的高素质技术技能人才"。在能力培养方面，既强调了与行企业对接的技术技能，也强调了信息应用、终身学习、团队合作等方面能力。如商务英语专业在人才培养规格中明确要求学生"了解与本专业相关的新产业、新业态和新商业模式"；旅游英语专业教学标准提出要"熟悉智能翻译辅助工具应用"；应用法语专业要求"具备较强信息化素养和数字技能，形成能够运用法语基于互联网平台提供客户咨询服务的能力"；应用韩语专业要求"基本掌握现代商贸、智慧旅游等领域数字化技能"等。

《标准》坚持强化学生职业素养养成。比如在课程设置方面，将思想政治理论、中华优秀传统文化列入公共基础必修课，将党史国史、劳动教育、创新创业教育、大学语文、信息技术、健康教育、美育、职业素养等列入必修课或选修课；在专业课程的教学与实训方面，坚持"传授英语语言基础知识与培养应用英语专业技能并重"的原则，注重学用相长、知行合一，增强学生的适应能力和可持续发展能力。如应用英语专业在核心课程中设置《应用英语口笔译》《机器翻译译后编校》《国际商务谈判英语》《海外客户开发与管理》《商务沟通技巧》等"语言＋技能"融合型课程，基于岗位工作内容、典型工作任务设计教学目标和内容，帮助学生既掌握基础翻译理论、常用翻译方法等语言知识，又具备国际商贸实务处理、涉外沟通与接待、海外业务拓展、客户关系维护等职业技能。

职业教育外语类专业教学标准的指导性和规范性不仅体现在上述的宏观原则定位上，也体现在规范语境、规范术语、规范表达等微观细节之中。各专业教学标准均严格按照模板的体例格式，正确使用政策性语言、规范性表述，使用有共识、好理解、易操作的名词和提法，简明扼要，简称统一，在表述专业定位、专业内涵、专业边界时用职教术语，课程设置坚持职教类型定位。如区别于普通本科教学体系的课程名称设置，采用包含技术技能的名称，而不是"XXX 学"的课程名称。

（二）立足多维调研分析，兼具针对性和有效性

职业教育外语类专业教学标准设计坚持需求导向、职业导向的方法论，遵循连续的、递进因果的内在逻辑。落实党和国家对人才培养的总体要求，对接新业态、新模式、新技术、新职业，在深入调研分析的基础上，梳理出典型工作任务，分析素质、知识、能力构成，科学合理确定各层次技术技能人才培养目标与规格，遵循职业教育规律和学生身心发展规律，合理

安排教学内容和课程体系，提高人才培养的针对性和有效性。为获取一手的调研数据支撑标准制订工作，各研制组按照"专业教学标准修（制）订调研工作要求"精心设计了"行业企业""院校""毕业生"及"研究评价机构"四套问卷，以问卷调查、电话访谈、文献研究等方式开展扎实调研，范围覆盖东北、华北、华东、中南、西北和西南六大区域，为教学标准修订奠定工作基础，提供比较全面、客观的依据，调研结果的分析直接对接教学标准核心条目的制定。调研的行业、企业兼顾不同地域、不同规模、技术密集型和劳动密集型，重点调研具代表性的大、中、小型及科技创新型企业。调研的职业院校及其毕业生兼顾东、中、西部地区分布，同时兼顾双高院校（专业群）和普通院校。对研究机构的调研主要关注职业教育研究评价机构发布的各类研究成果（资料调研）。

通过行业调研，了解相关行业国内、国外发展总体形势（包括总体现状与趋势等，可参考国家经济和社会发展"十四五"规划和行业"十四五"规划及有关权威分析报告等）；了解经济转型升级、产业结构调整、新技术应用等带来的行业有关职业人才标准的新要求；了解专业对应的职业岗位设置情况及行业人才结构现状；了解专业教学标准与职业标准对接的情况。应用泰语专业标准研制组在对行业国内外发展前景与趋势的调研中发现：随着"一带一路"倡议建设的深入推进，"互联网＋"带来的新就业形态不断涌现，泰国大力推动以发展创新技术为目的的"4.0"战略，中泰经贸合作持续发展，国内外对技术技能型泰语专业人才，尤其是跨境电商、驻外业务和国际工程、旅游、汉语语言培训等行业领域的泰语翻译人员的需求紧缺。研制组针对调研结果，在教学标准中将泰语翻译作为主要岗位群，划定泰语语音、泰语语法、泰语口语、泰语阅读、泰语基础写作等为专业基础课程，综合泰语、泰语视听说、实用泰语会话、泰语应用文写作、泰汉互译、跨境电子商务、商务泰语、旅游泰语等为核心课程，确立泰语语言基础和语言技能的首要地位。

通过企业调研，了解企业生产实际中，专业对应的岗位群或技术领域，技术型岗位群对应的技术应用变化情况（工艺、设备、材料等）；管理型岗位群对应的管理方式变化情况（管理对象、管理内容、管理流程等）；服务型岗位群对应的工作方式变化情况（商业业态、服务内容、服务方式等）。同时调研企业生产实际中采用国际通行或行业普遍认可的相关标准（如产品质量标准、生产流程标准等）情况、企业对毕业生最关注的职业素养、企业要求的职业类证书。重点调研岗位群或技术领域的实际工作任务、工作内容和工作要求，归纳出若干典型工作任务（一般 10 个左右），解构典型工作任务，分析出必须够用的素质、知识、能力要求。小学英语专业标准研制组在对全国 21 个省市 72 家用人单位的问卷和访谈调研中发现，教学口语能力是所有企业考核新进教师能否走上讲台的一项重要指标，也是所有企业反映专业学生在短期内提升效果最弱的一项能力。针对这一结果，研制组在标准修订中按照英语语言（突出英语语音和教学口语）+教学实践＋管理沟通的层次构建新的核心课程体系，将《英语语音》设置为核心课程，在原有基础口语课程的基础上增设《英语朗读与演讲》和《英语教学口语》课程，进一步夯实英语语言能力，注重语音的标准和教学口语的流畅度，提升核心竞争力。

通过高职院校调研，了解学校教学基本情况（包括专业建设、校企合作、课程体系、教学实施、教学管理、教学评价、质量保障、师资队伍、实习实训条件、配套资源等）；了解有关专业招生、就业情况（包括生源情况、专业就业率、对口就业率，毕业生考取有关职业类证书情况等）；了解现行专业教学标准贯彻情况及评价；了解学校有关专业人才培养方案内容及执行情况（包括专业人才培养方案的执行情况、存在问题、课程设置结构、专业教学内容更新情况等），听取对专业教学标准修（制）订工作的意见建议。应用法语专业标准研制组在对全国 18 所开设本专业的高职院校的调研中发现，高职应用法语专业普遍缺少校内外专业实训基地，校内主要的实训方式为法语口语活动（100%）和模拟场景按流程操作（61%），实训教学形式单一，校企合作明显不足，且校内实训场地（实训室）名称、设施要求等均不统一。针对这些问题，研制组在标准修订中首先清晰定义了专业实践和实训的内涵：前者为在校内外进行的法语听、说、读、写、译各类语言实践活动；后者为模拟或在真实职场环境中（商务服务行业的涉外企业）使用法语进行工作。明确规定了应用法语专业应设置的 3 类校内实训室，即法语语音实训室、法语翻译综合实训室（实训基地）、涉外商务服务综合实训室，并对校外实训、实习基地在总要求下，紧密结合本专业培养目标，提出了具有法语学科特色的具体要求。

通过毕业生调研，了解其对在校学习期间本专业教学效果的评价；了解其所从事的工作及岗位对本专业素质、知识、能力的实际需求情况；了解其对本专业人才培养工作（如教学内容、教学实施、实训教学、拓展课程、职业类证书等）的意见建议。旅游英语专业标准研制组在对 700 余名毕业生的调研中发现，大多数毕业生认为旅游英语专业应该加强学生人文素质的培养，增强他们的终身学习意识和跨文化交际意识，同时希望院校能着力增加语言技能与职业技能相融合的实践实训，提高应对新业态的核心知识技能的掌握程度，这与院校、研究机构反馈的情况基本一致。针对调研结果，研制组在标准的培养规格中突出思想政治素质核心要素，强化文化素质和职业素质要求，规范身心素质发展重点，夯实国际化特色内涵。拓宽与专业相关的通识知识范畴，重点包括中华优秀传统文化、文明旅游、生态旅游、全域旅游等。在能力要求中，突出了能够体现专业特色的"英语 +"实践能力要求。

通过研究机构调研，了解职业教育教学、教法、教改最新研究成果、发达国家相关专业建设和专业教学设计情况、典型案例等；了解职业教育教学、教法、教改最新研究成果；了解职业教育人才培养国际比较研究成果、教学标准与国际接轨建议等。应用俄语专业调研组在对国内外研究机构的调研中，专家提出高职院校俄语专业师资队伍结构不合理，高职称教师比例较少，现有的大多数双师型教师缺乏企业工作经历，企业挂职锻炼的经历不足，直接导致实践课教学内容与企业岗位工作内容严重脱节。针对调研结果，研制组在标准中对师资队伍做出了更有针对性的规定，明确生师比和双师素质教师占比，明确专任教师、兼职教师和专业带头人所应具备的素质和条件，强调教师应具有企业工作经历，解决了师资队伍构成及建

设的参照标准问题，强调了师资队伍的实践与实用性，对培养目标的实现
起到保障作用。

通过多维评估、全域覆盖的专业调研，准确把脉各专业对应的职业、
岗位群或技术领域的需求，归纳出典型工作任务，按照素质、知识、能力
三个维度解构典型工作任务，形成素质、知识、能力目标要求，即专业培
养规格，再根据培养规格要求，搭建课程体系，根据课程体系的教学实施，
提出教学条件和师资队伍配置要求。这条连续的、递进因果的逻辑线保证
了职业教育外语类专业教学标准实践性和有效性统一。

（三）考量区域学校差异，兼具普适性和灵活性

撰写职业教育外语类专业教学标准要求严格遵循审定通过的统一模
板，其主体框架和条目完全相同，相关规定既有定性要求，又有定量要
求，具体可操作，对各专业均有普适的指导意义。比如，各专业在培养目
标中统一规定"本专业培养能够践行社会主义核心价值观，德、智、体、
美、劳全面发展，具有一定的科学文化水平，良好的人文素养、职业道德
和创新意识，精益求精的工匠精神，较强的就业创业能力和可持续发展能
力的人才"；在培养规格中提出的"坚定拥护中国共产党领导和中国特色
社会主义制度，以习近平新时代中国特色社会主义思想为指导，践行社会
主义核心价值观，具有坚定的理想信念、深厚的爱国情感和中华民族自豪
感"；在师资队伍建设中强调的"按照'四有好老师''四个相统一''四
个引路人'的要求建设专业教师队伍，将师德师风作为教师队伍建设的第
一标准"等。这些规范都是对人才培养和专业教学最核心、最重要的定性
要求。同时，标准中还有具体的定量要求，公共基础课、实践性教学学时、
顶岗实习的占比有标准设定，师资要有结构、数量、水平、背景、能力方
面的要求，教学条件要有一定的实训、实习、支持信息化教学方面的基本
要求等。如在学时设置上，"每16~18学时折算1学分""公共基础课总
学时一般不少于总学时的25%""实践性教学学时原则上不少于总学时的
50%""各类选修课程的学时累计不少于总学时的10%"等。在师资队伍

上，规定"学生数与本专业专任教师数比例不高于 25 : 1""'双师型'教师占专业课教师数比例一般不低于 60%""高级职称专任教师的比例不低于 20%"等。

专业教学标准在提出统一要求、保障基本质量的同时，充分考虑到东、中、西部的区域差异及不同规模、办学水平和专业类型院校间的差异，给各院校留有一定自由度的发挥空间，也为专业人才培养的特色留有足够拓展空间。比如，在培养规格中，既有体现党和国家对职业院校学生素质、知识、能力的综合素质要求的规定项目和基础框架，又允许学校依据调研报告中典型工作任务的分析结果，关注岗位（群）数字化升级新要求，结合专业特点和相应职业岗位（群）要求，适当调整、增加有关表述或条目，亦可调整先后顺序。在课程设置中，既提出了应开设的专业基础课程、专业核心课程和专业拓展课程，又允许"学校根据实际情况可开设具有本校特色的校本课程"等，尤其鼓励"有条件的专业，可结合教学改革实际，探索重构课程体系，如按项目式、模块化教学需要，将专业基础课程内容、专业核心课程内容、专业拓展课程内容和实践性教学环节有机重组为相应课程"，即学校可根据区域经济社会发展需求，理顺专业基础课程、专业核心课程及专业拓展课程的逻辑关系，夯实"强语言技能"的专业基础课程定位，打造"外语＋"特色专业核心课程和拓宽专业发展路径的专业拓展课程，体现出同一专业在不同地区、不同学校举办的特色。

（四）顺应数字经济发展，兼具创新性和前瞻性

"当前我国已经进入高质量发展阶段，以数字经济等为代表的新经济成为重要增长引擎，新一代信息技术集成创新，对人才的素质结构、能力结构、技能结构提出全新要求，要求人才具备数字化动手能力、数字化职业能力、数字化知识结构，要将新一代信息技术纳入专业课程体系，注重培养学生的数字化能力"。职业教育外语类专业教学标准建设中强调深化落实专业升级和数字化改造，从名称到内容全面升级，顺应数字化经济发展，充实人才培

养的数字化内涵，具有创新性和前瞻性。

高职本科应用英语专业教学标准研制组在行企调研中发现数字化翻译技术日新月异使得翻译对象和方式也发生了巨大变化，催生了许多新的就业岗位，如机器翻译译后编校、技术写作专员、语言产品营销员等等。其专业标准充分考虑到这些新变化，及时跟进，调整专业课程设置。如在专业核心课程中加入了《机器翻译译后编校》这一全新课程。高职小学英语教育专业教学标准在公共基础课中开设了信息技术课程，在专业拓展课中增设了教育信息技术应用，在专业核心课程的教学内容和要求中均对教育信息技术的应用提出了明确要求；在师资队伍方面，对专任教师明确提出要求：能够运用信息技术开展混合式教学等教法改革；能够跟踪新经济、新技术发展前沿，开展社会服务。通过上述要求，从信息技术的感知、学习和实践等各方面提升学生对信息技术应用的认知水平和应用能力，为学生工作后能顺利应用该技术做好准备。应用韩语专业核心课程紧密对接新产业和新业态，教学内容适应产业数字化发展新需求，突出知行合一，学以致用。例如：核心课程《跨境电商平台运营》在掌握跨境电商基础知识和营销基本理论的基础上，以实际项目为载体，熟悉主流跨境电商平台规则，运用韩语开展现代商贸领域的数字化运营，突出产学研深度融合发展。越南语标准中明确专业课程设置及教学内容必须对接应用越南语专业涉及的跨境电商、涉外营销和国际商务"智能化""信息化"等产业高端要素。拓展课程设置可依据对外产业发展动态、紧随产业前沿技术，进行适时调整。教学内容方面，将信息化和新产业等内容融入其中；教学方法上，积极倡导多元化教学方式，适应新时代信息化技术教学的发展趋势，提升教师信息化教学水平、推动课堂革命。

（五）注重中高本层次衔接，兼具融合性和系统性

新版职业教育外语类专业目录构建了中职、高职、专科、高职本科纵向贯通的技术技能人才培养体系，在专业教学标准研制时，充分考虑到各学历层次的衔接、课程体系中体现了纵向贯通、横向融通，对应更新不同

层次间，以及职业教育与普通教育间的专业衔接，明确和畅通职业教育人才成长通道。职业教育外语类专业教学标准注重不同层次人才培养的衔接递进和差异融通，兼具融合性和系统性。

例如，商务英语专业教学标准中注意高职与中职、本科的商务英语人才定位的层次区分与衔接。中职主要培养技能人才，高职主要培养高素质技术技能型人才，本科则主要培养在知识结构和能力等方面更具深度广度的复合型、应用型人才，因此在能力表述上进行了一定的程度区分，例如本科用"英语基本功扎实"，高职用"较为扎实的英语语言基础知识"；另外，核心课程《商务英语》与本科标准衔接统一，命名为《综合商务英语》。高职本科应用英语专业教学标准根据岗位群要求，设置国际贸易、跨境电商、旅游酒店等专业方向课程，满足不同学生的就业求职需要，旨在提高学生的就业能力和就业质量。同时在课程体系设置中将《机器翻译译后编校》《海外客户开发与管理》列为专业核心课，将《酒店数字化运营实务》《社交媒体运营》等课程列入专业拓展课程，充分体现了和普通本科课程设置的区别。此外，标准在"接续专业硕士学位授予领域"上选取了"翻译（0551）"，"接续硕士学位二级学科"上选取了"英语语言文学"及"外国语言学及应用语言学"，以此来确保应用英语的语言类属性，也保障了标准的系统性。

二、各专业标准个性化特点列举

从第一批通过审批的 15 个职业教育外语类专业教学标准中选取有代表性的 4 个，分别为职业本科类、教育大类、英语专业类和小语种专业类各 1 个，分析其个性化特点。

（一）《高等职业教育本科应用英语专业教学标准》主要特点

1.注重宏观文件指导，把握标准的科学性和方向性。

在职业教育本科应用英语专业教学标准制订过程中，研制组深入贯彻落实全国职业教育大会精神，认真研读《国家职业教育改革实施方案》以及《教育部关于印发〈职业教育专业目录（2021年）〉的通知》（教职成〔2021〕2号）等文件，并严格按照《职业教育语言类专业简介和标准修（制）订工作》总体部署和"专业教学标准修（制）订调研工作要求"等文件要求，有序推进标准制订各项工作，把握了标准制订的正确方向。

2. 筑牢数据之基，保障标准的真实性和有效性。

为获取一手的调研数据支撑标准制订工作，研制组精心设计了"行业企业""院校""毕业生"及"研究评价机构"四套问卷，以问卷调查、电话访谈、文献研究等方式在东北、华北、华东、中南、西北和西南六大区域31个省、自治区和直辖市的74个城市（最大量）开展了密集的调研活动，并针对拟开设应用英语本科专业的院校设计了《典型院校访谈提纲》。调研过程中，针对典型工作任务开展了两轮调研，并通过对猎聘网、智联招聘等主流招聘网站英语类岗位及主要职责描述进行梳理，细化并规范典型工作任务表述，归纳提炼了行动领域，最终转换成学习领域（专业核心课程）。通过对前期调研结果的认真梳理，研制组给出了标准制订建议，最大程度地保障了标准的真实性和有效性。

3. 立足实际，实现标准内部体系的引领性和规范性。

职业教育本科应用英语专业标准的规范性体现在标准的宏观原则定位上，在专业人才培养目标、人才培养规格及各类课程设置上坚持把立德树人放在首位，引导学生以习近平新时代中国特色社会主义思想为指导，践行社会主义核心价值观，做到爱党爱国、知法守法、安全生产、强健体魄，具备支撑本专业学习和可持续发展必备的文化知识、职业技能及职业精神。其灵活性体现在微观特色定位上。为保障应用英语人才培育与区域经济发展、行业企业需求的对应，同时兼顾院校特色发展，在专业课程设置过程中，研制组力图理顺专业基础课程、专业核心课程及专业拓展课程的逻辑关系，进一步夯实"强语言技能"的专业基础课程定位，打造助推专业发展的"英语+"特色专业核心课程和拓宽专业发展路径的专业拓展课程。

4. 基于差异化分析，实现标准基础性及拓展性的统一。

在标准制订过程中，充分考虑到东、中、西部的区域差异及院校间的差异，发挥好标准缩小差距的引导作用。在实习实训硬件配备上，不做严格一致的要求，尊重院校特色化选择。在专业拓展课程设置上，设计了国际贸易、跨境电商、旅游酒店三大板块内容，为院校依据专业方向，实现特色化发展预留了较大的可为空间。

5. 对接行业企业新业态，实现标准的创新性及前瞻性。

随着中国经济全球化发展及国家文化发展战略的进一步实施，对外开放水平持续扩大，供给侧改革持续深入，企业转型升级不断加快，中国的对外贸易、跨境电商、语言服务业蓬勃发展，新业态和新商业模式层出不穷，对应用英语人才的需求必将长期保持在高位状态。与此同时，翻译技术日新月异使得翻译对象和方式也发生了巨大变化，也因此催生了许多新的就业岗位，如机器翻译译后编校、技术写作专员、语言产品营销员等等。本标准充分考虑到这些新变化，调整了专业课程设置，如在专业核心课程中加入了《机器翻译译后编校》这一全新课程。同时要求院校配备相关翻译实训室，以保障学生获取这一核心能力，提升就业竞争力。

6. 注重不同层次人才培养的衔接关系，提高标准的融合性和系统性。

相较于专科高素质技术技能人才培养的定位，职教本科注重对高层次技术技能人才的培养，所培养的人才应具备指导性、创造性及解决突发问题的能力。在就业岗位上，虽然二者初始岗位有重叠，但是职教本科人才就业面更广，发展空间也更大。在课程设置上，职教本科层次人才培养要增加综合管理能力等方面的训练，为未来工作岗位提升做好必要的知识和技能储备。

相较于普通本科更注重学科体系、知识体系的完整性，高职本科应用英语专业更注重针对职业面向和岗位群设置课程，课程设置偏重实用，侧重培养学生解决职业领域工作内容的技术技能，并根据岗位群要求，设置国际贸易、跨境电商、旅游酒店等专业方向课程，满足不同学生的就业求职需要，旨在提高学生的就业能力和就业质量。本标准在课程体系设置中将《机器翻译译后编校》《海外客户开发与管理》等课程列为专业核心课，将《酒店数字化运营实务》《社交媒体运营》等课程列入专业拓展课程，充分体现了和普通本科课程设置的区别。

此外，本标准在"接续专业硕士学位授予领域"上选取了"翻译（0551）"，"接续硕士学位二级学科"上选取了"英语语言文学"及"外国语言学及应用语言学"，以此来确保应用英语的语言类属性，也保障了标准的系统性。

（二）《高等职业教育专科小学英语教育专业教学标准》主要特点

1. 标准的修订，充分展现出高等职业教育以市场为导向、以岗位技术要求为主线的特点

本次标准修订工作从筹备期起，就将企业调研和企业实地走访纳入调研和修订工作中的重点内容，2019 年和 2021 年共调研 256 家来自全国各地的企业（19 年 184 家，21 年 72 家）。从职业面向到人才培养目标等多项内容的界定，均充分考虑企业和行业的实际情况。

如：在职业面向中，明确小学英语教育专业的对应行业是初等教育行业、主要职业类别是小学教育教师、主要岗位群为小学英语教师；在培养目标中，将原标准的"培养小学及幼儿园教师"这一内容修订为"面向初等教育行业的小学教育教师职业群，能够从事小学英语教育教学工作的教师"。这些修订均基于本次对小学英语教育行业企业的调研结论。同时，在培养规格中将原标准教学研究能力涉及的"能够掌握基本的教科研方法"和"能够撰写教研论文"等能力替换为"具有英语课程教学设计、实施、评价、反思能力，能进行教学研究"；并且明确要求专业毕业生应熟悉与本专业从事职业活动相关的国家法律、行业规定，熟悉绿色生产、环境保护、安全防护、质量管理等相关知识与技能，具有较强的社会责任感和较高的职业道德水平。这些调整正是基于行业、企业的真实岗位设置和岗位工作内容进行的。

2. 新标准坚持需求导向、职业导向，明晰专业人才培养方向

小学英语教育专业在标准修订过程中，按新模板要求，充分进行调研

信息点采集分析，明确专业定性，明确专业人才培养方向为培养高质量复合型外语人才，梳理典型工作任务及能力要求，构建核心课程体系。

根据调研结论，既具备英语语言核心能力，又掌握教学技能的应用型、复合型英语人才是市场经济发展的需要，也是小学英语教育专业人才培养的方向。本次标准按照英语语言（突出英语语音和教学口语）+教学实践+管理沟通的层次构建新的核心课程体系。修订后的核心课程结构为：5门语言类课程（英语语音、英语朗读与演讲、英语教学口语、小学英语教学法、英语绘本教学），2门教学类课程（教育心理理论与应用、教育学理论与应用），1门管理沟通类课程（班级管理）。这一核心课程体系，凸显了本专业语言核心的特色，强化了英语教学技能的实践，同时结合国家"1+X"职业证书的要求，通过教学类课程的开设，兼顾覆盖了专业核心职业证书教师资格证的考核内容。

根据用人单位对英语复合型人才的需求以及实际对应岗位具体工作任务的调研，梳理了核心课程对应的典型工作任务，如英语教学口语这门核心课程，其典型工作任务是：掌握英语教学课堂用语；规范使用英语教学口语组织实施课堂教学；使用标准、流畅的英语授课；开展英语教学口语教育教学研究。将语言训练为主的课程与小学英语教学实践工作任务相结合，进一步明确了核心课程的实践性和实用性，推进了英语语言+教学技能的复合型人才培养。应用型、复合型英语人才是市场经济发展的需要，也是高职外语类专业的发展方向。

3. 标准修订对接数字经济，升级专业内涵

小学英语教育专业对标新模板，并基于调研发现，积极探索数字化专业建设关键内容，提升专业人才数字化动手能力和职业能力，丰富数字化知识结构，全面提高人才培养质量。例如：在培养规格中明确提出："专业毕业生应具有适应产业数字化发展需求的基本数字技能，掌握信息技术基础知识、教育信息技术能力，基本掌握小学英语教育领域数字化技能"；在课程设置及学时安排的相关要求中，明确提出："应开设新一代信息技术、数字经济等方面的拓展课程或专题讲座（活动），并将有关内容融入专业

课程教学中"，在公共基础课中开设了信息技术课程，在专业拓展课中增设了教育信息技术应用，在专业核心课程的教学内容和要求中均对教育信息技术的应用提出了明确要求；在师资队伍方面，对专任教师明确提出：能够运用信息技术开展混合式教学等教法改革；能够跟踪新经济、新技术发展前沿，开展社会服务；在教学条件中，升级原微格实训室设备，要求院校配备教师主控台、白板、桌椅、电脑、互联网接入或 Wi-Fi 环境、录播设备或智能实训设施设备、虚拟仿真软件以及相应的数字化资源等设备（设施）。上述要求从信息技术的感知、学习和实践等各方面提升学生对信息技术应用的认知水平和应用能力，为学生工作后能顺利应用该技术做好准备。

4. 强化职业素养的培养及内化

为了实现职业素养的培养及内化，新标准在培养规格第三条明确提出了教师的职业素养要求。除国家规定的公共基础课中的职业素养课外，根据教育部 2021 年发布的《小学教育专业师范生教师职业能力标准（试行）》中师德准则的要求，新标准在专业拓展课程中还增设了教师职业道德与政策法规课程。除强调课堂教学培养职业素养外，本版专业标准在实践性教学环节中将专业实践设置为岗位认知实习、跟岗实习和顶岗实习，通过实践促使学生能在岗位实践中内化所学的职业素养。

5. 标准修订工作遵循"主观兼顾、客观覆盖"的原则，充分参考行业标准

本次标准修订除问卷调查和实地访谈外，还做了大量的文献研究，在标准修订过程中，我们主观上兼顾行业专业相关的标准要求，力求表述准确，以体现标准的科学性和严谨性。如修订后的标准中培养规格的第四条、第九条分别为：掌握思想政治理论、中华优秀传统文化等文化基础知识，具有良好的科学素养与人文素养；掌握小学德育的目标、原理与方法。这两条是充分参照教育部 2017 年印发的《小学教育专业认证标准》的要求而增加的。同时，专业核心课程小学英语教学法、教育心理理论与应用和教育学理论与应用等课程的教学内容也充分参考了《教师资格证考试标

准》。对于校内实训室的要求，全面覆盖了教育部《小学教育专业认证标准（第一级）》中对实训室的条件要求。同时对不同体例的其他标准，也力求客观覆盖国家专业标准体例结构范围内的内容。

（三）《高等职业教育专科旅游英语专业教学标准》主要特点

1.标准的外部顶层构架具有系统性与开放性

本次旅游英语专业教学标准的研制参考了中国共产党十九大报告、全国教育大会精神和《国家职业教育改革实施方案》的主要精神，参考了国家文化和旅游部近年来修订并发布实施的一系列文件规划、政策法规与行业标准，以 2012 年教育部发布的《高等职业教育旅游英语专业教学标准（试行）》为基础，与前期的《普通高等学校高等职业教育（专科）专业目录及专业简介》《高等职业学校旅游英语专业顶岗实习标准》《高等职业院校专业教学标准开发规程研究》一起，构成了教学标准与行业标准对接的联动框架下完整统一、产教融合、有序推进、指导旅游英语专业建设发展和人才培养改革的国家教学标准体系，表 1 显示的是 2012~2019 年外语教指委参与的高职高专英语类专业教学标准建设情况。

标准名称	印发机构与发布时间	标准主要内容
《高等职业学校专业教学标准（试行）文化教育大类》	中华人民共和国教育部 职业教育与成人教育司 2012 年	专业名称 专业代码 招生对象 学制与学历 就业面向 培养目标与规格 职业证书 专业办学基本条件和教学建议 继续专业学习和深造建议

续表

标准名称	印发机构与发布时间	标准主要内容
《普通高等学校高等职业教育（专科）专业目录及专业简介（下册）》	中华人民共和国教育部 2015 年	专业代码 专业名称 基本修业年限 培养目标 就业面向 主要职业能力 核心课程与实习实训 职业资格证书列举 衔接中职专业列举 接续本科专业列举
《高等职业学校旅游英语专业顶岗实习标准》	中华人民共和国教育部 2016 年	适用范围 实习目标 时间安排 实习条件 实习内容 实习成果 考核评价 实习管理
《高等职业学校专业教学标准（修订）教育与体育大类》	正在研制中	专业名称（专业代码） 入学要求 职业面向 培养目标 培养规格 课程设置及学时安排 教学基本条件 质量保障

2. 标准的内部体系构造具有规范性与灵活性

调研工作在《国家职业教育改革实施方案》和《教育部关于职业院校专业人才培养方案制订与实施工作的指导意见》等文件的宏观指导下完成。新研制标准的规范性体现在标准的宏观原则定位上，如在专业培养目标、人才培养规格以及各类课程设置等方面坚持把立德树人放在首位，将培养学生的职业技能和职业精神有机结合，强化中华优秀传统文化教育和跨文化交流教育的核心内容。新研制标准的灵活性体现在微观特色定位上，如专业课程围绕"英语+"特色、关注服务"国际化"职业岗位的定位。图1是高等职业学校旅游英语专业教学标准（修订）专业课程体系构架图。新研制的标准为旅游英语专业开展德能技并修的复合应用型高端技术技能人才培养方案的制订、提升专业人才市场的辨识度、引导专业的国际化发展奠定了基础。

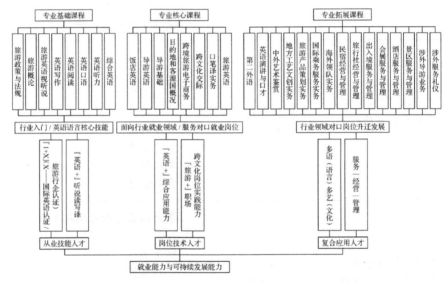

图1 高等职业学校旅游英语专业教学标准（修订）专业课程体系构架图

3. 标准的横纵坐标走势具有基础性与前瞻性

把握标准修订内容的时间轴，即标准的过去、现在与未来，如专业课程的变化，发挥好标准承上启下的指导作用。同时，着眼于标准修订内容的空间轴，即标准东、中、西的区域差异，如师资队伍、教学设施等，发挥好标准缩小差距的引导作用。图2对比了2012版与2019修订版高等职业学校旅游英语专业教学标准中的旅游英语专业课程。总之，专业标准源于实践，作用于实践。要想充分发挥旅游英语专业国家标准的指导作用，还需要大力开展宣传和教育工作，让广大业内教师主动对标标准，主动将专业标准作为自身专业发展的基本依据，努力丰富自己的专业知识，增强自己的专业能力，改变信息化时代教育新范式下的教学理念，更好地服务于立德树人这一根本目标。

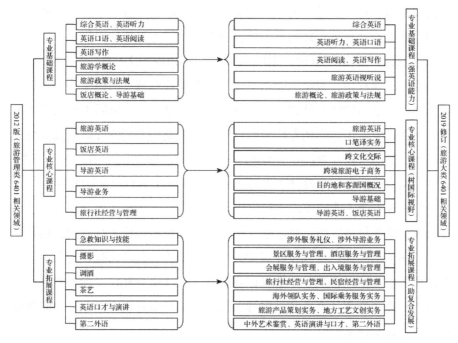

图2　2012版与2019修订版高等职业学校旅游英语专业教学标准

旅游英语专业课程对比

（四）《高等职业教育专科应用法语专业教学标准》主要特色

1.体现全方位育人，促进学生全面发展的教育理念

《标准》既规范了人才培养的专业性和职业性，同时也体现了时代特征和"立德树人"的根本要求，使语言知识和能力、人文素养、科学文化素养和职业能力等相互呼应且有机融合，践行了德技并举、全方位培养高素质技能人才的育人理念。

2. 体现专业的语言属性与其应用性的统一

具体表现在以下几个方面：在本专业对应的"主要岗位群举例"中，"法语翻译""国际贸易""跨境电商销售与客服"等岗位群既侧重语言技能本身，同时还体现法语在涉外商务及服务等行业的具体应用；对于"培养规格"中的知识与能力，要求毕业生掌握商务服务等行业的基本知识、法语专业术语及常用表达，并具备实际应用能力；在"课程设置"中，专业基础课程和专业核心课程重点设置有关语言知识及其基本技能的课程，如综合法语、法语阅读、法语视听说、实用法语会话、法语应用文写作、法汉互译等；在专业拓展课程中，根据毕业生主要从事的就业领域（岗位），开设相关专业知识与能力的实务性课程，如涉外商务秘书实务、国际工程法语实务等；对于师资队伍，强调专任教师应能够较好地把握国内外商务服务行业和应用型法语专业发展；除了前文已述及的三类实训室等，在"教学资源"中，强调应用法语专业教材选用的基本要求和应配备的专业类图书文献。

3. 体现专业人才培养的国际化特色

在"培养规格"中，要求毕业生掌握沟通技巧与跨文化知识，具备一定的运用法语组织、协调及管理涉外活动的能力；在"课程设置"中，开设法语国家和地区概况（专业基础课程）、涉外商务礼仪、涉外经济法、国际工程法语实务（专业拓展课程）等；在实训室建设方面，设立涉外商务服务综合实训室等。

4. 课程设置上体现规范性与灵活性的统一

课程体系中的专业基础、专业核心和专业拓展课程 3 大模块层次分明，关联性强；基础课程和核心课程分界明晰，突出语言属性，针对翻译人员及其应用领域必备的听、说、读、写、译基本语言技能与实际应用能力设置相应课程，目的性强；拓展课程选择余地大，为各院校的应用法语专业根据其专业定位、办出特色留出足够的空间。

5. 《标准》既体现应用小语种专业的共性，又保留专业特色

应用法语专业与"一带一路"有关国家其他语种专业在办学历史，尤其是语种性质和教学模式等方面有着高度的近似性，因此在外语教指委和

"一带一路"有关国家语种专委会的指导下，紧密结合《国家职业教育改革实施方案》（"职教 20 条"）的精神和要求，相关语种标准研制组多次集中研讨，最大程度统一了标准的共性要求。但法语标准也保留了一些特色，包括不单独开设"法语口语"课程，在专业核心课程中统一开设"法语视听说"和"实用法语会话"等课程，拓展课程中开设"国际工程法语实务"等，并调整相关课程说明，从而使本《标准》集规范性、指导性和实践操作性于一体，既有前瞻性，又切合当前的时代特征和现实需求。

第五节 / 实施建议

《国家职业教育改革实施方案》中明确要求"建成覆盖大部分行业领域、具有国际先进水平的中国职业教育标准体系"，并强调要"发挥标准在职业教育质量提升中的基础性作用"。专业教学标准在"五位一体"职业教育国家教学标准体系中的核心地位日益清晰。"质量提升，标准先行"，专业教学标准是职业教育高质量发展的基石，也是职业院校自主制定人才培养方案的依据，对下好职业教育一盘大棋有着至关重要的引领作用。如何推进职业教育外语类专业教学标准的有序有效实施，是新时代职业院校外语类专业提质培优高质量发展的重要课题。

一、广泛开展宣传教育，加强对标准的认同和理解

职业教育国家教学标准体系是由政府主导，学校、行业企业参与制定的国家层面的规范性标准，其有效实施需要得到教师、学校和社会的广泛认同①。专业标准来源于实践，作用于实践。要充分发挥职业教育外语类专业教学标准对院校人才培养的指挥棒作用，需要国家有关部门、学校和

---

① 胡茂波，王思言. 职业教育国家教学标准体系的价值诉求与实施策略 [J]. 职业技术教育，2018，39（10）：24-28.

行企各方共同努力，建立健全协同推进机制，大力开展宣传教育，让院校管理人员、专业教师和行企人员深入理解国家教学标准理念，主动贯标对标，将专业标准作为学校高质量发展、教师提质培优和服务区域人才需求的基本依据，改变信息化时代教育新范式下的教学理念，更好地服务于"立德树人"这一根本目标。

从政府层面上，应充分依靠教育部、各省教育厅以及市教育局等各级主管政府机构的权威性和丰富资源，组织政府官员、教育专家、行企精英等参与专业标准制定的专业人士对标准进行广泛宣传和深入解读。可分期分批与院校或教研机构合作，开展专业标准解读宣讲会、研讨会和师资培训，讲解职业教育国家教学标准体系的价值理念、目标要求、内涵分析和实践操作原则等重点内容。同时，政府部门应制定检查专业教学标准贯彻落实情况的各项制度，建立标准传送平台，提高其社会认同度。通常指的是教育部门将合作平台中完成的专业教学标准的修订版本通过省教育厅乃至市教育局等行政单位传达给高等职业院校、中等职业学校，使教学一线单位及时了解标准修订的精神和主要内容，及时落实课程、教学安排的调整①。

从学校层面上，应积极配合政府教育部门要求，组织教学管理人员、专业教师和教辅人员对教学标准进行深入学习和研讨，深刻理解职业教育国家教学标准体系的教育理念，并准确掌握教学标准的具体内容。设计有效的宣传、解读、实验等活动，创设良好的标准实施氛围，让校长和教师对教学标准所带来的好处有足够的认识。同时，最大限度地吸纳各利益相关者参与协商，尤其是以往一直被忽视的标准实施阶段的对话协商，要通过公开征求意见、召开标准研讨会等形式，让实施主体不断调适自身的价值结构，逐步实现对于标准的理解、执行与超越，从而自觉投身到标准实施的实践之中②。

---

① 李政. 职业标准与职业教育专业教学标准联动开发的协同学分析 [J]. 教育与职业，2015（32）：13-17.

② 马成荣. 职业教育教学标准的内涵释要与实施路径 [J]. 中国职业技术教育，2019（07）：67-71.

从社会层面上，要引导行业企业与院校强化校企合作，建立健全校企协同育人机制，厚植企业承担职业教育责任的社会环境，推动职业院校和行业企业形成命运共同体。行业企业深度参与了标准制定过程，提供了产业、技术、模式和理念更新的思路，同时也更有能力和资源指导新技术、新工艺、新规范等融入教学，引导职业院校在标准应用与教学实施过程中深化校企合作。

二、对标修订人才培养方案，推进标准落地实施

《国家职业教育改革实施方案》（国发〔2019〕4号）要求"国务院教育行政部门联合行业制定国家教学标准、职业院校依据标准自主制订人才培养方案"，《教育部关于职业院校专业人才培养方案制订与实施工作的指导意见》（教职成〔2019〕13号）中也明确提出要"以职业教育国家教学标准为基本遵循，贯彻落实党和国家在课程设置、教学内容等方面的基本要求，强化专业人才培养方案的科学性、适应性和可操作性"。专业人才培养方案是职业院校落实党和国家关于技术技能人才培养总体要求、组织开展教学活动、安排教学任务的规范性文件，是实施专业人才培养和开展质量评价的基本依据，也是国家专业教学标准在学校的主要落脚点。各职业院校外语类专业在深刻领会标准理念、内涵和具体要求的基础上，应积极依据标准自主制（修）订人才培养方案，推进国家教学标准落地实施"最后一公里"。

首先，专业人才培养方案应当体现专业教学标准规定的各要素和人才培养的主要环节要求，包括专业名称及代码、入学要求、修业年限、职业面向、培养目标与培养规格、课程设置、学时安排、教学进程总体安排、实施保障、毕业要求等内容，并附教学进程安排表等。学校可根据区域经济社会发展需求、办学特色和专业实际制订专业人才培养方案，体现不同专业类的特点和个别化要求。

其次，专业人才培养方案的修订应以国家专业教学标准为基本准绳和

框架，体现"专业设置与产业需求对接、课程内容与职业标准对接、教学过程与生产过程对接"，不能只是体例上的"生搬硬套"或字面上的"修修补补"。以课程设置为例，国家专业教学标准中对专业基础课程、核心课程和拓展课程的种类、门次、名称均有具体定性和定量规定，各院校外语类专业在修订人才培养方案时，应在严格遵守框架要求的基础上，根据本校和本专业特色及本地区产业发展趋势和行业人才需求，进行合理配置和调整。在"1+X"证书制度试点中，可基于国家专业教学标准框架内规定的"X"证书课程，结合实际有效拓展"X"证书范围，并逐步扩大与"1"的课程交集，从而构建学校新的"1+X"课程体系，促进书证融通。

三、强化校企协同育人，确保标准有效推进

《职业教育提质培优行动计划（2020~2023 年）》中提出推进职业教育现代化的基本原则之一是"深化产教融合、校企合作，强化工学结合、知行合一，健全德技并修育人机制，完善多元共治的质量保证机制"。《关于推动现代职业教育高质量发展的意见》中提出现代职业教育高质量发展要"坚持产教融合、校企合作，推动形成产教良性互动、校企优势互补的发展格局"。职业教育是跨界的教育，构建校企协同育人格局是新时代办好高质量职业教育的必然要求。

职业院校外语类教学标准中在课程设置、师资建设、教学条件等多处突出了校企合作的重要性，如在师资队伍结构中明确规定要"整合校内外优质人才资源，选聘企业高级技术人员担任行业导师，组建校企合作、专兼结合的教师团队"。强化校企协同育人，是推进专业教学标准有效实施的关键环节。

首先，要建立健全校企协同育人机制。构建政府统筹管理、行业企业积极举办、社会力量深度参与的多元办学格局。鼓励上市公司、行业龙头企业举办职业教育，鼓励各类企业依法参与举办职业教育。鼓励职业学校与社会资本合作共建职业教育基础设施、实训基地，共建共享公共实训基

地。全面推行现代学徒制和企业新型学徒制，鼓励企业利用资本、技术、知识、设施、设备和管理等要素参与校企合作，探索建立覆盖主要专业领域的教师企业实践流动站。进一步发挥职教集团在推进企业参与职业教育办学中的纽带作用，打造一批实体化运行的示范性职教集团（联盟）①。

其次，校企双方要充分参与教学生产全过程。从学校角度，要做到教学内容、要求、流程服务于企业人才需求和生产要求，为企业培养实用、好用的员工，提供强大的人才支撑；在企业中开展培训或派出专业师资顶岗挂职，合作开发教学资源和产教学研项目平台，为企业转型升级提供有力的知识和技术技能服务。从教学活动的主体——教师角度，有效实施国家教学标准，需要教师从知识传播的"主宰者、评判者、主导者"向学习过程的"组织者、咨询者、引导者"转变，真正掌握"用教材"的技术，掌握把校企合作资源或科技成果转化为教学资源的技术，掌握实施任务引领式教学、做学一体教学、范例式教学和合作学习等教学的技术，掌握运用信息化教学的技术和因材施教的技术，做拥有"五技"的高素质教师②。从企业角度，应以主人翁的身份和自觉，深度参与学校人才培养方案、教学过程、教学评估、创新实践等各个环节，依托校企共建产业学院、大师工作室、产教联盟、教学资源、实训实习基地等平台，提供仪器设备、先进技术、技能大师、工程案例、技能培训等支持，为职业教育发展注入新动力，激发职业学校办学活力。

---

① 谢俐. 补短板 激活力 强内涵 增效益 努力办好公平有质量的职业教育 [J]. 中国职业技术教育，2020（27）：5-11.

② 马成荣. 职业教育教学标准的内涵释要与实施路径 [J]. 中国职业技术教育，2019（07）：67-71.

参考文献

[1] 胡茂波，王思言. 职业教育国家教学标准体系的价值诉求与实施策略 [J]. 职业技术教育，2018，39（10）：24-28.

[2] 李政. 职业标准与职业教育专业教学标准联动开发的协同学分析 [J]. 教育与职业，2015（32）：13-17.

[3] 马成荣. 职业教育教学标准的内涵释要与实施路径 [J]. 中国职业技术教育，2019（07）：67-71.

[4] 谢俐. 补短板 激活力 强内涵 增效益 努力办好公平有质量的职业教育 [J]. 中国职业技术教育，2020（27）：5-11.

## 第二篇

实践篇

>>> **第一章**
# 商务英语专业教学标准
# （高等职业教育专科）

1. 概述

　　为适应科技发展、技术进步对产业生产、建设、管理、服务等领域带来的新变化，顺应国际商务领域优化升级需要，对接国际商务领域数字化、网络化、智能化发展新趋势，对接新产业、新业态、新模式下商务翻译、外贸业务、跨境电商运营、涉外商务服务等岗位（群）的新要求，不断满足国际商务领域高质量发展对高素质技能人才的需求，推动职业教育专业升级和数字化改造，提高人才培养质量，遵循推进现代职业教育高质量发展的总体要求，参照国家相关标准编制要求，制订本标准。

　　专业教学直接决定高素质技能人才培养的质量，专业教学标准是开展专业教学的基本依据。本标准是全国高等职业教育专科商务英语专业教学的基本标准，学校应结合区域/行业实际和自身办学定位，依据本标准制订本校商务英语专业人才培养方案，鼓励高于本标准办出特色。

2. 专业名称（专业代码）

　　商务英语（570201）

3. 入学基本要求

中等职业学校毕业、普通高级中学毕业或具备同等学力

4. 基本修业年限

三年

5. 职业面向

所属专业大类（代码）	教育与体育大类（57）
所属专业类（代码）	语言类（5702）
对应行业（代码）	商务服务业（72）、批发业（51）、零售业（52）
主要职业类别（代码）	翻译人员（2-10-05）、商务专业人员（2-06-07）、销售人员（4-01-02）、电子商务服务人员（4-01-06）
主要岗位（群）或技术领域	商务翻译、外贸业务、跨境电商运营、涉外商务服务……
职业类证书	全国大学英语四级考试、跨境电商 B2B 数据运营……

6. 培养目标

本专业培养能够践行社会主义核心价值观，传承技能文明，德智体美劳全面发展，具有一定的科学文化水平，良好的人文素养、科学素养、数字素养、职业道德、创新意识、爱岗敬业的职业精神和精益求精的工匠精神，较强的就业创业能力和可持续发展的能力，掌握本专业知识和技术技能，具备职业综合素质和行动能力，面向商务服务业、批发业和零售业等行业的翻译

人员、商务专业人员、销售人员和电子商务服务人员等职业，能够从事商务翻译、外贸业务、跨境电商运营、涉外商务服务等工作的高技能人才。

7. 培养规格

本专业学生应在系统学习本专业知识并完成有关实习实训基础上，全面提升知识、能力、素质，掌握并实际运用岗位（群）需要的专业核心技术技能，实现德智体美劳全面发展，总体上须达到以下要求：

（1）坚定拥护中国共产党领导和中国特色社会主义制度，以习近平新时代中国特色社会主义思想为指导，践行社会主义核心价值观，具有坚定的理想信念、深厚的爱国情感和中华民族自豪感；

（2）掌握与本专业对应职业活动相关的国家法律、行业规定，掌握绿色生产、环境保护、安全防护、质量管理等相关知识与技能，了解相关行业文化，具有爱岗敬业的职业精神，遵守职业道德准则和行为规范，具备社会责任感和担当精神；

（3）掌握支撑本专业学习和可持续发展必备的中华优秀传统文化、语文、信息技术、创新创业等文化基础知识，具有良好的人文素养与科学素养，具备职业生涯规划能力；

（4）具有良好的语言表达能力、文字表达能力、沟通合作能力，具有较强的集体意识和团队合作意识，具有一定的国际视野和跨文化交流能力；

（5）掌握英语语言、跨文化商务交际和国际商务礼仪等方面的专业基础理论知识；

（6）熟悉主要英语国家和地区概况，了解"一带一路"主要共建国家和地区概况；

（7）了解与本专业相关的新产业、新业态和新商业模式；

（8）能够运用良好的英语听、说、读、写基本技能进行商务会话和应用文写作，具有商务翻译、进出口业务操作、跨境电商平台操作、涉外商务事务处理等能力或实践能力；

（9）具有较强的涉外商务活动组织、协调和管理能力；

（10）掌握信息技术基础知识，具有适应本行业数字化和智能化发展需求的数字技能；

（11）具有探究学习、终身学习和可持续发展的能力，具有整合知识和综合运用知识分析问题和解决问题的能力；

（12）掌握身体运动的基本知识和至少1项体育运动技能，达到国家大学生体质健康测试合格标准，养成良好的运动习惯、卫生习惯和行为习惯；具备一定的心理调适能力；

（13）掌握必备的美育知识，具有一定的文化修养、审美能力，形成至少1项艺术特长或爱好；

（14）树立正确的劳动观，尊重劳动，热爱劳动，具备与本专业职业发展相适应的劳动素养，弘扬劳模精神、劳动精神、工匠精神，弘扬劳动光荣、技能宝贵、创造伟大的时代风尚。

8. 课程设置及学时安排

8.1 课程设置

主要包括公共基础课程和专业课程。

8.1.1 公共基础课程

按照国家有关规定开齐开足公共基础课程。

应将思想政治理论、体育、军事理论与军训、心理健康教育、劳动教育等列为公共基础必修课程。将马克思主义理论类课程、党史国史、中华优秀传统文化、语文、国家安全教育、信息技术、艺术、职业发展与就业指导、创新创业教育、职业素养等列为必修课程或限定选修课程。

学校根据实际情况可开设具有地方特色的校本课程。

8.1.2 专业课程

一般包括专业基础课程、专业核心课程和专业拓展课程。专业基础课程是需要前置学习的基础性理论知识和技能构成的课程，是为专业核心课程提供理论和技能支撑的基础课程；专业核心课程是根据岗位工作内容、典型工作任务设置的课程，是培养核心职业能力的主干课程；专业拓展课程是根据学生发展需求横向拓展和纵向深化的课程，是提升综合职业能力的延展课程。

学校应结合区域/行业实际、办学定位和人才培养需要自主确定课程，进行模块化课程设计，依托体现新方法、新技术、新工艺、新标准的真实生产项目和典型工作任务等，开展项目式、情境式教学，结合人工智能等技术实施课程教学的数字化转型。有条件的专业，可结合教学实际，探索创新课程体系。

（1）专业基础课程

主要包括：综合英语、英语听力、英语口语、英语阅读、英语写作、商务英语视听说、市场营销、客户关系管理等领域的内容。

（2）专业核心课程

主要包括：综合商务英语、跨文化商务交际、商务英语函电、商务英语翻译、商务接待与谈判（双语）、国际贸易实务、外贸单证操作、跨境电商实务（双语）等领域的内容，具体课程由学校根据实际情况，按国家有关要求自主设置。

专业核心课程主要教学内容与要求

序号	课程涉及的主要领域	典型工作任务描述	主要教学内容与要求
1	综合商务英语	综合运用英语听、说、读、写、译语言技能和商务知识处理涉外商务事务。	① 包括与工作场所、职场压力、工作冲突、团队合作、企业文化、商业模式、企业融资、商业广告、品牌构建、销售技巧、交易会、售后服务、商务环境等相关的知识及技能。

续表

序号	课程涉及的主要领域	典型工作任务描述	主要教学内容与要求
			② 了解国际商务中的职业道德与行为规范，能进行团队合作，具有服务精神。 ③ 具有在职场情景中综合运用英语听、说、读、写、译语言技能和商务知识处理涉外商务事务的能力。
2	跨文化商务交际	运用英语语言、文化习俗、商务礼仪等知识，与多元文化背景客户进行国际商务交际活动。	① 包括语言文化关系、语言交际与非语言交际、各国风俗习惯、文化禁忌、交际礼仪、核心价值、跨文化营销、海外市场推广、跨文化冲突分析等。 ② 具有一定的国际视野，能够正确理解多元文化和人类命运共同体内涵。 ③ 具有运用英语与多元文化背景客户进行跨文化商务交际的能力。
3	商务英语函电	运用英语语言、跨文化交际和商务礼仪等知识，撰写国际贸易或其他商务领域业务磋商环节的书面信函。	① 包括函电常用格式、专用词、惯用句型；建交函、询盘函、发盘函、还盘函、付款方式磋商函、成交函、催证函、改证函、分运与转运函、催促装船函、装船指示、装船通知、投保函、投诉函、索赔函、理赔函等外贸英语函电或其他商务领域的相关知识及技能。 ② 熟悉国际商务业务流程、技巧及礼仪规范。 ③ 具有在商务业务磋商中运用英语进行书面表达的能力。

续表

序号	课程涉及的主要领域	典型工作任务描述	主要教学内容与要求
4	商务英语翻译	运用中英双语技能、商务专业领域知识和辅助工具，把中英两种语言中的一种所表达的信息通过书面形式用另一种语言表达出来。	① 包括翻译服务规范、翻译辅助工具；企业简介、产品介绍、宣传标语与广告、商标、名片、公关文稿、商务报告、商务信函、商务合同以及与跨境新媒体相关的商务语篇翻译技巧等。 ② 熟悉翻译服务规范。 ③ 具有在商务环境中进行中英文互译的能力。
5	商务接待与谈判（双语）	① 运用国际商务礼仪等知识制订规范的接待流程、确定适恰的接待规格，进而完成外商接待活动。 ② 在遵循国际商务规则、维护己方利益的前提下，运用英语谈判技巧，促成交易。	① 包括与客户接待相关的计划制订、接送、酒店安排、致辞、公司及产品介绍、工厂参观、会议策划、招待、城市观光；与商务谈判相关的商品数量、品质、价格、付款条件、包装、装运、保险、商检、代理、索赔等。 ② 熟悉国际商务礼仪与涉外商务事务处理规范。 ③ 具有运用英语进行涉外客户接待与谈判的能力。
6	国际贸易实务	运用国际贸易相关知识，办理国际商品贸易业务以及仓储、运输、保险、出口退税等业务。	① 包括国际贸易术语、交易磋商、买卖合同，商品品名、品质、数量、包装、运输、保险、价格核算、结算方式、检验检疫、不可抗力、索赔与仲裁、出口退税等。 ② 具有契约精神与风险意识。 ③ 具有以买卖合同为中心的进出口业务流程处理能力。
7	外贸单证操作	运用国际贸易结算业务相关知识，进行审证、制单、审单、交单与归档等业务活动。	① 包括单证管理知识、进出口合同、信用证、租船订舱单证、商业发票、海运提单、装箱单、汇票、报关单、投保单、保险单、原产地证书、核销与退税单证等。

续表

序号	课程涉及的主要领域	典型工作任务描述	主要教学内容与要求
			② 具有严谨的工作态度，良好的沟通能力与合作精神。 ③ 具有处理与缮制进出口业务流程相关单证的能力。
8	跨境电商实务（双语）	运用电子商务平台操作相关知识，达成交易、进行电子支付结算，并通过跨境电商物流及异地仓储送达商品。	① 包括主流跨境电商平台选择与规则熟悉、市场定位与选品、产品发布与上架规划、产品推广与优化、文案编辑与修改、客户问题解决、订单跟踪、物流与供应链管理、后台数据监控与分析等。 ② 了解跨境电商平台运营规则与操作规范，具有规范意识和相关数字化技能。 ③ 具有综合运用英语进行跨境电商平台操作的能力。

（3）专业拓展课程

主要包括：英语演讲、商务英语写作、商务英语口译、翻译辅助技术、第二外语、国际商务礼仪、贸易客源国概况、消费者行为学、报关与国际物流、商品直播销售、新技术与跨境营销、商务数据分析与应用、商务办公自动化、商务管理实务、商业模式创新等领域的内容。

8.1.3 实践性教学环节

实践性教学应贯穿于人才培养全过程。实践性教学主要包括实验、实习实训、毕业设计、社会实践活动等形式，公共基础课程和专业课程等都要加强实践性教学。

（1）实训

在校内外进行商务英语听、说、读、写、译语言技能综合训练，以及模拟涉外职场环境等实训，包括单项技能实训、综合能力实训、生产性实训等。

（2）实习

在商务服务业、批发业和零售业的涉外商务企业（机构、单位）进行商务翻译、进出口业务操作、跨境电商平台操作、涉外商务事务处理等实习，包括认识实习和岗位实习。学校应建立稳定、够用的实习基地，选派专门的实习指导教师和人员，组织开展专业对口实习，加强对学生实习的指导、管理和考核。

实习实训既是实践性教学，也是专业课教学的重要内容，应注重理论与实践一体化教学。学校可根据技能人才培养规律，结合企业生产周期，优化学期安排，灵活开展实践性教学。应严格执行《职业学校学生实习管理规定》和相关专业岗位实习标准要求。

8.1.4 相关要求

学校应充分发挥思政课程和各类课程的育人功能。发挥思政课程政治引领和价值引领作用，在思政课程中有机融入党史、新中国史、改革开放史、社会主义发展史等相关内容；结合实际落实课程思政，推进全员、全过程、全方位育人，实现思想政治教育与技术技能培养的有机统一。应开设安全教育（含典型案例事故分析）、社会责任、绿色环保、新一代信息技术、数字经济、现代管理、创新创业教育等方面的拓展课程或专题讲座（活动），并将有关内容融入课程教学中；自主开设其他特色课程；组织开展德育活动、志愿服务活动和其他实践活动。

8.2 学时安排

总学时一般为 2600 学时，每 16~18 学时折算 1 学分，其中，公共基础课总学时一般不少于总学时的 25%。实践性教学学时原则上不少于总学时的 50%，其中，实习时间累计一般为 6 个月，可根据实际情况集中或分阶段安排实习时间。各类选修课程的学时累计不少于总学时的 10%。军训、社会实践、入学教育、毕业教育等活动按 1 周为 1 学分。

9. 师资队伍

按照"四有好老师""四个相统一""四个引路人"的要求建设专业教师队伍，将师德师风作为教师队伍建设的第一标准。

9.1 队伍结构

学生数与本专业专任教师数比例不高于 25∶1，"双师型"教师占专业课教师数比例一般不低于 60%，高级职称专任教师的比例不低于 20%，专任教师队伍要考虑职称、年龄、工作经验，形成合理的梯队结构。

能够整合校内外优质人才资源，选聘企业高级技术人员担任行业导师，组建校企合作、专兼结合的教师团队，建立定期开展专业（学科）教研机制。

9.2 专业带头人

原则上应具有本专业及相关专业副高及以上职称和较强的实践能力，能够较好地把握国内外商务服务业、批发业和零售业等行业、专业发展，能广泛联系行业企业，了解行业企业对本专业人才的需求实际，主持专业建设、开展教育教学改革、教科研工作和社会服务能力强，在本专业改革发展中起引领作用。

9.3 专任教师

具有高校教师资格；原则上具有与英语或商务相关专业本科及以上学历；具有一定年限的相应工作经历或者实践经验，达到相应的技术技能水平；具有本专业理论和实践能力；能够落实课程思政要求，挖掘专业课程中的思政教育元素和资源；能够运用信息技术开展混合式教学等教法改革；能够跟踪新经济、新技术发展前沿，开展技术研发与社会服务；专业教师每年至少 1 个月在企业或生产性实训基地锻炼，每 5 年累计不少于 6 个月的企业实践经历。

9.4 兼职教师

主要从本专业相关行业企业的高技能人才中聘任，应具有扎实的专业知识和丰富的实际工作经验，一般应具有中级及以上专业技术职务（职称）或高级工及以上职业技能等级，了解教育教学规律，能承担专业课程教学、实习实训指导和学生职业发展规划指导等专业教学任务。根据需要聘请技能大师、劳动模范、能工巧匠等高技能人才，根据国家有关要求制定针对兼职教师聘任与管理的具体实施办法。

10. 教学条件

10.1 教学设施

主要包括能够满足正常的课程教学、实习实训所需的专业教室、实训室和实习实训基地。

10.1.1 专业教室基本要求

具备利用信息化手段开展混合式教学的条件。一般配备黑（白）板、多媒体计算机、投影设备、音响设备，具有互联网接入或无线网络环境及网络安全防护措施。安装应急照明装置并保持良好状态，符合紧急疏散要求，安防标志明显，保持逃生通道畅通无阻。

10.1.2 校内外实训场所基本要求

实训场所面积、设备设施、安全、环境、管理等符合教育部有关标准（规定、办法），实训环境与设备设施对接真实职业场景或工作情境，实训项目注重工学结合、理实一体化，实训指导教师配备合理，实训管理及实施规章制度齐全，确保能够顺利开展商务翻译、进出口业务操作、跨境电商平台操作、涉外商务事务处理等实训活动。鼓励在实训中运用大数据、云计算、人工智能、虚拟仿真等前沿信息技术。

（1）英语语言综合实训室

配备电子白板、座椅、课桌、教师主控台、服务器、投影设备、音响设备、电脑，具有互联网接入或无线网络环境，以及英语（商务英语）听、说、读、写、译实训软件等，用于英语听力、英语口语、英语阅读、英语写作、商务英语视听说、商务英语翻译、商务英语口译和商务英语函电等实训教学。

（2）商务谈判综合实训室

配备电子白板、谈判桌椅、办公设备、会议设备、录播设备，以及人工智能、虚拟仿真或其他与谈判相关的软硬件设备，用于商务接待与谈判及其他职场情景模拟等实训教学。

（3）国际商务综合实训室

配备电子白板、座椅、课桌、教师主控台、服务器、投影设备、音响设备、电脑，具有互联网接入或无线网络环境，以及进出口业务、跨境电商、国际商务管理等模拟软件或真实项目操作平台，用于国际贸易实务、外贸单证操作、跨境电商实务、商务管理实务等实训教学。

可结合实际建设综合性实训场所。

10.1.3 实习场所基本要求

符合《职业学校学生实习管理规定》《职业学校校企合作促进办法》等对实习单位的有关要求，经实地考察后，确定合法经营、管理规范，实习条件完备且符合产业发展实际、符合安全生产法律法规要求，与学校建立稳定合作关系的单位成为实习基地，并签署学校、学生、实习单位三方协议。

根据本专业人才培养的需要和未来就业需求，实习基地应能提供商务翻译、外贸业务员、跨境电商运营专员、涉外商务服务等与专业对口的相关实习岗位，能涵盖当前相关产业发展的主流技术，可接纳一定规模的学生实习；学校和实习单位双方共同制订实习计划，能够配备相应数量的指导教师对学生实习进行指导和管理，实习单位安排有经验的技术或管理人员担任实习指导教师，开展专业教学和职业技能训练，完成实习质量评价，做好学生实习服务和管理工作，有保证实习学生日常工作、学习、生活的规章制度，有安全、保险保障，依法依规保障学生的基本权益。

10.2 教学资源

主要包括能够满足学生专业学习、教师专业教学研究和教学实施需要的教材、图书及数字化资源等。

10.2.1 教材选用基本要求

按照国家规定，经过规范程序选用教材，优先选用国家规划教材和国家优秀教材。专业课程教材应体现本行业新技术、新规范、新标准、新形态，并通过数字教材、活页式教材等多种方式进行动态更新。

10.2.2 图书文献配备基本要求

图书文献配备能满足人才培养、专业建设、教科研等工作的需要。专业类图书文献主要包括：外语类、国际经济与贸易类、跨境电商类、商务管理类、市场营销类、中西文化类、"一带一路"相关文献和产品认证类图书和期刊；与本专业相关的国内外法律法规、国际惯例、行业企业标准、技术规范和案例等。及时配置新经济、新技术、新工艺、新材料、新管理方式、新服务方式等相关的图书文献。

10.2.3 数字教学资源配置基本要求

建设、配备与本专业有关的音视频素材、教学课件、数字化教学案例库、虚拟仿真软件等专业教学资源库，种类丰富、形式多样、使用便捷、动态更新、满足教学。

11. 质量保障和毕业要求

11.1 质量保障

（1）学校和二级院系应建立专业人才培养质量保障机制，健全专业教学质量监控管理制度，改进结果评价，强化过程评价，探索增值评价，吸纳行业组织、企业等参与评价，并及时公开相关信息，接受教育督导和社会监督，健全综合评价。完善人才培养方案、课程标准、课堂评价、实验教学、实习实训、毕业设计以及资源建设等质量保障建设，通过教学实施、过程监控、质量评价和持续改进，达到人才培养规格要求。

（2）学校和二级院系应完善教学管理机制，加强日常教学组织运行与管理，定期开展课程建设、日常教学、人才培养质量的诊断与改进，建立健全巡课、听课、评教、评学等制度，建立与企业联动的实践教学环节督导制度，严明教学纪律，强化教学组织功能，定期开展公开课、示范课等教研活动。

（3）专业教研组织应建立线上线下相结合的集中备课制度，定期召开教学研讨会议，利用评价分析结果有效改进专业教学，持续提高人才培养质量。

（4）学校应建立毕业生跟踪反馈机制及社会评价机制，并对生源情况、职业道德、技术技能水平、就业质量等进行分析，定期评价人才培养质量和培养目标达成情况。

11.2 毕业要求

根据专业人才培养方案确定的目标和培养规格，完成规定的实习实训，全部课程考核合格或修满学分，准予毕业。

学校可结合办学实际，细化、明确学生课程修习、学业成绩、实践经历、职业素养、综合素质等方面的学习要求和考核要求等。要严把毕业出口关，确保学生毕业时完成规定的学时学分和各教学环节，保证毕业要求的达成度。

接受职业培训取得的职业技能等级证书、培训证书等学习成果，经职业学校认定，可以转化为相应的学历教育学分；达到相应职业学校学业要求的，可以取得相应的学业证书。

>>> **第二章**
# 应用英语专业教学标准
（高等职业教育专科）

1. 概述

为适应科技发展、技术进步对行业生产、建设、管理、服务等领域带来的新变化，顺应商务服务业优化升级需要，对接商务服务业数字化、网络化、智能化发展新趋势，对接新产业、新业态、新模式下英语翻译、涉外文秘、涉外企业服务、外事服务等岗位（群）的新要求，不断满足商务服务业高质量发展对高素质技能人才的需求，推动职业教育专业升级和数字化改造，提高人才培养质量，遵循推进现代职业教育高质量发展的总体要求，参照国家相关标准编制要求，制订本标准。

专业教学直接决定高素质技能人才培养的质量，专业教学标准是开展专业教学的基本依据。本标准是全国高等职业教育专科应用英语专业教学的基本标准，学校应结合区域/行业实际和自身办学定位，依据本标准制订本校应用英语专业人才培养方案，鼓励高于本标准办出特色。

2. 专业名称（专业代码）

应用英语（570202）

3. 入学基本要求

中等职业学校毕业、普通高级中学毕业或具备同等学力

4. 基本修业年限

三年

5. 职业面向

所属专业大类（代码）	教育与体育大类（57）
所属专业类（代码）	语言类（5702）
对应行业（代码）	商务服务业（72）
主要职业类别（代码）	翻译人员（2-10-05）、行政事务处理人员（3-01-02）
主要岗位（群）或技术领域	英语翻译、涉外文秘、涉外企业服务、外事服务……
职业类证书	全国大学英语四级考试……

6. 培养目标

本专业培养能够践行社会主义核心价值观，传承技能文明，德智体美劳全面发展，具有一定的科学文化水平，良好的人文素养、科学素养、数字素养、职业道德、创新意识、爱岗敬业的职业精神和精益求精的工匠精神，较强的就业创业能力和可持续发展的能力，掌握本专业知识和技术技能，具备职业综合素质和行动能力，面向商务服务业等行业的翻译人员、行政事务处理人员等职业，能够从事英语翻译、涉外文秘、涉外企业服务、外事服务等工作的高技能人才。

7. 培养规格

　　本专业学生应在系统学习本专业知识并完成有关实习实训基础上，全面提升知识、能力、素质，掌握并实际运用岗位（群）需要的专业核心技术技能，实现德智体美劳全面发展，总体上须达到以下要求：

　　（1）坚定拥护中国共产党领导和中国特色社会主义制度，以习近平新时代中国特色社会主义思想为指导，践行社会主义核心价值观，具有坚定的理想信念、深厚的爱国情感和中华民族自豪感；

　　（2）掌握与本专业对应职业活动相关的国家法律、行业规定，掌握绿色生产、环境保护、安全防护、质量管理等相关知识与技能，了解相关行业文化，具有爱岗敬业的职业精神，遵守职业道德准则和行为规范，具备社会责任感和担当精神；

　　（3）掌握支撑本专业学习和可持续发展必备的中华优秀传统文化、语文、信息技术、创新创业等文化基础知识，具有良好的人文素养与科学素养，具备职业生涯规划能力；

　　（4）具有良好的语言表达能力、文字表达能力、沟通合作能力，具有较强的集体意识和团队合作意识，具有一定的国际视野，能够正确理解多元文化；

　　（5）掌握较为扎实的英语语言基础知识和跨文化交际知识，具备英语听、说、读、写和跨文化交际基本技能，能够进行商务会话和应用文写作；

　　（6）掌握基本的翻译技巧和翻译方法，熟悉翻译软件，具备开展口头或书面的应用翻译能力；

　　（7）具有涉外文书写作、涉外会务安排、办公室管理、信息处理和档案管理等涉外文秘相关职业能力；

　　（8）具有使用英语服务涉外企业生产、销售、技术引进、涉外人才引进等工作的能力；

　　（9）了解国家外事政策、具有从事外事服务的能力；

　　（10）掌握信息技术基础知识，具有适应本行业数字化和智能化发展需求的数字技能，能够运用英语基于互联网平台提供客户咨询服务；

（11）具有探究学习、终身学习和可持续发展的能力，具有整合知识和综合运用知识分析问题和解决问题的能力；

（12）掌握身体运动的基本知识和至少1项体育运动技能，达到国家大学生体质健康测试合格标准，养成良好的运动习惯、卫生习惯和行为习惯；具备一定的心理调适能力；

（13）掌握必备的美育知识，具有一定的文化修养、审美能力，形成至少1项艺术特长或爱好；

（14）树立正确的劳动观，尊重劳动，热爱劳动，具备与本专业职业发展相适应的劳动素养，弘扬劳模精神、劳动精神、工匠精神，弘扬劳动光荣、技能宝贵、创造伟大的时代风尚。

8. 课程设置及学时安排

8.1 课程设置

主要包括公共基础课程和专业课程。

8.1.1 公共基础课程

按照国家有关规定开齐开足公共基础课程。

应将思想政治理论、体育、军事理论与军训、心理健康教育、劳动教育等列为公共基础必修课程。将马克思主义理论类课程、党史国史、中华优秀传统文化、语文、国家安全教育、信息技术、艺术、职业发展与就业指导、创新创业教育、职业素养等列为必修课程或限定选修课程。

学校根据实际情况可开设具有地方特色的校本课程。

8.1.2 专业课程

一般包括专业基础课程、专业核心课程和专业拓展课程。专业基础课程是需要前置学习的基础性理论知识和技能构成的课程，是为专业核心课程提供理论和技能支撑的基础课程；专业核心课程是根据岗位工作内容、典型工作任务设置的课程，是培养核心职业能力的主干课程；专业拓展课程是根据学生发展需求横向拓展和纵向深化的课程，是提升综合职业能力的延展课程。

学校应结合区域 / 行业实际、办学定位和人才培养需要自主确定课程，进行模块化课程设计，依托体现新方法、新技术、新工艺、新标准的真实生产项目和典型工作任务等，开展项目式、情境式教学，结合人工智能等技术实施课程教学的数字化转型。有条件的专业，可结合教学实际，探索创新课程体系。

（1）专业基础课程

主要包括：综合英语、英语听力、英语口语、英语阅读、英语写作、英语视听说、英语语言国家概况、涉外礼仪等领域的内容。

（2）专业核心课程

主要包括：实用英语阅读、英汉互译、英语应用文写作、跨文化交际、文秘英语、外事英语、涉外企业服务实务、英文信息化处理等领域的内容，具体课程由学校根据实际情况，按国家有关要求自主设置。

专业核心课程主要教学内容与要求

序号	课程涉及的主要领域	典型工作任务描述	主要教学内容与要求
1	实用英语阅读	运用英语阅读策略，有效阅读各类实用英语文本，了解国际时事动态和获取行业发展的最新信息。	① 包括对社会、文化、职场等实用英语文本的词汇、句子、语篇、审辩思维系列阅读策略训练等教学内容。 ② 掌握快速、准确获取实用英语文本信息的能力。
2	英汉互译	运用英汉双语语言知识及相关领域知识，借助常用的数字翻译平台的辅助功能，将英汉两种语言中的一种进行表达转换。	① 包括翻译基础理论、英汉基础翻译技巧、文本处理技术、语料处理技术、数字化翻译技术、翻译项目质量管理、职场环境下口译和笔译实操等教学内容。

续表

序号	课程涉及的主要领域	典型工作任务描述	主要教学内容与要求
		将信息用另一种语言表达出来,并能进行校对和修改等工作。	② 掌握职场环境中的英汉互译能力。
3	英语应用文写作	运用英语语言、跨文化交际和涉外礼仪等知识,完成涉外文秘、涉外企业服务和外事服务等业务的应用文写作等工作。	① 包括英语应用文的基本格式和写作特点,一般性应用文、公文性应用文和事务性应用文的英文写作实操等教学内容。 ② 掌握职场环境中的英语书面表达能力。
4	跨文化交际	运用英语语言、文化习俗、涉外礼仪等知识,完成与多元文化背景的客户进行有效的跨文化交际等工作。	① 包括跨文化交际中的语言和文化差异、东西方思维模式、文化冲突、风俗礼仪及社会交往、非言语行为,以及面向涉外文秘、英语翻译、涉外企业服务、外事服务领域跨文化交际项目实操等教学内容。 ② 掌握职场环境中的跨文化交际能力。
5	文秘英语	运用英语语言、跨文化交际知识以及涉外文秘知识和技能,完成涉外文秘等工作。	① 包括涉外秘书礼仪基础、涉外事务文书写作、招聘面试、来访接待、电话沟通、会务组织、办公环境维护与管理、新媒体运用、差旅安排、档案管理等教学内容。 ② 掌握从事涉外文秘工作的能力。
6	外事英语	运用英语语言、跨文化交际知识,了解国家外事政策和外事操作规范,完成外事服务等工作。	① 包括外事服务准则、要求和流程等基础知识,涉外公证与认证、企业进出口服务、涉外文化交流服务、对外宣传服务等教学内容。 ② 掌握用英语从事外事服务的能力。

续表

序号	课程涉及的主要领域	典型工作任务描述	主要教学内容与要求
7	涉外企业服务实务	运用英语语言、跨文化交际知识，完成合理利用国际资源，促进涉外企业加快实施"走出去"战略，参与国际竞争与合作等工作。	① 包括涉外企业生产、销售、技术引进、涉外人才引进等相关专业基础知识，合同签订、原材料采购、产品检测、产品包装、仓储管理、物流运输及保险、售后产品维护、涉外文档管理、涉外市场调研等教学内容。 ② 掌握服务涉外企业的能力。
8	英文信息化处理	运用英语语言、跨文化交际知识和现代信息技术，处理英文信息的工作。	① 包括英文计算机操作基础，英文环境下常用办公软件的应用，智能翻译、社交软件等各类工作软件的应用、英文互联网平台操作与应用等教学内容。 ② 掌握英文信息化处理能力。

（3）专业拓展课程

主要包括：数字贸易实务、科技英语、计算机辅助翻译、"一带一路"国家和地区概况、涉外服务礼仪、国际市场营销、涉外企业档案管理实务、涉外政策与法规、信息技术及应用等领域的内容。

8.1.3 实践性教学环节

实践性教学应贯穿于人才培养全过程。实践性教学主要包括实验、实习实训、毕业设计、社会实践活动等形式，公共基础课程和专业课程等都要加强实践性教学。

（1）实训

在校内外进行英语听、说、读、写、译各类语言应用综合训练，以及模拟涉外职场环境下的英汉（汉英）口译实操、英汉（汉英）笔译实操、涉外文秘实操、涉外企业服务流程实操、涉外事务服务、涉外礼仪等实训，包括单项技能实训、综合能力实训、生产性实训等。

（2）实习

在商务服务行业的涉外服务企业进行英语翻译、涉外文秘、涉外企业服务、外事服务等实习，包括认识实习和岗位实习。学校应建立稳定、够用的实习基地，选派专门的实习指导教师和人员，组织开展专业对口实习，加强对学生实习的指导、管理和考核。

实习实训既是实践性教学，也是专业课教学的重要内容，应注重理论与实践一体化教学。学校可根据技能人才培养规律，结合企业生产周期，优化学期安排，灵活开展实践性教学。应严格执行《职业学校学生实习管理规定》和相关专业岗位实习标准要求。

8.1.4 相关要求

学校应充分发挥思政课程和各类课程的育人功能。发挥思政课程政治引领和价值引领作用，在思政课程中有机融入党史、新中国史、改革开放史、社会主义发展史等相关内容；结合实际落实课程思政，推进全员、全过程、全方位育人，实现思想政治教育与技术技能培养的有机统一。应开设安全教育（含典型案例事故分析）、社会责任、绿色环保、新一代信息技术、数字经济、现代管理、创新创业教育等方面的拓展课程或专题讲座（活动），并将有关内容融入课程教学中；自主开设其他特色课程；组织开展德育活动、志愿服务活动和其他实践活动。

8.2 学时安排

总学时一般为 2600 学时，每 16~18 学时折算 1 学分，其中，公共基础课总学时一般不少于总学时的 25%。实践性教学学时原则上不少于总学时的 50%，其中，实习时间累计一般为 6 个月，可根据实际情况集中或分阶段安排实习时间。各类选修课程的学时累计不少于总学时的 10%。军训、社会实践、入学教育、毕业教育等活动按 1 周为 1 学分。

9. 师资队伍

按照"四有好老师""四个相统一""四个引路人"的要求建设专业教师队伍，将师德师风作为教师队伍建设的第一标准。

9.1 队伍结构

学生数与本专业专任教师数比例不高于 25∶1，"双师型"教师占专业课教师数比例一般不低于 60%，高级职称专任教师的比例不低于 20%，专任教师队伍要考虑职称、年龄、工作经验，形成合理的梯队结构。

能够整合校内外优质人才资源，选聘企业高级技术人员担任行业导师，组建校企合作、专兼结合的教师团队，建立定期开展专业（学科）教研机制。

9.2 专业带头人

原则上应具有本专业及相关专业副高及以上职称和较强的实践能力，能够较好地把握国内外商务服务业等行业、专业发展，能广泛联系行业企业，了解行业企业对本专业人才的需求实际，主持专业建设、开展教育教学改革、教科研工作和社会服务能力强，在本专业改革发展中起引领作用。

9.3 专任教师

具有高校教师资格；原则上具有英语相关专业本科及以上学历；具有一定年限的相应工作经历或者实践经验，达到相应的技术技能水平；具有本专业理论和实践能力；能够落实课程思政要求，挖掘专业课程中的思政教育元素和资源；能够运用信息技术开展混合式教学等教法改革；能够跟踪新经济、新技术发展前沿，开展技术研发与社会服务；专业教师每年至少 1 个月在企业或生产性实训基地锻炼，每 5 年累计不少于 6 个月的企业实践经历。

9.4 兼职教师

主要从本专业相关行业企业的高技能人才中聘任，应具有扎实的专业知识和丰富的实际工作经验，一般应具有中级及以上专业技术职务（职称）或高级工及以上职业技能等级，了解教育教学规律，能承担专业课程教学、实习实训指导和学生职业发展规划指导等专业教学任务。根据需要聘请技能大师、劳动模范、能工巧匠等高技能人才，根据国家有关要求制定针对兼职教师聘任与管理的具体实施办法。

10. 教学条件

10.1 教学设施

主要包括能够满足正常的课程教学、实习实训所需的专业教室、实训室和实习实训基地。

10.1.1 专业教室基本要求

具备利用信息化手段开展混合式教学的条件。一般配备黑（白）板、多媒体计算机、投影设备、音响设备，具有互联网接入或无线网络环境及网络安全防护措施。安装应急照明装置并保持良好状态，符合紧急疏散要求，安防标志明显，保持逃生通道畅通无阻。

10.1.2 校内外实训场所基本要求

实训场所面积、设备设施、安全、环境、管理等符合教育部有关标准（规定、办法），实训环境与设备设施对接真实职业场景或工作情境，实训项目注重工学结合、理实一体化，实训指导教师配备合理，实训管理及实施规章制度齐全，确保能够顺利开展英语翻译、涉外文秘、涉外企业服务、外事服务等实训活动。鼓励在实训中运用大数据、云计算、人工智能、虚拟仿真等前沿信息技术。

（1）英语语言综合实训室

配备电子白板、座椅、课桌、教师主控台、服务器、投影设备、音响设备、电脑，具有互联网接入或无线网络环境，以及英语（商务英语）听、说、读、写、译实训软件、设备设施，用于英语语音、英语听力、英语口语、英语阅读、英语写作等实训教学。

（2）涉外服务实训室

配备主控台、电子屏幕、会议设备、职业技能模拟训练软件，具有互联网接入或无线网络环境，用于涉外企业服务实务、外事服务、涉外文秘、涉外礼仪等实训教学。

（3）英语翻译实训室

配备主控台，具有互联网接入或无线网络环境，以及数字会议系统、计算机辅助英语翻译智能系统、同声传译系统、口译训练软件、设备设施，用于英语口译、英语笔译等实训教学。

可结合实际建设综合性实训场所。

10.1.3 实习场所基本要求

符合《职业学校学生实习管理规定》《职业学校校企合作促进办法》等对实习单位的有关要求，经实地考察后，确定合法经营、管理规范，实习条件完备且符合产业发展实际、符合安全生产法律法规要求，与学校建立稳定合作关系的单位成为实习基地，并签署学校、学生、实习单位三方协议。

根据本专业人才培养的需要和未来就业需求，实习基地应能提供英语翻译、涉外文秘、涉外企业服务、外事服务等与专业对口的相关实习岗位，能涵盖当前相关产业发展的主流技术，可接纳一定规模的学生实习；学校和实习单位双方共同制订实习计划，能够配备相应数量的指导教师对学生实习进行指导和管理，实习单位安排有经验的技术或管理人员担任实习指导教师，开展专业教学和职业技能训练，完成实习质量评价，做好学生实习服务和管理工作，有保证实习学生日常工作、学习、生活的规章制度，有安全、保险保障，依法依规保障学生的基本权益。

10.2 教学资源

主要包括能够满足学生专业学习、教师专业教学研究和教学实施需要

的教材、图书及数字化资源等。

10.2.1 教材选用基本要求

按照国家规定,经过规范程序选用教材,优先选用国家规划教材和国家优秀教材。专业课程教材应体现本行业新技术、新规范、新标准、新形态,并通过数字教材、活页式教材等多种方式进行动态更新。

10.2.2 图书文献配备基本要求

图书文献配备能满足人才培养、专业建设、教科研等工作的需要。专业类图书文献主要包括:英语翻译、涉外文秘、涉外企业服务、外事服务等方面的图书文献;与本专业相关的国内外法律法规、国际惯例、行业企业标准、技术规范和案例等。及时配置新经济、新技术、新工艺、新材料、新管理方式、新服务方式等相关的图书文献。

10.2.3 数字教学资源配置基本要求

建设、配备与本专业有关的音视频素材、教学课件、数字化教学案例库、虚拟仿真软件等专业教学资源库,种类丰富、形式多样、使用便捷、动态更新、满足教学。

11. 质量保障和毕业要求

11.1 质量保障

(1)学校和二级院系应建立专业人才培养质量保障机制,健全专业教学质量监控管理制度,改进结果评价,强化过程评价,探索增值评价,吸纳行业组织、企业等参与评价,并及时公开相关信息,接受教育督导和社会监督,健全综合评价。完善人才培养方案、课程标准、课堂评价、实验教学、实习实训、毕业设计以及资源建设等质量保障建设,通过教学实施、过程监控、质量评价和持续改进,达到人才培养规格要求。

(2)学校和二级院系应完善教学管理机制,加强日常教学组织运行与管理,定期开展课程建设、日常教学、人才培养质量的诊断与改进,建立健全巡课、听课、评教、评学等制度,建立与企业联动的实践教学环节督导制度，严明教学纪律，强化教学组织功能，定期开展公开课、示范课等教研活动。

（3）专业教研组织应建立线上线下相结合的集中备课制度，定期召开教学研讨会议，利用评价分析结果有效改进专业教学，持续提高人才培养质量。

（4）学校应建立毕业生跟踪反馈机制及社会评价机制，并对生源情况、职业道德、技术技能水平、就业质量等进行分析，定期评价人才培养质量和培养目标达成情况。

11.2 毕业要求

根据专业人才培养方案确定的目标和培养规格，完成规定的实习实训，全部课程考核合格或修满学分，准予毕业。

学校可结合办学实际，细化、明确学生课程修习、学业成绩、实践经历、职业素养、综合素质等方面的学习要求和考核要求等。要严把毕业出口关，确保学生毕业时完成规定的学时学分和各教学环节，保证毕业要求的达成度。

接受职业培训取得的职业技能等级证书、培训证书等学习成果，经职业学校认定，可以转化为相应的学历教育学分；达到相应职业学校学业要求的，可以取得相应的学业证书。

>>> 第三章
旅游英语专业教学标准（高等职业教育专科）

1. 概述

　　为适应科技发展、技术进步对行业生产、建设、管理、服务等领域带来的新变化，顺应涉外旅游领域优化升级需要，对接旅游产业数字化、网络化、智能化发展新趋势，对接新产业、新业态、新模式下商务旅游翻译、涉外酒店服务、出入境业务服务等岗位（群）的新要求，不断满足旅游领域高质量发展对高素质技能人才的需求，推动职业教育专业升级和数字化改造，提高人才培养质量，遵循推进现代职业教育高质量发展的总体要求，参照国家相关标准编制要求，制订本标准。

　　专业教学直接决定高素质技能人才培养的质量，专业教学标准是开展专业教学的基本依据。本标准是全国高等职业教育专科旅游英语专业教学的基本标准，学校应结合区域／行业实际和自身办学定位，依据本标准制订本校旅游英语专业人才培养方案，鼓励高于本标准办出特色。

2. 专业名称（专业代码）

　　旅游英语（570203）

3. 入学基本要求

中等职业学校毕业、普通高级中学毕业或具备同等学力

4. 基本修业年限

三年

5. 职业面向

所属专业大类（代码）	教育与体育大类（57）
所属专业类（代码）	语言类（5702）
对应行业（代码）	商务服务业（72）
主要职业类别（代码）	旅游及公共游览场所服务人员（4-07-04）、住宿服务人员（4-03-01）、翻译人员（2-10-05）
主要岗位（群）或技术领域	商务旅游翻译、涉外酒店服务、出入境业务服务……
职业类证书	全国大学英语四级考试、导游资格……

6. 培养目标

本专业培养能够践行社会主义核心价值观，传承技能文明，德智体美劳全面发展，具有一定的科学文化水平，良好的人文素养、科学素养、数字素养、职业道德、创新意识、爱岗敬业的职业精神和精益求精的工匠精神，较强的就业创业能力和可持续发展的能力，掌握本专业知识和技术技能，具备职业综合素质和行动能力，面向商务服务业等行业的商务旅游翻译、涉外酒店服务、出入境业务服务等岗位（群），能够从事中英文导游、

出境领队、涉外酒店服务和出入境服务等工作的高技能人才。

7. 培养规格

本专业学生应在系统学习本专业知识并完成有关实习实训基础上，全面提升知识、能力、素质，掌握并实际运用岗位（群）需要的专业核心技术技能，实现德智体美劳全面发展，总体上须达到以下要求：

（1）坚定拥护中国共产党领导和中国特色社会主义制度，以习近平新时代中国特色社会主义思想为指导，践行社会主义核心价值观，具有坚定的理想信念、深厚的爱国情感和中华民族自豪感；

（2）掌握与本专业对应职业活动相关的国家法律、行业规定，掌握绿色生产、环境保护、安全防护、质量管理等相关知识与技能，了解相关行业文化，具有爱岗敬业的职业精神，遵守职业道德准则和行为规范，具备社会责任感和担当精神；

（3）掌握支撑本专业学习和可持续发展必备的思想政治理论、中华优秀传统文化、语文、信息技术等文化基础知识，具有良好的人文素养与科学素养，具备职业生涯规划能力；

（4）具有良好的语言表达能力、文字表达能力、沟通合作能力，具有较强的集体意识和团队合作意识，具有一定的国际视野，能够正确理解多元文化和人类命运共同体内涵；

（5）掌握较为扎实的英语语言基础知识，具有良好的英语听、说、读、写、译综合应用能力和跨文化交际能力；

（6）熟悉客源国和地区的旅游市场，懂得国际规则，掌握旅游基本理论与实践技能；

（7）掌握中英文导游和出境领队等方面的专业基础知识，具有运用英语开展出入境旅游业务的实践能力；

（8）掌握涉外酒店服务的专业基础知识，具有运用英语开展涉外酒店服务业务的实践能力；

（9）掌握翻译基本理论与技巧，熟悉智能翻译辅助工具应用，具有开展涉外旅游业务中英双语口笔译的实践能力；

（10）掌握信息技术基础知识，具有适应本行业数字化和智能化发展需求的数字技能；

（11）具有探究学习、终身学习和可持续发展的能力，具有整合知识和综合运用知识分析问题和解决问题的能力；

（12）掌握身体运动的基本知识和至少 1 项体育运动技能，达到国家大学生体质健康测试合格标准，养成良好的运动习惯、卫生习惯和行为习惯；具备一定的心理调适能力；

（13）掌握必备的美育知识，具有一定的文化修养、审美能力，形成至少 1 项艺术特长或爱好；

（14）树立正确的劳动观，尊重劳动，热爱劳动，具备与本专业职业发展相适应的劳动素养，弘扬劳模精神、劳动精神、工匠精神，弘扬劳动光荣、技能宝贵、创造伟大的时代风尚。

8. 课程设置及学时安排

8.1 课程设置

主要包括公共基础课程和专业课程。

8.1.1 公共基础课程

按照国家有关规定开齐开足公共基础课程。

应将思想政治理论、体育、军事理论与军训、心理健康教育、劳动教育等列为公共基础必修课程。将马克思主义理论类课程、党史国史、中华优秀传统文化、语文、国家安全教育、信息技术、艺术、职业发展与就业指导、创新创业教育、职业素养等列为必修课程或限定选修课程。

学校根据实际情况可开设具有地方特色的校本课程。

8.1.2 专业课程

一般包括专业基础课程、专业核心课程和专业拓展课程。专业基础课程是需要前置学习的基础性理论知识和技能构成的课程，是为专业核心课程提供理论和技能支撑的基础课程；专业核心课程是根据岗位工作内容、典型工作任务设置的课程，是培养核心职业能力的主干课程；专业拓展课程是根据学生发展需求横向拓展和纵向深化的课程，是提升综合职业能力的延展课程。

学校应结合区域/行业实际、办学定位和人才培养需要自主确定课程，进行模块化课程设计，依托体现新方法、新技术、新工艺、新标准的真实生产项目和典型工作任务等，开展项目式、情境式教学，结合人工智能等技术实施课程教学的数字化转型。有条件的专业，可结合教学实际，探索创新课程体系。

（1）专业基础课程

主要包括：综合英语、英语听力、英语口语、英语阅读、英语写作、旅游英语视听说、旅游概论、旅游政策与法规等领域的内容。

（2）专业核心课程

主要包括：旅游英语、英语口笔译实务、跨文化交际、目的地和客源国概况、导游基础、导游英语、饭店英语等领域的内容，具体课程由学校根据实际情况，按国家有关要求自主设置。

专业核心课程主要教学内容与要求

序号	课程涉及的主要领域	典型工作任务描述	主要教学内容与要求
1	旅游英语	文旅资讯双语听说沟通、文旅信息双语读写交流、文旅"数智"资源双语应用服务。	① 掌握与"吃、住、行、游、购、娱"六大旅游要素相关职业岗位的英语基础知识。 ② 具有英语听、说、读、写等应用能力，尤其是较强的英语表达、交流与沟通能力。 ③ 能够用英语进行涉外旅游服务。

续表

序号	课程涉及的主要领域	典型工作任务描述	主要教学内容与要求
2	英语口笔译实务	景区导游翻译、出境领队翻译、旅行社服务翻译、酒店服务翻译、出入境证照翻译。	① 掌握中外翻译理论基础知识，熟悉词句篇章口笔译策略与技巧。② 熟悉智能翻译辅助工具应用和涉外旅游岗位口笔译标准化的实践操作。③ 具有开展涉外旅游业务中的英汉互译和中英双语口笔沟通能力。
3	跨文化交际	日常交往、商务接待、商务策划、商务谈判。	① 熟悉语言文化差异、跨文化冲突、风俗礼仪、非言语行为等跨文化知识。② 熟悉英语语言环境中跨文化交流与线上线下沟通操作。③ 具有开展涉外旅游活动中的跨文化交际意识，能够用英语进行多元文化沟通。
4	目的地和客源国概况	目的地和客源国文旅产品设计与推广、国际文旅合作项目开发与实施、境外国家或地区会议商展翻译服务。	① 掌握目的地和客源国概况。② 熟悉用英语开展模拟参与国际旅游合作项目与线上线下文化交流活动等实践操作。③ 具有在旅游业务中用英语进行多元文化沟通的能力。
5	导游基础	中国历史文化双语讲解、中华民族民俗文化双语讲解、中国旅游景观双语讲解、中国宗教文化双语讲解、中国古代建筑文化双语讲解、中国饮食文化双语讲解。	① 掌握中国历史文化、中华民族民俗文化、中国旅游景观、中国宗教文化、中国古代建筑文化、中国古典园林文化、中国饮食文化、中国风物特产文化、中国旅游诗词等。② 熟悉用英语讲好中国故事等线上线下实践操作。③ 具有与多元文化有效沟通的能力。

续表

序号	课程涉及的主要领域	典型工作任务描述	主要教学内容与要求
6	导游英语	接团准备、迎接服务、入住服务、餐饮服务、参观游览服务、购物娱乐服务、送团服务、客服工作。	① 掌握英语导游业务基础知识。② 熟悉用英语开展模拟跨境旅游线路设计、解说词编创、景区展馆讲解或出境领队服务、产品营销、投诉及安全事故或突发事件处理、涉外游览场所网络运维等实践操作。③ 具有在涉外导游业务中的英语表达、交流与沟通能力。
7	饭店英语	客房预订、登记入住、礼宾服务、餐厅预订与引座、客房送餐服务、客房个性化服务、会展服务、康乐服务、结账离店、投诉处理。	① 掌握涉外酒店业务基础知识。② 熟悉用英语开展模拟前厅业务、餐饮服务、产品营销、会展康乐、投诉与安全事故或突发事件处理、涉外酒店网络运维等实践操作。③ 具有在涉外酒店业务中的英语表达、交流与沟通能力。

（3）专业拓展课程

主要包括：涉外服务礼仪、智慧景区服务与管理、数字酒店服务与管理、现代会展服务与管理、智能出入境服务与管理、在线旅行社经营与管理、智慧民宿经营与管理、涉外导游业务、出境领队实务、国际乘务服务实务、旅游产品策划实务、中国文化、第二外语等领域的内容。

8.1.3 实践性教学环节

实践性教学应贯穿于人才培养全过程。实践性教学主要包括实验、实习实训、毕业设计、社会实践活动等形式，公共基础课程和专业课程等都要加强实践性教学。

（1）实训

在校内外进行英语听、说、读、写、译语言技能综合训练，以及模拟涉外职场环境等实训，包括单项技能实训、综合能力实训、生产性实训等。

（2）实习

在商务服务行业的旅游景点景区、涉外酒店、国际旅行社和出入境服务公司等单位进行中英文导游、出境领队、涉外酒店服务和中英文翻译等实习，包括认识实习和岗位实习。学校应建立稳定、够用的实习基地，选派专门的实习指导教师和人员，组织开展专业对口实习，加强对学生实习的指导、管理和考核。

实习实训既是实践性教学，也是专业课教学的重要内容，应注重理论与实践一体化教学。学校可根据技能人才培养规律，结合企业生产周期，优化学期安排，灵活开展实践性教学。应严格执行《职业学校学生实习管理规定》和相关专业岗位实习标准要求。为适应旅游旺季需求，可适当调整。

8.1.4 相关要求

学校应充分发挥思政课程和各类课程的育人功能。发挥思政课程政治引领和价值引领作用，在思政课程中有机融入党史、新中国史、改革开放史、社会主义发展史等相关内容；结合实际落实课程思政，推进全员、全过程、全方位育人，实现思想政治教育与技术技能培养的有机统一。应开设安全教育（含典型案例事故分析）、社会责任、绿色环保、新一代信息技术、数字经济、现代管理、创新创业教育等方面的拓展课程或专题讲座（活动），并将有关内容融入课程教学中；自主开设其他特色课程；组织开展德育活动、志愿服务活动和其他实践活动。

8.2 学时安排

总学时一般为 2600 学时，每 16~18 学时折算 1 学分，其中，公共基础课总学时一般不少于总学时的 25%。实践性教学学时原则上不少于总学时的 50%，其中，实习时间累计一般为 6 个月，可根据实际情况集中或分阶段安排实习时间。各类选修课程的学时累计不少于总学时的 10%。军训、社会实践、入学教育、毕业教育等活动按 1 周为 1 学分。

9. 师资队伍

按照"四有好老师""四个相统一""四个引路人"的要求建设专业教师队伍，将师德师风作为教师队伍建设的第一标准。

9.1 队伍结构

学生数与本专业专任教师数比例不高于 25∶1，"双师型"教师占专业课教师数比例一般不低于 60%，高级职称专任教师的比例不低于 20%，专任教师队伍要考虑职称、年龄、工作经验，形成合理的梯队结构。

能够整合校内外优质人才资源，选聘企业高级技术人员担任行业导师，组建校企合作、专兼结合的教师团队，建立定期开展专业（学科）教研机制。

9.2 专业带头人

原则上应具有本专业及相关专业副高及以上职称和较强的实践能力，能够较好地把握国内外商务服务业等行业、专业发展，能广泛联系行业企业，了解行业企业对本专业人才的需求实际，主持专业建设、开展教育教学改革、教科研工作和社会服务能力强，在本专业改革发展中起引领作用。

9.3 专任教师

具有高校教师资格；原则上具有英语、翻译或旅游等相关专业本科及以上学历；具有一定年限的相应工作经历或者实践经验，达到相应的技术技能水平；具有本专业理论和实践能力；能够落实课程思政要求，挖掘专业课程中的思政教育元素和资源；能够运用信息技术开展混合式教学等教法改革；能够跟踪新经济、新技术发展前沿，开展技术研发与社会服务；专业教师每年至少 1 个月在企业或生产性实训基地锻炼，每 5 年累计不少于 6 个月的企业实践经历。

9.4 兼职教师

主要从本专业相关行业企业的高技能人才中聘任，应具有扎实的专业知识和丰富的实际工作经验，一般应具有中级及以上专业技术职务（职称）或高级工及以上职业技能等级，了解教育教学规律，能承担专业课程教学、实习实训指导和学生职业发展规划指导等教学任务。根据需要聘请技能大师、劳动模范、能工巧匠等高技能人才，根据国家有关要求制定针对兼职教师聘任与管理的具体实施办法。

10. 教学条件

10.1 教学设施

主要包括能够满足正常的课程教学、实习实训所需的专业教室、实训室和实习实训基地。

10.1.1 专业教室基本要求

具备利用信息化手段开展混合式教学的条件。一般配备黑（白）板、多媒体计算机、投影设备、音响设备，具有互联网接入或无线网络环境及网络安全防护措施。安装应急照明装置并保持良好状态，符合紧急疏散要求，安防标志明显，保持逃生通道畅通无阻。

10.1.2 校内外实训场所基本要求

实训场所面积、设备设施、安全、环境、管理等符合教育部有关标准（规定、办法），实训环境与设备设施对接真实职业场景或工作情境，实训项目注重工学结合、理实一体化，实训指导教师配备合理，实训管理及实施规章制度齐全，确保能够顺利开展中英文导游、出境领队、涉外酒店服务和中英文翻译等实训活动。鼓励在实训中运用大数据、云计算、人工智能、虚拟仿真等前沿信息技术。

（1）英语语言综合实训室

配备教师主控台、投影仪或多媒体一体机、服务器等，具有互联网接入或无线网络环境，以及各类配套英语语言实训系统或软件等，用于综合英语、英语听力、英语口语、英语阅读、英语写作和英语口笔译实务等实训教学。

（2）中外景区展馆模拟实训室

配备仿真导览、景区展馆场景等设备设施，以及英语景区景点库（含世界物质文化遗产或非物质文化遗产）、旅游线路设计、解说词编创与讲解、投诉及安全事故处理、游览场所网络运维等各类配套实训系统或软件等，用于旅游英语、导游英语、导游基础、目的地和客源国概况、涉外服务礼仪、智慧景区服务与管理等实训教学。

（3）涉外酒店模拟实训室

配备仿真酒店前厅大堂、中西餐厅或酒吧，具有互联网接入或无线网络环境等设施设备，以及酒店前厅业务、餐饮服务、产品营销、会展康乐、投诉与安全事故处理、涉外网络运维等各类配套实训系统软件等，用于旅游英语、饭店英语、跨文化交际、涉外服务礼仪、数字酒店服务与管理等实训教学。

（4）国际旅行社模拟实训室

配备旅行社办公工位、电脑、电话、打印机、复印机/扫描仪、传真机、互联网接入或无线网络环境等设备设施，以及国际旅游咨询、出入境团组计调、产品营销、证照票务、投诉与突发事件处理、跨境电子商务网络运维等各类配套实训系统或软件等，用于旅游英语、跨文化交际、在线旅行社经营与管理等实训教学。

可结合实际建设综合性实训场所。

10.1.3　实习场所基本要求

符合《职业学校学生实习管理规定》《职业学校校企合作促进办法》等对实习单位的有关要求，经实地考察后，确定合法经营、管理规范，实习条件完备且符合产业发展实际、符合安全生产法律法规要求，与学校建立稳定合作关系的单位成为实习基地，并签署学校、学生、实习单位三方协议。

根据本专业人才培养的需要和未来就业需求，实习基地应能提供中英文导游、出境领队、涉外酒店服务和中英文翻译等与专业对口的相关实习岗位，能涵盖当前相关产业发展的主流技术，可接纳一定规模的学生实习；学校和实习单位双方共同制订实习计划，能够配备相应数量的指导教师对学生实习进行指导和管理，实习单位安排有经验的技术或管理人员担任实习指导教师，开展专业教学和职业技能训练，完成实习质量评价，做好学生实习服务和管理工作，有保证实习学生日常工作、学习、生活的规章制度，有安全、保险保障，依法依规保障学生的基本权益。

10.2 教学资源

主要包括能够满足学生专业学习、教师专业教学研究和教学实施需要的教材、图书及数字化资源等。

10.2.1 教材选用基本要求

按照国家规定，经过规范程序选用教材，优先选用国家规划教材和国家优秀教材。专业课程教材应体现本行业新技术、新规范、新标准、新形态，并通过数字教材、活页式教材等多种方式进行动态更新。

10.2.2 图书文献配备基本要求

图书文献配备能满足人才培养、专业建设、教科研等工作的需要。专业类图书文献主要包括：外语类、语言学类、教育学类、文学类、管理学类、涉外旅游类和岗位实务操作类图书及工具书，外文原版相关文献；与本专业相关的国内外法律法规、国际惯例、行业企业标准、技术规范和案例等。及时配置新经济、新技术、新工艺、新材料、新管理方式、新服务方式等相关的图书文献。

10.2.3 数字教学资源配置基本要求

建设、配备与本专业有关的音视频素材、教学课件、数字化教学案例库、虚拟仿真软件等专业教学资源库，种类丰富、形式多样、使用便捷、动态更新、满足教学。

11. 质量保障和毕业要求

11.1 质量保障

（1）学校和二级院系应建立专业人才培养质量保障机制，健全专业教学质量监控管理制度，改进结果评价，强化过程评价，探索增值评价，吸纳行业组织、企业等参与评价，并及时公开相关信息，接受教育督导和社会监督，健全综合评价。完善人才培养方案、课程标准、课堂评价、实验教学、实习实训、毕业设计以及资源建设等质量保障建设，通过教学实施、过程监控、质量评价和持续改进，达到人才培养规格要求。

（2）学校和二级院系应完善教学管理机制，加强日常教学组织运行与管理，定期开展课程建设、日常教学、人才培养质量的诊断与改进，建立健全巡课、听课、评教、评学等制度，建立与企业联动的实践教学环节督导制度，严明教学纪律，强化教学组织功能，定期开展公开课、示范课等教研活动。

（3）专业教研组织应建立线上线下相结合的集中备课制度，定期召开教学研讨会议，利用评价分析结果有效改进专业教学，持续提高人才培养质量。

（4）学校应建立毕业生跟踪反馈机制及社会评价机制，并对生源情况、职业道德、技术技能水平、就业质量等进行分析，定期评价人才培养质量和培养目标达成情况。

11.2 毕业要求

根据专业人才培养方案确定的目标和培养规格，完成规定的实习实训，全部课程考核合格或修满学分，准予毕业。

学校可结合办学实际，细化、明确学生课程修习、学业成绩、实践经历、职业素养、综合素质等方面的学习要求和考核要求等。要严把毕业出口关，确保学生毕业时完成规定的学时学分和各教学环节，保证毕业要求的达成度。

接受职业培训取得的职业技能等级证书、培训证书等学习成果，经职业学校认定，可以转化为相应的学历教育学分；达到相应职业学校学业要求的，可以取得相应的学业证书。

>>> **第四章**
# 小学英语教育专业教学标准
# （高等职业教育专科）

1. 概述

　　为适应科技发展、技术进步对行业生产、建设、管理、服务等领域带来的新变化，顺应小学英语教育领域优化升级需要，对接小学英语教育领域数字化、网络化、智能化发展的新趋势，适应新发展阶段小学英语教师岗位（群）的新要求，不断满足小学英语教育领域高质量发展对高素质技能人才的需求，推动职业教育专业升级和数字化改造，提高人才培养质量，遵循推进现代职业教育高质量发展的总体要求，参照国家相关标准编制要求，制订本标准。

　　专业教学直接决定高素质技能人才培养的质量，专业教学标准是开展专业教学的基本依据。本标准是全国高等职业教育专科小学英语教育专业教学的基本标准，学校应结合区域／行业实际和自身办学定位，依据本标准制订本校小学英语教育专业人才培养方案，鼓励高于本标准办出特色。

2. 专业名称（专业代码）

　　小学英语教育（570106K）

3. 入学基本要求

中等职业学校毕业、普通高级中学毕业或具备同等学力

4. 基本修业年限

三年

5. 职业面向

所属专业大类（代码）	教育与体育大类（57）
所属专业类（代码）	教育类（5701）
对应行业（代码）	教育（83）
主要职业类别（代码）	小学教师（2-08-02-04）
主要岗位（群）或技术领域	小学英语教师……
职业类证书	全国大学英语四级考试、教师资格……

6. 培养目标

本专业培养能够践行社会主义核心价值观，传承技能文明，德智体美劳全面发展，具有一定的科学文化水平，良好的人文素养、科学素养、数字素养、职业道德、创新意识，爱岗敬业的职业精神和精益求精的工匠精神，较强的就业创业能力和可持续发展等能力，掌握本专业知识和技术技能，具备职业综合素质和行动能力，面向初等教育行业的小学英语教师岗位（群），能够从事小学英语教师工作的高技能人才。

7. 培养规格

本专业学生应在系统学习本专业知识并完成有关实习实训基础上，全面提升知识、能力、素质，掌握并实际运用小学英语教师需要的专业核心技术技能，实现德智体美劳全面发展，总体上须达到以下要求：

（1）坚定拥护中国共产党领导和中国特色社会主义制度，以习近平新时代中国特色社会主义思想为指导，践行社会主义核心价值观，具有坚定的理想信念、深厚的爱国情感和中华民族自豪感；

（2）掌握与本专业对应职业活动相关的国家法律、行业规定，掌握环境保护、质量管理等相关知识与技能，了解相关行业文化，具有爱岗敬业的职业精神，遵守职业道德准则和行为规范，具备社会责任感和担当精神；

（3）掌握支撑小学英语教育专业学习和可持续发展必备的语文、数学、外语（英语等）、信息技术等文化基础知识，具有良好的人文素养与科学素养，具备职业生涯规划能力；

（4）具有良好的语言表达能力、文字表达能力、沟通合作能力，具有较强的集体意识和团队合作意识；

（5）掌握英语语言专业基础理论知识，具有良好的英语听、说、读、写、译综合应用能力，尤其是英语听说能力；

（6）具有英语课程教学设计、实施、评价、反思能力，能进行教学研究；

（7）掌握教育学、心理学的基本原理和方法，掌握小学生的认知规律，掌握保护和促进小学生身心健康发展的策略与方法；

（8）掌握小学德育的目标、原理与方法，具备班级建设与管理的能力；

（9）掌握信息技术基础知识，具有适应本行业数字化和智能化发展需要的数字技能；

（10）具有探究学习、终身学习和可持续发展的能力，具有整合知识和综合运用知识分析问题和解决问题的能力；

（11）掌握身体运动的基本知识和至少1项体育运动技能，达到国家大学生体质健康测试合格标准，养成良好的运动习惯、卫生习惯和行为习惯；具备一定的心理调适能力；

（12）掌握必备的美育知识，具有一定的文化修养、审美能力，形成至少1项艺术特长或爱好；

（13）树立正确的劳动观，尊重劳动，热爱劳动，具备与本专业职业发展相适应的劳动素养，弘扬劳模精神、劳动精神、工匠精神，弘扬劳动光荣、技能宝贵、创造伟大的时代风尚。

8. 课程设置及学时安排

8.1 课程设置

主要包括公共基础课程和专业课程。

8.1.1 公共基础课程

按照国家有关规定开齐开足公共基础课程。

应将思想政治理论、体育、军事理论与军训、心理健康教育、劳动教育等列为公共基础必修课程。将马克思主义理论类课程、党史国史、中华优秀传统文化、语文、数学、物理、化学、外语、国家安全教育、信息技术、艺术、职业发展与就业指导、创新创业教育、职业素养等列为必修课程或限定选修课程。

学校根据实际情况可开设具有地方特色的校本课程。

8.1.2 专业课程

一般包括专业基础课程、专业核心课程和专业拓展课程。专业基础课程是需要前置学习的基础性理论知识和技能构成的课程，是为专业核心课程提供理论和技能支撑的基础课程；专业核心课程是根据岗位工作内容、典型工作任务设置的课程，是培养核心职业能力的主干课程；专业拓展课程是根据学生发展需求横向拓展和纵向深化的课程，是提升综合职业能力的延展课程。

学校应结合区域/行业实际、办学定位和人才培养需要自主确定课程，进行模块化课程设计，依托体现新方法、新技术、新工艺、新标准的真实生产项目和典型工作任务等，开展项目式、情境式教学，结合人工智能等技术实施课程教学的数字化转型。有条件的专业，可结合教学实际，探索创新课程体系。

（1）专业基础课程

主要包括：综合英语、英语听力、英语口语、英语阅读、英语写作、英语视听说、书法、普通话等领域的内容。

（2）专业核心课程

主要包括：英语语音、英语朗读与演讲、英语教学口语、小学英语教学法、英语绘本教学、教育心理理论与应用、教育学理论与应用、班级管理等领域的内容，具体课程由学校根据实际情况，按国家有关要求自主设置。

专业核心课程主要教学内容与要求

序号	课程涉及的主要领域	典型工作任务描述	主要教学内容与要求
1	英语语音	① 掌握英语语音知识。② 承担英语语音教学。③ 指导学生学习英语语音。④ 开展英语语音教育教学研究。	① 48个音素的正确发音、单词重音、句子重音、强读、弱读、不完全爆破、连读、节奏、停顿等语音知识，线上线下语音实践操练。② 具有使用信息技术自主提升个人语音水平的能力，能形成正确的语音语感，会应用自然、标准的语音、语调进行英语口头表达。
2	英语朗读与演讲	① 掌握英语朗读与演讲知识与技巧。② 承担英语朗读与演讲活动指导。	① 英语朗读与演讲基本知识、技巧，经典演讲材料诵读，英语语言魅力感知。

续表

序号	课程涉及的主要领域	典型工作任务描述	主要教学内容与要求
		③ 使用标准、流畅的英语授课。 ④ 开展英语朗读与演讲教育教学研究。	② 具有提升英语语感和英语语音语调水平的能力,能用英语清晰准确地表达自己观点,会使用标准、流畅的英语进行朗读与演讲。
3	英语教学口语	① 掌握英语教学课堂用语。 ② 规范使用英语教学口语组织实施课堂教学。 ③ 使用标准、流畅的英语授课。 ④ 开展英语教学口语教育教学研究。	① 小学英语教学常用的课堂用语,线上线下教学课堂用语实践运用。 ② 具有熟练应用英语组织课堂教学的能力,能结合信息技术熟练运用各类英语教学口语表达,有效进行英语课堂沟通及教学。
4	小学英语教学法	① 掌握小学英语课程标准和教学知识。 ② 合理利用教学资源,科学编写教学方案,组织与实施课堂教学并进行激励与评价。 ③ 进行教学反思,开展相关教育教学研究。	① 小学英语课程标准、小学英语教材分析、小学英语教学方法等,线上线下教学基本知识、技能实践运用。 ② 具有独立编写实际可行的教案并充分应用信息技术进行教学的能力,能说课、评课,会进行初步的英语教学研究。
5	英语绘本教学	① 掌握英语绘本鉴赏及创编相关知识。 ② 承担英语绘本课程教学。 ③ 指导学生鉴赏、创编绘本。 ④ 开展相关评价及教育教学研究。	① 英语绘本及相关的儿童英语文学作品、英语绘本选择的基本原则、教学的基本方法和创编的基本技巧,线上线下绘本教学方法实践运用。 ② 具有英语绘本鉴赏、选择的能力,能创编英语绘本并应用于小学英语教学活动。

续表

序号	课程涉及的主要领域	典型工作任务描述	主要教学内容与要求
6	教育心理理论与应用	① 掌握不同年龄学生的认知规律和教育心理学的基本原理和方法。② 应用教育心理学理论设计并实施课堂教学。③ 鉴别小学生行为和思想动向，进行科学引导和有效矫正。④ 对学生进行心理健康和思想品德教育。⑤ 开展教育心理学相关主题教育教学研究。	① 教育心理学的基础理论知识，小学生学习的内在心理过程与特点，影响小学生学习的内、外部因素。② 具有应用教育心理学理论分析学校教育教学中现实问题的能力，能根据教育心理学理论和信息技术指导教学实践。
7	教育学理论与应用	① 掌握教育学基本理论。② 运用教育学规律分析、解决教育教学实践中的问题。③ 对学生进行心理健康和思想品德教育。④ 开展教育学相关主题教育教学研究。	① 教育发展的历史、教育的功能、教育学的基本概念、教育教学工作的基本原则和方法技能。② 具有运用教育规律，借助信息技术分析、解决实践中出现的各种教育问题的能力。
8	班级管理	① 掌握班级管理工作的知识与技巧。② 运用班级管理相关知识开展各类班级活动。③ 妥善处理班级突发事件。④ 针对各类学生开展教育。	① 家校沟通的方式、班级管理工作的基础理论知识和常用技能技巧。② 具有班级管理和家校沟通的能力，能应用理论科学管理班级各项工作、建立有序的课堂，能初步运用信息技术辅助开展班级指导活动，能与学生、学生家长顺畅沟通。

（3）专业拓展课程

主要包括：教育政策法规、小学教育科研方法、第二外语、英语测试、英语国家概况、跨文化交际、教育信息技术应用、简笔画与教具制作、儿童英语歌曲视唱与表演、儿童舞蹈创作与编排、生理学、家庭教育指导等领域的内容。

8.1.3 实践性教学环节

实践性教学应贯穿于人才培养全过程。实践性教学主要包括实验、实习实训、毕业设计、社会实践活动等形式，公共基础课程和专业课程等都要加强实践性教学。

（1）实训

在校内外进行教师教育教学基本技能、英语听、说、读、写、译各类语言应用综合训练，以及模拟职场环境等实训，包括单项技能实训、综合能力实训、生产性实训等。

（2）实习

在小学英语领域的小学等单位进行英语教育教学岗位等实习，包括认识实习和岗位实习。学校应建立稳定、够用的实习基地，选派专门的实习指导教师和人员，组织开展专业对口实习，加强对学生实习的指导、管理和考核。

实习实训既是实践性教学，也是专业课教学的重要内容，应注重理论与实践一体化教学，主动适应前沿技术。学校可根据技能人才培养规律，结合企业生产周期，优化学期安排，灵活开展实践性教学。应严格执行《职业学校学生实习管理规定》和相关专业岗位实习标准要求。

8.1.4 相关要求

学校应充分发挥思政课程和各类课程的育人功能。发挥思政课程政治引领和价值引领作用，在思政课程中有机融入党史、新中国史、改革开放史、社会主义发展史等相关内容；结合实际落实课程思政，推进全员、全过程、全方位育人，实现思想政治教育与技术技能培养的有机统一。应开设安全教育（含典型案例事故分析）、社会责任、绿色环保、新一代信息技术、数字经济、现代管理、创新创业教育等方面的拓展课程或专题讲座（活动），并将有关内容融入课程教学中；自主开设其他特色课程；组织开展德育活动、志愿服务活动和其他实践活动。

8.2 学时安排

总学时一般为 2600 学时，每 16~18 学时折算 1 学分，其中，公共基础课总学时一般不少于总学时的 25%。实践性教学学时原则上不少于总学时的 50%，其中，实习时间累计一般为 6 个月，可根据实际情况集中或分阶段安排实习时间。各类选修课程的学时累计不少于总学时的 10%。军训、社会实践、入学教育、毕业教育等活动按 1 周为 1 学分。

9. 师资队伍

按照"四有好老师""四个相统一""四个引路人"的要求建设专业教师队伍，将师德师风作为教师队伍建设的第一标准。

9.1 队伍结构

学生数与本专业专任教师数比例不高于 25∶1，"双师型"教师占专业课教师数比例一般不低于 60%，高级职称专任教师的比例不低于 20%，专任教师队伍要考虑职称、年龄、工作经验，形成合理的梯队结构。

能够整合校内外优质人才资源，选聘企业高级技术人员担任行业导师，组建校企合作、专兼结合的教师团队，建立定期开展专业教研机制。

9.2 专业带头人

原则上应具有本专业及相关专业副高及以上职称和较强的实践能力，能够较好地把握国内外初等教育行业、专业发展，能广泛联系行业企业，了解教育行业企业对本专业人才的需求实际，主持专业建设、开展教育教学改革、教科研工作和社会服务能力强，在本专业改革发展中起引领作用。

9.3 专任教师

具有高校教师资格；原则上具有英语相关专业本科及以上学历；具有一定年限的相应工作经历或者实践经验，达到相应的技术技能水平；具有本专业理论和实践能力；能够落实课程思政要求，挖掘专业课程中的思政教育元素和资源；能够运用信息技术开展混合式教学等教法改革；能够跟踪新经济、新技术发展前沿，开展技术研发与社会服务；专业教师每年至少1个月在小学实践，每5年累计不少于6个月的小学实践经历。

9.4 兼职教师

主要从本专业相关行业企业的高技能人才中聘任，应具有扎实的专业知识和丰富的实际工作经验，一般应具有中级及以上专业技术职务（职称）或高级工及以上职业技能等级，了解教育教学规律，能承担专业课程教学、实习实训指导和学生职业发展规划指导等教学任务。根据需要聘请技能大师、劳动模范、能工巧匠等高技能人才，根据国家有关要求制定针对兼职教师聘任与管理的具体实施办法。

10. 教学条件

10.1 教学设施

主要包括能够满足正常的课程教学、实习实训所需的专业教室、实验室、实训室和实习实训基地。

10.1.1 专业教室基本要求

具备利用信息化手段开展混合式教学的条件。一般配备黑（白）板、多媒体计算机、投影设备、音响设备，具有互联网接入或无线网络环境及网络安全防护措施。安装应急照明装置并保持良好状态，符合紧急疏散要求，安防标志明显，保持逃生通道畅通无阻。

10.1.2 校内外实验、实训场所基本要求

实验、实训场所面积、设备设施、安全、环境、管理等符合教育部有

关标准（规定、办法），实验、实训环境与设备设施对接真实职业场景或工作情境，实训项目注重工学结合、理实一体化，实验、实训指导教师配备合理，实验、实训管理及实施规章制度齐全，确保能够顺利开展小学英语教学等实验、实训活动。鼓励在实训中运用大数据、云计算、人工智能、虚拟仿真等前沿信息技术。

（1）英语语言综合实训室

配备中英双语专业教学资源库、服务器、专业双语实训软件、教学主控台及配套软件、投影仪或多媒体一体机等设备设施，用于英语语音、英语听力、英语口语、英语阅读、英语写作等实训教学。

（2）微格实训室

配备教师主控台（投影、卡座、实物展台、服务器）、白板、桌椅、电脑、互联网接入或 Wi-Fi 环境、录播设备或智能实训设施设备、虚拟仿真软件以及相应的数字化资源等设备设施，用于英语教学口语及课堂教学技能等实训教学。

（3）书法实训室

配备教师主控台（投影、音响、服务器）、白板、黑板、书法练习专用桌椅、计算机、互联网接入或 Wi-Fi 环境、书法实践系统设备及相应的数字化资源、粉笔字练习所需的黑板或电子板等设备设施，用于书法教学技能等实训教学。

（4）艺术教育实训室

各校根据本专业的具体实训需要，参考配备教师主控台（投影、卡座、实物展台、服务器）、白板、钢琴、教学用音响系统、把杆、落地镜、课桌椅等设备设施，用于舞蹈、音乐、简笔画和教具制作等教学技能等实训教学。

可结合实际建设综合性实训场所。

10.1.3 实习场所基本要求

符合《职业学校学生实习管理规定》《职业学校校企合作促进办法》等对实习单位的有关要求，经实地考察后，确定合法经营、管理规范，实习条件完备且符合产业发展实际、符合安全生产法律法规要求，与学校建立稳定合作关系的单位成为实习基地，并签署学校、学生、实习单位三方协议。

根据本专业人才培养的需要和未来就业需求，实习基地应能提供小学英语教师等与专业对口的相关实习岗位，能涵盖当前相关产业发展的主流理念和方法，可接纳一定规模的学生实习；学校和实习单位双方共同制订实习计划，能够配备相应数量的指导教师对学生实习进行指导和管理，实习单位安排有经验的技术或管理人员担任实习指导教师，开展专业教学和职业技能训练，完成实习质量评价，做好学生实习服务和管理工作，有保证实习学生日常工作、学习、生活的规章制度，有安全、保险保障，依法依规保障学生的基本权益。

10.2 教学资源

主要包括能够满足学生专业学习、教师专业教学研究和教学实施需要的教材、图书及数字化资源等。

10.2.1 教材选用基本要求

按照国家规定，经过规范程序选用教材，优先选用国家规划教材和国家优秀教材。专业课程教材应体现本行业新技术、新规范、新标准、新形态，并通过数字教材、活页式教材等多种方式进行动态更新。

10.2.2 图书文献配备基本要求

图书文献配备能满足人才培养、专业建设、教科研等工作的需要。专业类图书文献主要包括：英语、教学法、教育学、心理学、管理与沟通、英语绘本、小学英语教材、教育信息技术、教育相关法律法规、创新创业和中西文化类图书文献等。及时配置新经济、新技术、新工艺、新材料、新管理方式、新服务方式等相关的图书文献。

10.2.3 数字教学资源配置基本要求

建设、配备与小学数学教育专业有关的音视频素材、教学课件、数字化教学案例库、虚拟仿真软件等专业教学资源库，种类丰富、形式多样、使用便捷、动态更新、满足教学。

11. 质量保障和毕业要求

11.1 质量保障

（1）学校和二级院系应建立专业人才培养质量保障机制，健全专业教学质量监控管理制度，改进结果评价，强化过程评价，探索增值评价，吸纳行业组织、企业等参与评价，并及时公开相关信息，接受教育督导和社会监督，健全综合评价。完善人才培养方案、课程标准、课堂评价、实验教学、实习实训、毕业设计以及资源建设等质量保障建设，通过教学实施、过程监控、质量评价和持续改进，达到人才培养规格要求。

（2）学校和二级院系应完善教学管理机制，加强日常教学组织运行与管理，定期开展课程建设、日常教学、人才培养质量的诊断与改进，建立健全巡课、听课、评教、评学等制度，建立与企业联动的实践教学环节督导制度，严明教学纪律，强化教学组织功能，定期开展公开课、示范课等教研活动。

（3）专业教研组织应建立线上线下相结合的集中备课制度，定期召开教学研讨会议，利用评价分析结果有效改进专业教学，持续提高人才培养质量。

（4）学校应建立毕业生跟踪反馈机制及社会评价机制，并对生源情况、职业道德、技术技能水平、就业质量等进行分析，定期评价人才培养质量和培养目标达成情况。

11.2 毕业要求

根据专业人才培养方案确定的目标和培养规格，完成规定的实习实训，全部课程考核合格或修满学分，准予毕业。

学校可结合办学实际，细化、明确学生课程修习、学业成绩、实践经历、职业素养、综合素质等方面的学习要求和考核要求等。要严把毕业出口关，确保学生毕业时完成规定的学时学分和各教学环节，保证毕业要求的达成度。

接受职业培训取得的职业技能等级证书、培训证书等学习成果，经职业学校认定，可以转化为相应的学历教育学分；达到相应职业学校学业要求的，可以取得相应的学业证书。

>>> **第五章**
# 应用韩语专业教学标准
# （高等职业教育专科）

1. 概述

为适应科技发展、技术进步对行业生产、建设、管理、服务等领域带来的新变化，顺应商务服务业、批发业和零售业优化升级需要，对接商务服务业、批发业和零售业数字化、网络化、智能化发展新趋势，对接新产业、新业态、新模式下国际贸易、跨境电商、商务翻译、涉外旅游等岗位（群）的新要求，不断满足国际商贸领域高质量发展对高素质技能人才的需求，推动职业教育专业升级和数字化改造，提高人才培养质量，遵循推进现代职业教育高质量发展的总体要求，参照国家相关标准编制要求，制订本标准。

专业教学直接决定高素质技能人才培养的质量，专业教学标准是开展专业教学的基本依据。本标准是全国高等职业教育专科应用韩语专业教学的基本标准，学校应结合区域/行业实际和自身办学定位，依据本标准制订本校应用韩语专业人才培养方案，鼓励高于本标准办出特色。

2. 专业名称（专业代码）

应用韩语（570204）

3. 入学基本要求

中等职业学校毕业、普通高级中学毕业或具备同等学力

4. 基本修业年限

三年

5. 职业面向

所属专业大类（代码）	教育与体育大类（57）
所属专业类（代码）	语言类（5702）
对应行业（代码）	商务服务业（72）、批发业（51）、零售业（52）
主要职业类别（代码）	商务专业人员（2-06-07）、翻译人员（2-10-05）、电子商务服务人员（4-01-06）
主要岗位（群）或技术领域	国际贸易、跨境电商、商务翻译、涉外旅游……
职业类证书	暂无

6. 培养目标

本专业培养能够践行社会主义核心价值观，传承技能文明，德智体美劳全面发展，具有一定的科学文化水平，良好的人文素养、科学素养、数字素养、职业道德、创新意识，爱岗敬业的职业精神和精益求精的工匠精神，较强的就业创业能力和可持续发展的能力，掌握本专业知识和技术技能，具备职业综合素质和行动能力，面向商务服务业、批发业和零售业等行业的商务专业人员、翻译人员、电子商务服务人员等职业，能够从事韩语相关的国际贸易、跨境电商、商务翻译、涉外旅游等工作的高技能人才。

7. 培养规格

本专业学生应在系统学习本专业知识并完成有关实习实训基础上，全面提升知识、能力、素质，掌握并实际运用岗位（群）需要的专业核心技术技能，实现德智体美劳全面发展，总体上须达到以下要求：

（1）坚定拥护中国共产党领导和中国特色社会主义制度，以习近平新时代中国特色社会主义思想为指导，践行社会主义核心价值观，具有坚定的理想信念、深厚的爱国情感和中华民族自豪感；

（2）掌握与本专业对应职业活动相关的国家法律、行业规定，掌握绿色生产、环境保护、安全防护、质量管理等相关知识与技能，了解相关行业文化，具有爱岗敬业的职业精神，遵守职业道德准则和行为规范，具备社会责任感和担当精神；

（3）掌握支撑本专业学习和可持续发展必备的语文、外语（英语等）、信息技术等文化基础知识，具有良好的人文素养与科学素养，具备职业生涯规划能力；

（4）具有良好的语言表达能力、文字表达能力、沟通合作能力，具有较强的集体意识和团队合作意识，具有一定的国际视野，能够正确理解多元文化和人类命运共同体内涵；

（5）掌握较为扎实的韩语语言基础知识，具备听、说、读、写基本技能，能够进行韩语会话和应用文写作；

（6）掌握基本的翻译技巧和翻译方法，熟悉翻译软件，具备开展口头或书面的应用翻译能力；

（7）具有家国情怀，掌握沟通技巧与跨文化知识，具备运用韩语从事涉外活动的组织、协调及管理能力；

（8）熟悉对象国市场，懂得国际规则，掌握进出口业务和跨境营销基本理论与实践技能，具备运用韩语基于互联网平台进行运营与推广的能力；

（9）熟悉旅游服务实务基础知识，具备运用韩语开展出入境旅游业务的基本技能；

（10）掌握信息技术基础知识，具有适应本行业数字化和智能化发展需求的数字技能；

（11）具有探究学习、终身学习和可持续发展的能力，具有整合知识和综合运用知识分析问题和解决问题的能力；

（12）掌握身体运动的基本知识和至少1项体育运动技能，达到国家大学生体质健康测试合格标准，养成良好的运动习惯、卫生习惯和行为习惯；具备一定的心理调适能力；

（13）掌握必备的美育知识，具有一定的文化修养、审美能力，形成至少1项艺术特长或爱好；

（14）树立正确的劳动观，尊重劳动，热爱劳动，具备与本专业职业发展相适应的劳动素养，弘扬劳模精神、劳动精神、工匠精神，弘扬劳动光荣、技能宝贵、创造伟大的时代风尚。

8. 课程设置及学时安排

8.1 课程设置

主要包括公共基础课程和专业课程。

8.1.1 公共基础课程

按照国家有关规定开齐开足公共基础课程。

应将思想政治理论、体育、军事理论与军训、心理健康教育、劳动教育等列为公共基础必修课程。将马克思主义理论类课程、党史国史、中华优秀传统文化、语文、国家安全教育、信息技术、艺术、职业发展与就业指导、创新创业教育、职业素养等列为必修课程或限定选修课程。

学校根据实际情况可开设具有地方特色的校本课程。

8.1.2 专业课程

一般包括专业基础课程、专业核心课程和专业拓展课程。专业基础课程是需要前置学习的基础性理论知识和技能构成的课程，是为专业核心课程提供理论和技能支撑的基础课程；专业核心课程是根据岗位工作内容、典型工作任务设置的课程，是培养核心职业能力的主干课程；专业拓展课程是根据学生发展需求横向拓展和纵向深化的课程，是提升综合职业能力的延展课程。

学校应结合区域／行业实际、办学定位和人才培养需要自主确定课程，进行模块化课程设计，依托体现新方法、新技术、新工艺、新标准的真实生产项目和典型工作任务等，开展项目式、情境式教学，结合人工智能等技术实施课程教学的数字化转型。有条件的专业，可结合教学实际，探索创新课程体系。

（1）专业基础课程

主要包括：综合韩语、韩语听力、韩语口语、韩语阅读、韩语基础写作、韩国社会与文化、国际贸易基础、涉外礼仪等领域的内容。

（2）专业核心课程

主要包括：韩语视听说、韩语职场口语、韩语商务阅读、韩语应用文写作、韩汉翻译实务、商务韩语、跨境电商平台运营、旅游韩语等领域的内容，具体课程由学校根据实际情况，按国家有关要求自主设置。

专业核心课程主要教学内容与要求

序号	课程涉及的主要领域	典型工作任务描述	主要教学内容与要求
1	韩语视听说	运用韩语语言、文化习俗、涉外礼仪等知识，与客户进行商务交际活动。	① 掌握韩语语言基础知识、不同场景下的沟通技巧和跨文化知识。 ② 熟悉中韩政治、经济、社会、科技、文化等不同类型的视听素材。 ③ 能够运用韩语进行业务沟通，正确表达熟悉题材的中韩政治、经济、社会、文化和生活等内容。

续表

序号	课程涉及的主要领域	典型工作任务描述	主要教学内容与要求
2	韩语职场口语	① 协助处理生产管理、品质管理等业务工作。 ② 协助处理日常客户接待、部门沟通、对外联络等行政事务。	① 掌握涉韩企业日常业务专业术语和惯用表达句式。 ② 熟悉涉韩企业求职招聘、员工培训、公司生活、市场调查、营销管理、客户管理、生产管理、品质管理以及财务结算等工作流程和工作内容。 ③ 具备恰当运用韩语进行业务交流的能力。
3	韩语商务阅读	① 协助处理邮件信函、往来公文、发展规划和广告媒体等日常事务文书。 ② 了解中韩经济新动态、贸易营销策略、产品销售、市场定位等。	① 掌握商务相关的基本知识、专业术语和表达方式。 ② 熟悉中韩新经济、新产业和新业态发展趋势。 ③ 熟悉贸易、营销、管理、网络平台、国际投资等不同类型的文章。 ④ 具备快速阅读理解商务素材的能力。
4	韩语应用文写作	协助处理日常的邮件信函、往来公文、工作计划和业务总结等事务文书。	① 掌握韩语应用文写作基础知识。 ② 熟悉一般性的应用文写作格式和惯用表达句式。 ③ 具备运用韩语规范处理业务的写作能力。
5	韩汉翻译实务	① 进行企业和产品介绍、客户陪同、出差随行等翻译。 ② 进行企业和产品介绍、计划总结、技术资料等翻译。	① 掌握韩汉笔译、口译基础理论知识与技巧。 ② 熟悉常用翻译软件。 ③ 了解翻译人员的商务礼仪和职业规范。 ④ 具备开展口头或书面的应用翻译能力。 ⑤ 能够围绕岗位日常工作内容准确、迅速地进行业务翻译。

续表

序号	课程涉及的主要领域	典型工作任务描述	主要教学内容与要求
6	商务韩语	进行客户开发、产品询价、洽谈业务、签订合同、交货结算等贸易流程。	① 掌握进出口贸易专业术语和惯用表达句式。 ② 熟悉对象国市场，懂得国际规则和进出口贸易流程。 ③ 具备运用韩语开展贸易洽谈、委托订购、交货结算、投诉赔偿等进出口业务的实践技能。
7	跨境电商平台运营	① 选定店铺销售产品并翻译上传产品信息。 ② 编写产品促销广告文案。 ③ 平台回复客户问题或电话沟通。	① 掌握跨境电子商务基础知识和营销基本理论。 ② 熟悉主流跨境电子商务平台与规则。 ③ 具备互联网平台运营与推广的基本技能。 ④ 具备适应本产业数字化发展需求的数字技能。 ⑤ 能够运用韩语开展现代商贸领域的数字化运营。
8	旅游韩语	① 随行介绍中国风土人情和景点知识。 ② 协助游客处理突发应急事件。	① 掌握旅游服务实务基础知识、业务术语和日常表达。 ② 掌握一定的沟通技巧与跨文化知识。 ③ 熟悉中国历史、传统文化等知识和区域景点概况。 ④ 具备运用韩语从事涉外活动组织、协调与管理的能力。 ⑤ 能够运用韩语开展出入境旅游业务和数字化运营。

（3）专业拓展课程

主要包括：中韩跨文化交际、中韩企业文化与管理、新媒体应用技术、机器翻译译后编校、商务英语、跨境电商韩语、跨境电商营销策划、现代文秘实务、旅游电子商务、酒店服务与管理等领域的内容。

8.1.3 实践性教学环节

实践性教学应贯穿于人才培养全过程。实践性教学主要包括实习实训、毕业设计、社会实践活动等形式，公共基础课程和专业课程等都要加强实践性教学。

（1）实训

在校内外进行韩语综合能力实训、国际贸易实操、跨境电商平台运营、涉外旅游虚拟仿真等实训，包括单项技能实训、综合能力实训、生产性实训等。

（2）实习

在应用韩语行业的韩资企业、涉外商贸、涉外服务类企业（机构、单位）进行实习，包括认识实习和岗位实习。学校应建立稳定、够用的实习基地，选派专门的实习指导教师和人员，组织开展专业对口实习，加强对学生实习的指导、管理和考核。

实习实训既是实践性教学，也是专业课教学的重要内容，应注重理论与实践一体化教学。学校可根据技能人才培养规律，结合企业生产周期，优化学期安排，灵活开展实践性教学。应严格执行《职业学校学生实习管理规定》和相关专业岗位实习标准要求。

8.1.4 相关要求

学校应充分发挥思政课程和各类课程的育人功能。发挥思政课程政治引领和价值引领作用，在思政课程中有机融入党史、新中国史、改革开放史、社会主义发展史等相关内容；结合实际落实课程思政，推进全员、全过程、全方位育人，实现思想政治教育与技术技能培养的有机统一。应开设安全教育（含典型案例事故分析）、社会责任、绿色环保、新一代信息技术、数字经济、现代管理、创新创业教育等方面的拓展课程或专题讲座（活动），并将有关内容融入课程教学中；自主开设其他特色课程；组织开展德育活动、志愿服务活动和其他实践活动。

8.2 学时安排

总学时一般为 2700 学时，每 16~18 学时折算 1 学分，其中，公共基础课总学时一般不少于总学时的 25%。实践性教学学时原则上不少于总学时的 50%，其中，实习时间累计一般为 6 个月，可根据实际情况集中或分阶段安排实习时间。各类选修课程的学时累计不少于总学时的 10%。军训、社会实践、入学教育、毕业教育等活动按 1 周为 1 学分。

9. 师资队伍

按照"四有好老师""四个相统一""四个引路人"的要求建设专业教师队伍，将师德师风作为教师队伍建设的第一标准。

9.1 队伍结构

学生数与本专业专任教师数比例不高于 25∶1，"双师型"教师占专业课教师数比例一般不低于 60%，高级职称专任教师的比例不低于 20%，专任教师队伍要考虑职称、年龄、工作经验，形成合理的梯队结构。

能够整合校内外优质人才资源，选聘企业高级技术人员担任行业导师，组建校企合作、专兼结合的教师团队，建立定期开展专业（学科）教研机制。

9.2 专业带头人

原则上应具有本专业及相关专业副高及以上职称和较强的实践能力，能够较好地把握国内外商务服务业、批发业和零售业等行业、专业发展，能广泛联系行业企业，了解行业企业对本专业人才的需求实际，主持专业建设、开展教育教学改革、教科研工作和社会服务能力强，在本专业改革发展中起引领作用。

9.3 专任教师

具有高校教师资格；原则上具有朝鲜语等相关专业本科及以上学历；

具有一定年限的相应工作经历或者实践经验，达到相应的技术技能水平；具有本专业理论和实践能力；能够落实课程思政要求，挖掘专业课程中的思政教育元素和资源；能够运用信息技术开展混合式教学等教法改革；能够跟踪新经济、新技术发展前沿，开展技术研发与社会服务；专业教师每年至少1个月在企业或生产性实训基地锻炼，每5年累计不少于6个月的企业实践经历。

9.4 兼职教师

主要从本专业相关行业企业的高技能人才中聘任，应具有扎实的专业知识和丰富的实际工作经验，一般应具有中级及以上专业技术职务（职称）或高级工及以上职业技能等级，了解教育教学规律，能承担专业课程教学、实习实训指导和学生职业发展规划指导等专业教学任务。根据需要聘请技能大师、劳动模范、能工巧匠等高技能人才，根据国家有关要求制定针对兼职教师聘任与管理的具体实施办法。

10. 教学条件

10.1 教学设施

主要包括能够满足正常的课程教学、实习实训所需的专业教室、实训室和实习实训基地。

10.1.1 专业教室基本要求

具备利用信息化手段开展混合式教学的条件。一般配备黑（白）板、多媒体计算机、投影设备、音响设备，具有互联网接入或无线网络环境及网络安全防护措施。安装应急照明装置并保持良好状态，符合紧急疏散要求，安防标志明显，保持逃生通道畅通无阻。

10.1.2 校内外实训场所基本要求

实训场所面积、设备设施、安全、环境、管理等符合教育部有关标准（规定、办法），实训环境与设备设施对接真实职业场景或工作情境，实训项目注重工学结合、理实一体化，实训指导教师配备合理，实训管理及实施规章制度齐全，确保能够顺利开展涉韩企业服务翻译、外贸业务操作、对韩跨境电商运营、涉外旅游接待等实训活动。鼓励在实训中运用大数据、云计算、人工智能、虚拟仿真等前沿信息技术。

（1）韩语语言综合实训室

配备多媒体教学一体设备，具有互联网接入或无线网络环境、中韩双语数字化教学资源、韩语翻译实训软件、韩语语音实训系统等，用于韩语综合能力等实训教学。

（2）国际商务综合实训室

配备电子白板、高配置计算机、云服务器、中韩文操作系统和韩文打字、韩文办公软件等，用于国际贸易实操、跨境电商平台运营等实训教学。

（3）旅游虚拟仿真实训室

配备电子白板、情景互动教学系统、非线性编辑系统、情景互动实训系统工作站、高清摄像机、投影系统、虚拟蓝箱和配套设施及软件、教室吸音环境装饰等设施，用于涉外旅游虚拟仿真等实训教学。

可结合实际建设综合性实训场所。

10.1.3 实习场所基本要求

符合《职业学校学生实习管理规定》《职业学校校企合作促进办法》等对实习单位的有关要求，经实地考察后，确定合法经营、管理规范，实习条件完备且符合产业发展实际、符合安全生产法律法规要求，与学校建立稳定合作关系的单位成为实习基地，并签署学校、学生、实习单位三方协议。

根据本专业人才培养的需要和未来就业需求，实习基地应能提供韩语相关的国际贸易、跨境电商、商务翻译、涉外旅游等与专业对口的相关实习岗位，能涵盖当前相关产业发展的主流技术，可接纳一定规模的学生实习；学校和实习单位双方共同制订实习计划，能够配备相应数量的指导教师对学生实习进行指导和管理，实习单位安排有经验的技术或管理人员担任实习指导教师，开展专业教学和职业技能训练，完成实习质量评价，做好学生实习服务和管理工作，有保证实习学生日常工作、学习、生活的规章制度，有安全、保险保障，依法依规保障学生的基本权益。

10.2 教学资源

主要包括能够满足学生专业学习、教师专业教学研究和教学实施需要的教材、图书及数字化资源等。

10.2.1 教材选用基本要求

按照国家规定，经过规范程序选用教材，优先选用国家规划教材和国家优秀教材。专业课程教材应体现本行业新技术、新规范、新标准、新形态，并通过数字教材、活页式教材等多种方式进行动态更新。

10.2.2 图书文献配备基本要求

图书文献配备能满足人才培养、专业建设、教科研等工作的需要。专业类图书文献主要包括：中韩文参考书和工具书，韩语语言学类、文学类、文化类、翻译理论与实践类图书，国际经济与贸易、跨境电商、商务管理、旅游管理以及与本专业相关的国内外法律法规、国际惯例、行业企业技术规范和案例等。及时配置新经济、新技术、新工艺、新材料、新管理方式、新服务方式等相关的图书文献。

10.2.3 数字教学资源配置基本要求

建设、配备与本专业有关的音视频素材，教学课件、数字化教学案例库、虚拟仿真软件等专业教学资源库，种类丰富、形式多样、使用便捷、动态更新、满足教学。

11. 质量保障和毕业要求

11.1 质量保障

（1）学校和二级院系应建立专业人才培养质量保障机制，健全专业教学质量监控管理制度，改进结果评价，强化过程评价，探索增值评价，吸纳行业组织、企业等参与评价，并及时公开相关信息，接受教育督导和社会监督，健全综合评价。完善人才培养方案、课程标准、课堂评价、实习实训、毕业设计以及资源建设等质量保障建设，通过教学实施、过程监控、质量评价和持续改进，达到人才培养规格要求。

（2）学校和二级院系应完善教学管理机制，加强日常教学组织运行与管理，定期开展课程建设、日常教学、人才培养质量的诊断与改进，建立健全巡课、听课、评教、评学等制度，建立与企业联动的实践教学环节督导制度，严明教学纪律，强化教学组织功能，定期开展公开课、示范课等教研活动。

（3）专业教研组织应建立线上线下相结合的集中备课制度，定期召开教学研讨会议，利用评价分析结果有效改进专业教学，持续提高人才培养质量。

（4）学校应建立毕业生跟踪反馈机制及社会评价机制，并对生源情况、职业道德、技术技能水平、就业质量等进行分析，定期评价人才培养质量和培养目标达成情况。

11.2 毕业要求

根据专业人才培养方案确定的目标和培养规格，完成规定的实习实训，全部课程考核合格或修满学分，准予毕业。

学校可结合办学实际，细化、明确学生课程修习、学业成绩、实践经历、职业素养、综合素质等方面的学习要求和考核要求等。要严把毕业出口关，确保学生毕业时完成规定的学时学分和各教学环节，保证毕业要求的达成度。

接受职业培训取得的职业技能等级证书、培训证书等学习成果，经职业学校认定，可以转化为相应的学历教育学分；达到相应职业学校学业要求的，可以取得相应的学业证书。

第六章
商务日语专业教学标准
（高等职业教育专科）

1. 概述

为适应科技发展、技术进步对行业生产、建设、管理、服务等领域带来的新变化，顺应商务服务业、批发业和零售业优化升级需要，对接商务服务业、批发业和零售业数字化、网络化、智能化发展新趋势，对接新产业、新业态、新模式下商务日语翻译、对日商务服务、对日贸易、对日跨境电子商务等岗位（群）的新要求，不断满足国际贸易、跨境电商等领域高质量发展对高素质技能人才的需求，推动职业教育专业升级和数字化改造，提高人才培养质量，遵循推进现代职业教育高质量发展的总体要求，参照国家相关标准编制要求，制订本标准。

专业教学直接决定高素质技能人才培养的质量，专业教学标准是开展专业教学的基本依据。本标准是全国高等职业教育专科商务日语专业教学的基本标准，学校应结合区域／行业实际和自身办学定位，依据本标准制订本校商务日语专业人才培养方案，鼓励高于本标准办出特色。

2. 专业名称（专业代码）

商务日语（570205）

3. 入学基本要求

中等职业学校毕业、普通高级中学毕业或具备同等学力

4. 基本修业年限

三年

5. 职业面向

所属专业大类（代码）	教育与体育大类（57）
所属专业类（代码）	语言类（5702）
对应行业（代码）	商务服务业（72）、批发业（51）、零售业（52）
主要职业类别（代码）	翻译人员（2-10-05）、商务专业人员（2-06-07）、销售人员（4-01-02）、电子商务服务人员（4-01-06）、商务咨询服务人员（4-07-02）
主要岗位（群）或技术领域	商务日语翻译、对日商务服务、对日贸易、对日跨境电子商务……
职业类证书	暂无

6. 培养目标

本专业培养能够践行社会主义核心价值观，传承技能文明，德智体美劳全面发展，具有一定的科学文化水平，良好的人文素养、科学素养、数字素养职业道德、创新意识，爱岗敬业的职业精神和精益求精的工匠精神，较强的就业创业能力和可持续发展的能力，掌握本专业知识和技术技能，具备职业综合素质和行动能力，面向商务服务业、批发业、零售业等行业

的翻译人员、商务专业人员、销售人员、电子商务服务人员、商务咨询服务人员等职业，能够从事商务日语翻译、对日进出口业务、对日跨境电子商务运营、涉日商务事务处理等工作的高技能人才。

7. 培养规格

本专业学生应在系统学习本专业知识并完成有关实习实训基础上，全面提升知识、能力、素质，掌握并实际运用岗位（群）需要的专业核心技术技能，实现德智体美劳全面发展，总体上须达到以下要求：

（1）坚定拥护中国共产党领导和中国特色社会主义制度，以习近平新时代中国特色社会主义思想为指导，践行社会主义核心价值观，具有坚定的理想信念、深厚的爱国情感和中华民族自豪感；

（2）掌握与本专业对应职业活动相关的国家法律、行业规定，掌握绿色生产、环境保护、安全防护、质量管理等相关知识与技能，了解相关行业文化，具有爱岗敬业的职业精神，遵守职业道德准则和行为规范，具备社会责任感和担当精神；

（3）掌握支撑本专业学习和可持续发展必备的语文、外语（英语等）、信息技术等文化基础知识，具有良好的人文素养与科学素养，具备职业生涯规划能力；

（4）具有良好的语言表达能力、文字表达能力、沟通合作能力，具有较强的集体意识和团队合作意识，具有一定的国际视野，能够正确理解多元文化和人类命运共同体内涵；

（5）掌握较为扎实的日语语言基础知识，具有良好的日语听、说、读、写基本技能，能够进行日常会话和应用文写作；

（6）掌握基本的翻译技巧和翻译方法，熟悉翻译软件，具备运用日语开展口头或书面形式的应用翻译能力；

（7）熟悉中日两国经济、社会、文化等相关知识，掌握沟通技巧与跨文化知识，具备良好的跨文化交际能力和较强地运用日语进行商务服务的业务能力；

（8）掌握本专业所必需的国际商务、国际贸易知识，具备对日进出口业务基本操作技能；

（9）掌握跨境电子商务基础知识，具备跨境电子商务的对日客服工作能力与基本的平台运营管理能力；

（10）掌握信息技术基础知识，具有适应本行业数字化和智能化发展需求的数字技能；

（11）具有探究学习、终身学习和可持续发展的能力，具有整合知识和综合运用知识分析问题和解决问题的能力；

（12）掌握身体运动的基本知识和至少 1 项体育运动技能，达到国家大学生体质健康测试合格标准，养成良好的运动习惯、卫生习惯和行为习惯；具备一定的心理调适能力；

（13）掌握必备的美育知识，具有一定的文化修养、审美能力，形成至少 1 项艺术特长或爱好；

（14）树立正确的劳动观，尊重劳动，热爱劳动，具备与本专业职业发展相适应的劳动素养，弘扬劳模精神、劳动精神、工匠精神，弘扬劳动光荣、技能宝贵、创造伟大的时代风尚。

8. 课程设置及学时安排

8.1 课程设置

主要包括公共基础课程和专业课程。

8.1.1 公共基础课程

按照国家有关规定开齐开足公共基础课程。

应将思想政治理论、体育、军事理论与军训、心理健康教育、劳动教育等列为公共基础必修课程。将马克思主义理论类课程、党史国史、中华优秀传统文化、语文、国家安全教育、信息技术、艺术、职业发展与就业指导、创新创业教育、健康教育、职业素养等列为必修课程或限定选修课程。

学校根据实际情况可开设具有地方特色的校本课程。

8.1.2 专业课程

一般包括专业基础课程、专业核心课程和专业拓展课程。专业基础课程是需要前置学习的基础性理论知识和技能构成的课程，是为专业核心课程提供理论和技能支撑的基础课程；专业核心课程是根据岗位工作内容、典型工作任务设置的课程，是培养核心职业能力的主干课程；专业拓展课程是根据学生发展需求横向拓展和纵向深化的课程，是提升综合职业能力的延展课程。

学校应结合区域/行业实际、办学定位和人才培养需要自主确定课程，进行模块化课程设计，依托体现新方法、新技术、新工艺、新标准的真实生产项目和典型工作任务等，开展项目式、情境式教学，结合人工智能等技术实施课程教学的数字化转型。有条件的专业，可结合教学实际，探索创新课程体系。

（1）专业基础课程

主要包括：综合日语、日语会话、日语听力、日语阅读、日语写作、日本概况、日本商务礼仪、日本企业文化等领域的内容。

（2）专业核心课程

主要包括：综合商务日语、商务日语会话、商务日语视听说、商务日语翻译、商务日语函电、国际贸易实务、外贸单证操作、跨境电商实务等领域的内容，具体课程由学校根据实际情况，按国家有关要求自主设置。

专业核心课程主要教学内容与要求

序号	课程涉及的主要领域	典型工作任务描述	主要教学内容与要求
1	综合商务日语	处理对日商务事务、对日贸易业务。	① 掌握商务日语基础词汇与惯用表达，商务常识、商业模式、公司介绍、品牌介绍、产品开发、产品展示、产品营销、业绩汇报、售后服务、商务接待、商务考察等知识。 ② 具有日语听、说、读、写、译综合应用能力。
2	商务日语会话	① 进行商务日语口译工作。 ② 参与商务谈判、做好会议记录。 ③ 做好与日方商务项目的沟通与相关事宜的处理工作。	① 掌握商务日语会话与惯用表达。 ② 掌握求职面试日语表达。 ③ 掌握常用问候、电话应答、汇报、会议等公司内部商务日语表达。 ④ 掌握咨询、委托、邀请、洽谈、拜访与接访等典型商务交际活动日语表达。 ⑤ 具有在商务活动中的日语口语表达能力。
3	商务日语视听说	① 对日商务洽谈。 ② 对日贸易业务处理。	① 掌握语言沟通技巧、体态展示技巧、自我表达技巧知识。 ② 掌握访问计划制订、预约访问、寒暄介绍、参观访问、业务洽谈、商务谈判等商务业务往来环节知识。 ③ 具有运用日语开展对日商务活动的能力。
4	商务日语翻译	利用翻译辅助工具等新技术进行对日商务活动中的口笔译翻译工作。	① 熟悉翻译服务规范，掌握词汇、句子、语篇等翻译基础知识与中日口笔译翻译方法与技巧。 ② 具有进行商务报告、商务合同和信函、产品介绍及宣传等商务活动的翻译能力。

续表

序号	课程涉及的主要领域	典型工作任务描述	主要教学内容与要求
			③ 能够利用翻译辅助工具等新技术进行日常商务活动中的日汉互译、商务沟通等。
5	商务日语函电	① 利用函电及信息化手段处理对日进出口业务。② 通过函电沟通解决对日商务事务。	① 掌握商务日语函电写作基础知识。② 能够撰写建交函、询盘函、发盘函、还盘函、受盘函、催证函、改证函、装船指示、装船通知、投保函、投诉函、索赔函、理赔函等外贸日语函电及其他商务领域的日语函电。③ 具有利用新媒体、新技术进行联络沟通的日文写作能力。
6	国际贸易实务	办理国际商品贸易业务以及仓储、运输、保险、出口退税等业务。	① 掌握国际贸易术语、交易磋商、买卖合同订立与履行、商品品名、品质、数量、包装、运输、保险、价格核算、结算方式、检验检疫、不可抗力、索赔与仲裁、出口退税等知识。② 具有进出口业务实际操作能力和对日贸易业务能力。
7	外贸单证操作	进行审证、制单、审单、交单与归档等业务活动。	① 掌握单证管理、进出口合同、信用证、租船订舱单证、商业发票、海运提单、装箱单、汇票、报关单、投保单、原产地证书、核销与退税单证等知识。② 具有在对日进出口业务流程中处理与缮制相关单证的能力。

续表

序号	课程涉及的主要领域	典型工作任务描述	主要教学内容与要求
8	跨境电商实务	① 解答处理日本客户问题。 ② 进行日本仓仓储管理。 ③ 运用电子商务平台操作相关知识和日语语言技能，达成交易、进行电子支付结算，并通过跨境电子商务物流及异地仓储送达商品。	① 熟悉主流跨境电子商务平台的选择与规则，掌握市场定位与选品、产品发布与上架规划、产品推广与优化、文案编辑与修改、客户问题解决、订单跟踪、物流与供应链管理、后台数据监控与分析等知识。 ② 具有跨境电子商务活动中的日语应用与跨境电子商务平台运营管理能力。

（3）专业拓展课程

主要包括：经贸日语、日文信息化处理、日本企业经营管理、商务谈判、国际服务外包、市场营销、国际商法、日本文学鉴赏等领域的内容。

8.1.3 实践性教学环节

实践性教学应贯穿于人才培养全过程。实践性教学主要包括实验、实习实训、毕业设计、社会实践活动等形式，公共基础课程和专业课程等都要加强实践性教学。

（1）实训

在校内外进行商务日语语言技能、对日商务服务、对日进出口业务、对日跨境电子商务运营与客服等实训，包括单项技能实训、综合能力实训、生产性实训等。

（2）实习

在商务日语领域的对日商务、对日贸易、对日跨境电子商务企业（机构、单位）进行实习，包括认识实习和岗位实习。学校应建立稳定、够用的实习基地，选派专门的实习指导教师和人员，组织开展专业对口实习，加强对学生实习的指导、管理和考核。

实习实训既是实践性教学，也是专业课教学的重要内容，应注重理论与实践一体化教学。学校可根据技能人才培养规律，结合企业生产周期，优化学期安排，灵活开展实践性教学。应严格执行《职业学校学生实习管理规定》和相关专业岗位实习标准要求。

8.1.4 相关要求

学校应充分发挥思政课程和各类课程的育人功能。发挥思政课程政治引领和价值引领作用，在思政课程中有机融入党史、新中国史、改革开放史、社会主义发展史等相关内容；结合实际落实课程思政，推进全员、全过程、全方位育人，实现思想政治教育与技术技能培养的有机统一。应开设安全教育（含典型案例事故分析）、社会责任、绿色环保、新一代信息技术、数字经济、现代管理、创新创业教育等方面的拓展课程或专题讲座（活动），并将有关内容融入课程教学中；自主开设其他特色课程；组织开展德育活动、志愿服务活动和其他实践活动。

8.2 学时安排

总学时一般为 2700 学时，每 16~18 学时折算 1 学分，其中，公共基础课总学时一般不少于总学时的 25%。实践性教学学时原则上不少于总学时的 50%，其中，实习时间累计一般为 6 个月，可根据实际情况集中或分阶段安排实习时间。各类选修课程的学时累计不少于总学时的 10%。军训、社会实践、入学教育、毕业教育等活动按 1 周为 1 学分。

9. 师资队伍

按照"四有好老师""四个相统一""四个引路人"的要求建设专业教师队伍，将师德师风作为教师队伍建设的第一标准。

9.1 队伍结构

学生数与本专业专任教师数比例不高于 25:1，"双师型"教师占专业课教师数比例一般不低于 60%，高级职称专任教师的比例不低于 20%，专任教师队伍要考虑职称、年龄、工作经验，形成合理的梯队结构。

能够整合校内外优质人才资源，选聘企业高级技术人员担任行业导师，组建校企合作、专兼结合的教师团队，建立定期开展专业（学科）教研机制。

9.2 专业带头人

原则上应具有本专业及相关专业副高及以上职称和较强的实践能力，能够较好地把握国内外商务服务业、批发业和零售业等行业、专业发展，能广泛联系行业企业，了解行业企业对本专业人才的需求实际，主持专业建设、开展教育教学改革、教科研工作和社会服务能力强，在本专业改革发展中起引领作用。

9.3 专任教师

具有高校教师资格；原则上具有日语或商务等相关专业本科及以上学历；具有一定年限的相应工作经历或者实践经验，达到相应的技术技能水平；具有本专业理论和实践能力；能够落实课程思政要求，挖掘专业课程中的思政教育元素和资源；能够运用信息技术开展混合式教学等教法改革；能够跟踪新经济、新技术发展前沿，开展技术研发与社会服务；专业教师每年至少 1 个月在企业或生产性实训基地锻炼，每 5 年累计不少于 6 个月的企业实践经历。

9.4 兼职教师

主要从本专业相关行业企业的高技能人才中聘任，应具有扎实的专业知识和丰富的实际工作经验，一般应具有中级及以上专业技术职务（职称）或高级工及以上职业技能等级，了解教育教学规律，能承担专业课程教学、实习实训指导和学生职业发展规划指导等专业教学任务。根据需要聘请技能大师、劳动模范、能工巧匠等高技能人才，根据国家有关要求制定针对兼职教师聘任与管理的具体实施办法。

10. 教学条件

10.1 教学设施

主要包括能够满足正常的课程教学、实习实训所需的专业教室、实训室和实习实训基地。

10.1.1 专业教室基本要求

具备利用信息化手段开展混合式教学的条件。一般配备黑（白）板、多媒体计算机、投影设备、音响设备，具有互联网接入或无线网络环境及网络安全防护措施。安装应急照明装置并保持良好状态，符合紧急疏散要求，安防标志明显，保持逃生通道畅通无阻。

10.1.2 校内外实训场所基本要求

实训场所面积、设备设施、安全、环境、管理等符合教育部有关标准（规定、办法），实训环境与设备设施对接真实职业场景或工作情境，实训项目注重工学结合、理实一体化，实训指导教师配备合理，实训管理及实施规章制度齐全，确保能够顺利开展商务日语翻译、对日进出口业务、对日跨境电子商务运营、涉日商务事务处理等实训活动。鼓励在实训中运用大数据、云计算、人工智能、虚拟仿真等前沿信息技术。

（1）日语语言综合实训室

配备多媒体教学一体设备，中日双语数字化教学资源、日语语言实训系统等，用于商务日语翻译、商务日语函电、商务日语视听说等实训教学。

（2）国际商务综合实训室

配备服务器、电脑，与进出口业务、跨境电子商务、国际商务管理等业务相关的模拟软件或真实项目操作平台，用于国际贸易实务、外贸单证操作、跨境电商实务等实训教学。

（3）日本文化体验室

配备多媒体教学一体设备，日式榻榻米、矮桌、坐垫、壁龛、挂画、茶具、插花、人偶、和服等，用于日本概况、日本商务礼仪、日本企业文化等实训教学。

10.1.3 实习场所基本要求

符合《职业学校学生实习管理规定》《职业学校校企合作促进办法》等对实习单位的有关要求，经实地考察后，确定合法经营、管理规范，实习条件完备且符合产业发展实际、符合安全生产法律法规要求，与学校建立稳定合作关系的单位成为实习基地，并签署学校、学生、实习单位三方协议。

根据本专业人才培养的需要和未来就业需求，实习基地应能提供商务日语翻译、对日商务服务、对日贸易、对日跨境电子商务等与专业对口的相关实习岗位，能涵盖当前相关产业发展的主流技术，可接纳一定规模的学生实习；学校和实习单位双方共同制订实习计划，能够配备相应数量的指导教师对学生实习进行指导和管理，实习单位安排有经验的技术或管理人员担任实习指导教师，开展专业教学和职业技能训练，完成实习质量评价，做好学生实习服务和管理工作，有保证实习学生日常工作、学习、生活的规章制度，有安全、保险保障，依法依规保障学生的基本权益。

可结合实际建设综合性实训场所。

10.2 教学资源

主要包括能够满足学生专业学习、教师专业教学研究和教学实施需要的教材、图书及数字化资源等。

10.2.1 教材选用基本要求

按照国家规定，经过规范程序选用教材，优先选用国家规划教材和国家优秀教材。专业课程教材应体现本行业新技术、新规范、新标准、新形态，并通过数字教材、活页式教材等多种方式进行动态更新。

10.2.2 图书文献配备基本要求

图书文献配备能满足人才培养、专业建设、教科研等工作的需要。专业类图书文献主要包括：日语语言文学、商务日语、国际经济与贸易、跨境电子商务、商务管理、市场营销、中日文化等方面的图书和期刊；与本专业相关的国内外法律法规、国际惯例、行业企业技术规范和案例等。及时配置新经济、新技术、新工艺、新材料、新管理方式、新服务方式等相关的图书文献。

10.2.3 数字教学资源配置基本要求

建设、配备与本专业有关的音视频素材、教学课件、数字化教学案例库、虚拟仿真软件等专业教学资源库，种类丰富、形式多样、使用便捷、动态更新、满足教学。

11. 质量保障和毕业要求

11.1 质量保障

（1）学校和二级院系应建立专业人才培养质量保障机制，健全专业教学质量监控管理制度，改进结果评价，强化过程评价，探索增值评价，吸纳行业组织、企业等参与评价，并及时公开相关信息，接受教育督导和社会监督，健全综合评价。完善人才培养方案、课程标准、课堂评价、实习实训、毕业设计以及资源建设等质量保障建设，通过教学实施、过程监控、质量评价和持续改进，达到人才培养规格要求。

（2）学校和二级院系应完善教学管理机制，加强日常教学组织运行与管理，定期开展课程建设、日常教学、人才培养质量的诊断与改进，建立健全巡课、听课、评教、评学等制度，建立与企业联动的实践教学环节督导制度，严明教学纪律，强化教学组织功能，定期开展公开课、示范课等教研活动。

（3）专业教研组织应建立线上线下相结合的集中备课制度，定期召开教学研讨会议，利用评价分析结果有效改进专业教学，持续提高人才培养质量。

（4）学校应建立毕业生跟踪反馈机制及社会评价机制，并对生源情况、职业道德、技术技能水平、就业质量等进行分析，定期评价人才培养质量和培养目标达成情况。

11.2 毕业要求

根据专业人才培养方案确定的目标和培养规格，完成规定的实习实训，全部课程考核合格或修满学分，准予毕业。

学校可结合办学实际，细化、明确学生课程修习、学业成绩、实践经历、职业素养、综合素质等方面的学习要求和考核要求等。要严把毕业出口关，确保学生毕业时完成规定的学时学分和各教学环节，保证毕业要求的达成度。

接受职业培训取得的职业技能等级证书、培训证书等学习成果，经职业学校认定，可以转化为相应的学历教育学分；达到相应职业学校学业要求的，可以取得相应的学业证书。

>>> 第七章
应用日语专业教学标准
（高等职业教育专科）

1. 概述

　　为适应科技发展、技术进步对行业生产、建设、管理、服务等领域带来的新变化，顺应商务服务业、批发业与零售业优化升级需要，对接商务服务业、批发业与零售业数字化、网络化、智能化发展新趋势，对接新产业、新业态、新模式下日语翻译、涉日企业服务等岗位（群）的新要求，不断满足商务服务业、批发业与零售业高质量发展对高素质技能人才的需求，推动职业教育专业升级和数字化改造，提高人才培养质量，遵循推进现代职业教育高质量发展的总体要求，参照国家相关标准编制要求，制订本标准。

　　专业教学直接决定高素质技能人才培养的质量，专业教学标准是开展专业教学的基本依据。本标准是全国高等职业教育专科应用日语专业教学的基本标准，学校应结合区域/行业实际和自身办学定位，依据本标准制订本校应用日语专业人才培养方案，鼓励高于本标准办出特色。

2. 专业名称（专业代码）

　　应用日语（570206）

3. 入学基本要求

中等职业学校毕业、普通高级中学毕业或具备同等学力

4. 基本修业年限

三年

5. 职业面向

所属专业大类（代码）	教育与体育大类（57）
所属专业类（代码）	语言类（5702）
对应行业（代码）	商务服务业（72）、批发业（51）、零售业（52）
主要职业类别（代码）	翻译人员（2-10-05）、商务专业人员（2-06-07）、销售人员（4-01-02）、电子商务服务人员（4-01-06）、商务咨询服务人员（4-07-02）
主要岗位（群）或技术领域	日语翻译、涉日企业服务……
职业类证书	暂无

6. 培养目标

本专业培养能够践行社会主义核心价值观，传承技能文明，德智体美劳全面发展，具有一定的科学文化水平，良好的人文素养、科学素养、数字素养、职业道德、创新意识，爱岗敬业的职业精神和精益求精的工匠精神，较强的就业创业能力和可持续发展的能力，掌握本专业知识和技术技能，具备职业综合素质和行动能力，面向商务服务业、批发业与零售业等行业的翻译人员、商务专业人员、销售人员、电子商务服务人员、商务咨询服务人员等职业，能够从事日语翻译、涉日企业服务等工作的高技能人才。

7. 培养规格

本专业学生应在系统学习本专业知识并完成有关实习实训基础上，全面提升知识、能力、素质，掌握并实际运用岗位（群）需要的专业核心技术技能，实现德智体美劳全面发展，总体上须达到以下要求：

（1）坚定拥护中国共产党领导和中国特色社会主义制度，以习近平新时代中国特色社会主义思想为指导，践行社会主义核心价值观，具有坚定的理想信念、深厚的爱国情感和中华民族自豪感；

（2）掌握与本专业对应职业活动相关的国家法律、行业规定，掌握绿色生产、环境保护、安全防护、质量管理等相关知识与技能，了解相关行业文化，具有爱岗敬业的职业精神，遵守职业道德准则和行为规范，具备社会责任感和担当精神；

（3）掌握支撑本专业学习和可持续发展必备的语文、外语（英语等）、信息技术等文化基础知识，具有良好的人文素养与科学素养，具备职业生涯规划能力；

（4）具有良好的语言表达能力、文字表达能力、沟通合作能力，具有较强的集体意识和团队合作意识，具有一定的国际视野，能够正确理解多元文化和人类命运共同体内涵；

（5）掌握较为扎实的日语语言基础知识，具有良好的日语听、说、读、写基本技能，能够进行日常日语会话和应用文写作；

（6）掌握基本的翻译技巧和翻译方法，熟悉翻译软件，具备运用日语开展口头或书面形式的应用翻译能力；

（7）熟悉中日两国经济、社会、文化等相关知识，掌握沟通技巧、跨文化知识和涉外礼仪知识，具备良好的跨文化交际能力；

（8）熟悉涉日企业相关行业知识，具有较强的涉日企业服务能力；

（9）掌握日文信息化处理基础知识，具有良好的涉日企业文档管理及日文信息化处理能力；

（10）掌握信息技术基础知识，具有适应本行业数字化和智能化发展需求的数字技能；

（11）具有探究学习、终身学习和可持续发展的能力，具有整合知识和综合运用知识分析问题和解决问题的能力；

（12）掌握身体运动的基本知识和至少 1 项体育运动技能，达到国家大学生体质健康测试合格标准，养成良好的运动习惯、卫生习惯和行为习惯；具备一定的心理调适能力；

（13）掌握必备的美育知识，具有一定的文化修养、审美能力，形成至少 1 项艺术特长或爱好；

（14）树立正确的劳动观，尊重劳动，热爱劳动，具备与本专业职业发展相适应的劳动素养，弘扬劳模精神、劳动精神、工匠精神，弘扬劳动光荣、技能宝贵、创造伟大的时代风尚。

8. 课程设置及学时安排

8.1 课程设置

主要包括公共基础课程和专业课程。

8.1.1 公共基础课程

按照国家有关规定开齐开足公共基础课程。

应将思想政治理论、体育、军事理论与军训、心理健康教育、劳动教育等列为公共基础必修课程。将马克思主义理论类课程、党史国史、中华优秀传统文化、语文、国家安全教育、信息技术、艺术、职业发展与就业指导、创新创业教育、职业素养等列为必修课程或限定选修课程。

学校根据实际情况可开设具有地方特色的校本课程。

8.1.2 专业课程

一般包括专业基础课程、专业核心课程和专业拓展课程。专业基础课程是需要前置学习的基础性理论知识和技能构成的课程，是为专业核心课程提供理论和技能支撑的基础课程；专业核心课程是根据岗位工作内容、典型工作任务设置的课程，是培养核心职业能力的主干课程；专业拓展课程是根据学生发展需求横向拓展和纵向深化的课程，是提升综合职业能力的延展课程。

学校应结合区域/行业实际、办学定位和人才培养需要自主确定课程，进行模块化课程设计，依托体现新方法、新技术、新工艺、新标准的真实生产项目和典型工作任务等，开展项目式、情境式教学，结合人工智能等技术实施课程教学的数字化转型。有条件的专业，可结合教学实际，探索创新课程体系。

（1）专业基础课程

主要包括：综合日语、日语会话、日语听力、日语阅读、日语写作、日本概况、日本企业文化、涉外礼仪等领域的内容。

（2）专业核心课程

主要包括：实用日语、日语视听说、日语应用文写作、日语笔译、日语口译、中日跨文化交际、涉日企业服务实务、日文信息化处理等领域的内容，具体课程由学校根据实际情况，按国家有关要求自主设置。

专业核心课程主要教学内容与要求

序号	课程涉及的主要领域	典型工作任务描述	主要教学内容与要求
1	实用日语	运用中日双语知识与技能，以及行业方面的日语知识从事涉日企业服务等，包括：①涉日企业服务。②涉日商务活动。	①掌握涉日企业服务中常用的日语词汇与专业术语。②熟悉接洽订单、安排生产、产品包装、物流配送、结算等涉日企业服务流程。③掌握商情研究、客户调研、公司宣传、走访客户等涉日企业服务知识。④掌握经贸、科技等相关日文资料阅读与翻译能力。⑤具有涉日企业服务中日语综合应用能力。

序号	课程涉及的主要领域	典型工作任务描述	主要教学内容与要求
2	日语视听说	综合运用日语技能，以及行业方面的日语知识从事翻译、涉日企业服务等，包括： ① 职场翻译。 ② 涉日企业服务。 ③ 线上线下涉日客户咨询。 ④ 涉日商务活动。	① 掌握涉日企业服务中职场日语基本词汇与惯用表达。 ② 掌握访问计划制订、预约访问、寒暄介绍、企业访问与接待、业务洽谈、委托发包、支付结算等涉日服务工作流程。 ③ 具有涉日企业服务中口语表达与沟通能力。
3	日语应用文写作	综合运用中日双语知识与技能、行业方面的日语知识，以及中日商务活动规范撰写、处理涉日企业文案等，包括： ① 处理商业文书。 ② 组织、策划商业活动。 ③ 人力资源管理。	① 掌握日语应用文写作基础知识。 ② 掌握报告书、计划书、产品目录、意向书、协议书、委托书、调查表、进度表、联络函、催促函等涉日企业服务中各类应用文的撰写。 ③ 具有涉日企业服务中处理文案的能力。
4	日语笔译	综合运用日语技能，以及新技术等辅助工具进行涉日企业服务，包括： ① 职场翻译。 ② 涉日企业服务。	① 掌握笔译的概念、类别、标准等基础理论知识。 ② 掌握词性转换、熟语、外来语等词汇的翻译。 ③ 掌握被动句、使役句、否定句等句子的翻译。 ④ 掌握语段、段落与篇章的翻译。 ⑤ 掌握顺译与倒译、分译与合译、反译与变译、加译与减译等翻译技巧。 ⑥ 具有涉日企业服务中基本笔译能力。

续表

序号	课程涉及的主要领域	典型工作任务描述	主要教学内容与要求
5	日语口译	综合运用日语技能，以及新技术等翻译辅助工具从事涉日企业服务，包括职场口译等。	① 掌握口译的概念、作用、标准等基础理论知识。 ② 掌握听辨信息、信息记忆、口译笔记等基本能力。 ③ 掌握听译、视译、摹译、演译等方法。 ④ 掌握涉日商务活动中敬语、专业术语和格式化惯用语等日语语言特点。 ⑤ 具有涉日企业服务中基本口译能力。
6	中日跨文化交际	综合运用日语技能、跨文化交际和涉外礼仪等知识从事职场中日交际活动，包括： ① 运用日语组织策划商业活动。 ② 运用日语进行对外广告宣传。 ③ 运用日语从事商务服务。	① 掌握中日跨文化交际的基本理论。 ② 了解中日两国在思维习惯、语言与行为、饮食习惯、宗教信仰、艺术审美等方面的差异，以及商务活动中意识与行为的差异等。 ③ 了解中日文化差异，具有跨文化交流意识。 ④ 具有商务活动跨文化交际能力。
7	涉日企业服务实务	综合运用中日双语知识与技能，以及对日营销专业知识与技能，从事对日商务服务、涉日企业服务。	① 掌握涉日企业服务相关的专业知识，包括订单受理、合同签订、原材料采购、生产管理、文档管理、产品检测、产品包装、仓储管理、物流运输及保险、售后产品维护等操作流程与规范。 ② 具有运用日语从事涉日企业服务实际操作能力。

序号	课程涉及的主要领域	典型工作任务描述	主要教学内容与要求
8	日文信息化处理	① 运用日文环境下的办公软件，处理涉日企业办公事务，从事客户档案管理。② 利用新媒体、新技术为涉日企业客户提供咨询服务，从事涉日客户关系维护。	① 掌握日文计算机操作基础词汇。② 掌握日文环境下常用办公软件的应用。③ 掌握基于互联网平台提供涉日客户咨询服务的流程与规范。④ 具有涉日企业服务中文字处理、文档编辑、表格处理以及新媒体、信息化技术应用能力。

（3）专业拓展课程

主要包括：经贸日语、科技日语、日本社会与文化、日本文学鉴赏、日本企业经营管理、沟通与交流、文秘实务、文档管理、涉外经济法、人力资源与管理等领域的内容。

8.1.3 实践性教学环节

实践性教学应贯穿于人才培养全过程。实践性教学主要包括实验、实习实训、毕业设计、社会实践活动等形式，公共基础课程和专业课程等都要加强实践性教学。

（1）实训

在校内外进行日语语言技能、跨文化交际、仿真涉日服务等实训，包括单项技能实训、综合能力实训、生产性实训等。

（2）实习

在商务服务业、批发业与零售业等行业的涉日企业进行实习，包括认识实习和岗位实习。学校应建立稳定、够用的实习基地，选派专门的实习指导教师和人员，组织开展专业对口实习，加强对学生实习的指导、管理和考核。

实习实训既是实践性教学，也是专业课教学的重要内容，应注重理论与实践一体化教学。学校可根据技能人才培养规律，结合企业生产周期，优化学期安排，灵活开展实践性教学。应严格执行《职业学校学生实习管理规定》和相关专业岗位实习标准要求。

8.1.4 相关要求

学校应充分发挥思政课程和各类课程的育人功能。发挥思政课程政治引领和价值引领作用，在思政课程中有机融入党史、新中国史、改革开放史、社会主义发展史等相关内容；结合实际落实课程思政，推进全员、全过程、全方位育人，实现思想政治教育与技术技能培养的有机统一。应开设安全教育（含典型案例事故分析）、社会责任、绿色环保、新一代信息技术、数字经济、现代管理、创新创业教育等方面的拓展课程或专题讲座（活动），并将有关内容融入课程教学中；自主开设其他特色课程；组织开展德育活动、志愿服务活动和其他实践活动。

8.2 学时安排

总学时一般为 2700 学时，每 16~18 学时折算 1 学分，其中，公共基础课总学时一般不少于总学时的 25%。实践性教学学时原则上不少于总学时的 50%，其中，实习时间累计一般为 6 个月，可根据实际情况集中或分阶段安排实习时间。各类选修课程的学时累计不少于总学时的 10%。军训、社会实践、入学教育、毕业教育等活动按 1 周为 1 学分。

9. 师资队伍

按照"四有好老师""四个相统一""四个引路人"的要求建设专业教师队伍，将师德师风作为教师队伍建设的第一标准。

9.1 队伍结构

学生数与本专业专任教师数比例不高于 25∶1，"双师型"教师占专业课教师数比例一般不低于 60%，高级职称专任教师的比例不低于 20%，专任教师队伍要考虑职称、年龄、工作经验，形成合理的梯队结构。

能够整合校内外优质人才资源，选聘企业高级技术人员担任行业导师，组建校企合作、专兼结合的教师团队，建立定期开展专业（学科）教研机制。

9.2 专业带头人

原则上应具有本专业及相关专业副高及以上职称和较强的实践能力，能够较好地把握国内外商务服务业、批发业与零售业等行业、专业发展，能广泛联系行业企业，了解行业企业对本专业人才的需求实际，主持专业建设、开展教育教学改革、教科研工作和社会服务能力强，在本专业改革发展中起引领作用。

9.3 专任教师

具有高校教师资格；原则上具有日语相关专业本科及以上学历；具有一定年限的相应工作经历或者实践经验，达到相应的技术技能水平；具有本专业理论和实践能力；能够落实课程思政要求，挖掘专业课程中的思政教育元素和资源；能够运用信息技术开展混合式教学等教法改革；能够跟踪新经济、新技术发展前沿，开展技术研发与社会服务；专业教师每年至少1个月在企业或生产性实训基地锻炼，每5年累计不少于6个月的企业实践经历。

9.4 兼职教师

主要从本专业相关行业企业的高技能人才中聘任，应具有扎实的专业知识和丰富的实际工作经验，一般应具有中级及以上专业技术职务（职称）或高级工及以上职业技能等级，了解教育教学规律，能承担专业课程教学、实习实训指导和学生职业发展规划指导等专业教学任务。根据需要聘请技能大师、劳动模范、能工巧匠等高技能人才，根据国家有关要求制定针对兼职教师聘任与管理的具体实施办法。

10. 教学条件

10.1 教学设施

主要包括能够满足正常的课程教学、实习实训所需的专业教室、实训室和实习实训基地。

10.1.1 专业教室基本要求

具备利用信息化手段开展混合式教学的条件。一般配备黑（白）板、多媒体计算机、投影设备、音响设备，具有互联网接入或无线网络环境及网络安全防护措施。安装应急照明装置并保持良好状态，符合紧急疏散要求，安防标志明显，保持逃生通道畅通无阻。

10.1.2 校内外实训场所基本要求

实训场所面积、设备设施、安全、环境、管理等符合教育部有关标准（规定、办法），实训环境与设备设施对接真实职业场景或工作情境，实训项目注重工学结合、理实一体化，实训指导教师配备合理，实训管理及实施规章制度齐全，确保能够顺利开展日语语言综合实训、职业技能模拟综合实训等实训活动。鼓励在实训中运用大数据、云计算、人工智能、虚拟仿真等前沿信息技术。

（1）日语语言综合实训室

配备多媒体教学一体设备、中日双语数字化教学资源、日语语言实训设施等，具有互联网接入或无线网络环境，用于综合日语、日语听力、日语会话等实训教学。

（2）职业技能模拟综合实训室

配备主控台、电子屏幕、会议设备、录播设备以及演讲台等，具有互联网接入或无线网络环境，用于实用日语、日语视听说、日语口译、日语笔译、日文信息化处理、涉日企业服务实务等实训教学。

（3）日本文化体验室

配备多媒体教学一体设备、日式榻榻米、矮桌、坐垫、壁龛、挂画、茶具、插花、人偶、和服等，具有互联网接入或无线网络环境，用于日本概况、日本社会与文化、中日跨文化交际、涉外礼仪等实训教学。

可结合实际建设综合性实训场所。

10.1.3 实习场所基本要求

符合《职业学校学生实习管理规定》《职业学校校企合作促进办法》等对实习单位的有关要求，经实地考察后，确定合法经营、管理规范，实习条件完备且符合产业发展实际、符合安全生产法律法规要求，与学校建立稳定合作关系的单位成为实习基地，并签署学校、学生、实习单位三方协议。

根据本专业人才培养的需要和未来就业需求，实习基地应能提供日语翻译、涉日企业服务等与专业对口的相关实习岗位，能涵盖当前相关产业发展的主流技术，可接纳一定规模的学生实习；学校和实习单位双方共同制订实习计划，能够配备相应数量的指导教师对学生实习进行指导和管理，实习单位安排有经验的技术或管理人员担任实习指导教师，开展专业教学和职业技能训练，完成实习质量评价，做好学生实习服务和管理工作，有保证实习学生日常工作、学习、生活的规章制度，有安全、保险保障，依法依规保障学生的基本权益。

10.2 教学资源

主要包括能够满足学生专业学习、教师专业教学研究和教学实施需要的教材、图书及数字化资源等。

10.2.1 教材选用基本要求

按照国家规定，经过规范程序选用教材，优先选用国家规划教材和国家优秀教材。专业课程教材应体现本行业新技术、新规范、新标准、新形态，并通过数字教材、活页式教材等多种方式进行动态更新。

10.2.2 图书文献配备基本要求

图书文献配备能满足人才培养、专业建设、教科研等工作的需要。专业类图书文献主要包括：日语语言文学、日本社会与文化、中日跨文化交际、日本企业经营管理、中国语言文学、公共管理、涉外企业服务与对外经济合作等方面的图书文献；与本专业相关的国内外法律法规、国际惯例、行业企业技术规范和案例等。及时配置新经济、新技术、新工艺、新材料、新管理方式、新服务方式等相关的图书文献。

10.2.3 数字教学资源配置基本要求

建设、配备与本专业有关的音视频素材、教学课件、数字化教学案例库、虚拟仿真软件等专业教学资源库，种类丰富、形式多样、使用便捷、动态更新、满足教学。

11. 质量保障和毕业要求

11.1 质量保障

（1）学校和二级院系应建立专业人才培养质量保障机制，健全专业教学质量监控管理制度，改进结果评价，强化过程评价，探索增值评价，吸纳行业组织、企业等参与评价，并及时公开相关信息，接受教育督导和社会监督，健全综合评价。完善人才培养方案、课程标准、课堂评价、实习实训、毕业设计以及资源建设等质量保障建设，通过教学实施、过程监控、质量评价和持续改进，达到人才培养规格要求。

（2）学校和二级院系应完善教学管理机制，加强日常教学组织运行与管理，定期开展课程建设、日常教学、人才培养质量的诊断与改进，建立健全巡课、听课、评教、评学等制度，建立与企业联动的实践教学环节督导制度，严明教学纪律，强化教学组织功能，定期开展公开课、示范课等教研活动。

（3）专业教研组织应建立线上线下相结合的集中备课制度，定期召开教学研讨会议，利用评价分析结果有效改进专业教学，持续提高人才培养质量。

（4）学校应建立毕业生跟踪反馈机制及社会评价机制，并对生源情况、职业道德、技术技能水平、就业质量等进行分析，定期评价人才培养质量和培养目标达成情况。

11.2 毕业要求

根据专业人才培养方案确定的目标和培养规格，完成规定的实习实训，全部课程考核合格或修满学分，准予毕业。

学校可结合办学实际，细化、明确学生课程修习、学业成绩、实践经历、职业素养、综合素质等方面的学习要求和考核要求等。要严把毕业出口关，确保学生毕业时完成规定的学时学分和各教学环节，保证毕业要求的达成度。

接受职业培训取得的职业技能等级证书、培训证书等学习成果，经职业学校认定，可以转化为相应的学历教育学分；达到相应职业学校学业要求的，可以取得相应的学业证书。

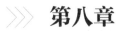 # 第八章
旅游日语专业教学标准
（高等职业教育专科）

1. 概述

为适应科技发展、技术进步对行业生产、建设、管理、服务等领域带来的新变化，顺应商务服务业优化升级需要，对接商务服务业数字化、网络化、智能化发展新趋势，对接新产业、新业态、新模式下日语导游、旅行社计调、旅游咨询以及酒店服务等岗位（群）的新要求，不断满足商务服务业高质量发展对高素质技能人才的需求，推动职业教育专业升级和数字化改造，提高人才培养质量，遵循推进现代职业教育高质量发展的总体要求，参照国家相关标准编制要求，制订本标准。

专业教学直接决定高素质技能人才培养的质量，专业教学标准是开展专业教学的基本依据。本标准是全国高等职业教育专科旅游日语专业教学的基本标准，学校应结合区域／行业实际和自身办学定位，依据本标准制订本校旅游日语专业人才培养方案，鼓励高于本标准办出特色。

2. 专业名称（专业代码）

旅游日语（570207）

3. 入学基本要求

中等职业学校毕业、普通高级中学毕业或具备同等学力

4. 基本修业年限

三年

5. 职业面向

所属专业大类（代码）	教育与体育大类（57）
所属专业类（代码）	语言类（5702）
对应行业（代码）	商务服务业（72）
主要职业类别（代码）	旅游及公共游览场所服务人员（4-07-04）、住宿服务人员（4-03-01）
主要岗位（群）或技术领域	日语导游、旅行社计调、旅游咨询、酒店服务……
职业类证书	导游资格……

6. 培养目标

本专业培养能够践行社会主义核心价值观，传承技能文明，德智体美劳全面发展，具有一定的科学文化水平，良好的人文素养、科学素养、数字素养、职业道德、创新意识、爱岗敬业的职业精神和精益求精的工匠精神，较强的就业创业能力和可持续发展的能力，掌握本专业知识和技术技能，具备职业综合素质和行动能力，面向商务服务业等行业的旅游及公共游览场所服务人员、住宿服务人员等职业，能够从事日语导游、旅行社计调、旅游咨询、酒店服务等工作的高技能人才。

7. 培养规格

本专业学生应在系统学习本专业知识并完成有关实习实训基础上，全面提升知识、能力、素质，掌握并实际运用岗位（群）需要的专业核心技术技能，实现德智体美劳全面发展，总体上须达到以下要求：

（1）坚定拥护中国共产党领导和中国特色社会主义制度，以习近平新时代中国特色社会主义思想为指导，践行社会主义核心价值观，具有坚定的理想信念、深厚的爱国情感和中华民族自豪感；

（2）掌握与本专业对应职业活动相关的国家法律、行业规定，掌握绿色生产、环境保护、安全防护、质量管理等相关知识与技能，了解相关行业文化，具有爱岗敬业的职业精神，遵守职业道德准则和行为规范，具备社会责任感和担当精神；

（3）掌握支撑本专业学习和可持续发展必备的语文、外语（英语等）、信息技术等文化基础知识，具有良好的人文素养与科学素养，具备职业生涯规划能力；

（4）具有良好的语言表达能力、文字表达能力、沟通合作能力，具有较强的集体意识和团队合作意识，具有一定的国际视野和跨文化交流能力；

（5）掌握较为扎实的日语语言基础知识，具有良好的日语听、说、读、写基本技能，能够进行日常会话和应用文写作；

（6）掌握基本的翻译技巧和翻译方法，熟悉翻译软件，具备运用日语开展口头或书面形式的应用翻译能力；

（7）了解中日两国经济、社会、文化等相关知识，熟悉跨文化交际知识和涉外礼仪知识，具备良好的跨文化交际能力或实践能力；

（8）熟悉日本旅游市场，懂得国际规则，掌握旅游基本理论与实践技能，具备运用日语开展旅游活动的组织、协调及管理能力；

（9）熟悉本专业岗位相关基础知识，具备运用日语进行导游、旅行社产品计划与调度、旅游服务咨询以及酒店前厅、客房、餐饮服务等技术技能；

（10）掌握信息技术基础知识，具有适应本行业数字化和智能化发展需求的数字技能，能够运用日语基于互联网平台提供客户咨询服务；

（11）具有探究学习、终身学习和可持续发展的能力，具有整合知识和综合运用知识分析问题和解决问题的能力；

（12）掌握身体运动的基本知识和至少 1 项体育运动技能，达到国家大学生体质健康测试合格标准，养成良好的运动习惯、卫生习惯和行为习惯；具备一定的心理调适能力；

（13）掌握必备的美育知识，具有一定的文化修养、审美能力，形成至少 1 项艺术特长或爱好；

（14）树立正确的劳动观，尊重劳动，热爱劳动，具备与本专业职业发展相适应的劳动素养，弘扬劳模精神、劳动精神、工匠精神，弘扬劳动光荣、技能宝贵、创造伟大的时代风尚。

8. 课程设置及学时安排

8.1 课程设置

主要包括公共基础课程和专业课程。

8.1.1 公共基础课程

按照国家有关规定开齐开足公共基础课程。

应将思想政治理论、体育、军事理论与军训、心理健康教育、劳动教育等列为公共基础必修课程。将马克思主义理论类课程、党史国史、中华优秀传统文化、语文、国家安全教育、信息技术、艺术、职业发展与就业指导、创新创业教育、职业素养等列为必修课程或限定选修课程。

学校根据实际情况可开设具有地方特色的校本课程。

8.1.2 专业课程

一般包括专业基础课程、专业核心课程和专业拓展课程。专业基础课程是需要前置学习的基础性理论知识和技能构成的课程，是为专业核心课程提供理论和技能支撑的基础课程；专业核心课程是根据岗位工作内容、典型工作任务设置的课程，是培养核心职业能力的主干课程；专业拓展课程是根据学生发展需求横向拓展和纵向深化的课程，是提升综合职业能力的延展课程。

学校可结合区域/行业实际、办学定位和人才培养需要自主确定课程，进行模块化课程设计，依托体现新方法、新技术、新工艺、新标准的真实生产项目和典型工作任务等，开展项目式、情境式教学，结合人工智能等技术实施课程教学的数字化转型。有条件的专业，可结合教学实际，探索创新课程体系。

（1）专业基础课程

主要包括：综合日语、日语会话、日语听力、日语阅读、日语写作、日本概况、旅游概论、旅游服务礼仪等领域的内容。

（2）专业核心课程

主要包括：导游日语、景点日语、酒店日语、旅游日语翻译、导游基础知识、导游业务、旅游政策与法规、旅行社计调等领域的内容，具体课程由学校根据实际情况，按国家有关要求自主设置。

专业核心课程主要教学内容与要求

序号	课程涉及的主要领域	典型工作任务描述	主要教学内容与要求
1	导游日语	旅游行程安排、参观游览讲解、住宿餐饮服务、购物娱乐服务、投诉处理服务。	① 掌握导游日语基础词汇与惯用表达。 ② 掌握旅游团迎送、途中导游、行程说明、离住店手续办理、行李交接、酒店设施介绍、景点导览、餐饮安排、交通服务、娱乐服务、购物服务、投诉处理等知识。 ③ 具有运用日语提供导游接待等综合服务的能力。

序号	课程涉及的主要领域	典型工作任务描述	主要教学内容与要求
2	景点日语	引导日本旅客游览、介绍当地文化、民俗、历史、景点风貌、科普知识。	① 掌握景点日语基础词汇与惯用表达。 ② 掌握所在城市、地区及全国著名旅游景点景区的中日文介绍知识。 ③ 掌握所在城市、地区的历史文化、民俗民风、风物特产、饮食文化等的中日文介绍知识。 ④ 具有运用日语提供景点景区的接待、讲解、咨询等综合服务的能力。
3	酒店日语	客房预订、登记入住、礼宾服务、餐厅预订与引座、客房送餐服务、客房个性化服务、会展服务、康乐服务、结账离店、投诉处理。	① 掌握酒店日语基础词汇与惯用表达。 ② 掌握前台服务、礼宾服务、商务服务、电话应答、客房服务、餐饮服务、会议接待、酒吧服务、康乐服务等知识。 ③ 具有运用日语提供酒店前厅、餐饮、客房等综合服务的能力。
4	旅游日语翻译	景区导游翻译、出境领队翻译、旅行社服务翻译、酒店服务翻译、出入境证照翻译。	① 掌握词汇、句子、篇章等日汉互译基本知识。 ② 掌握日汉互译方法与技巧、翻译服务规范。 ③ 掌握利用翻译辅助工具等新技术进行旅游信息咨询、旅游产品介绍与销售、旅游服务接待以及涉外旅游服务相关内容的翻译知识。 ④ 具有涉外旅游活动中日汉互译的能力。

续表

序号	课程涉及的主要领域	典型工作任务描述	主要教学内容与要求
5	导游基础知识	中国历史文化讲解、中华民族民俗文化讲解、中国旅游景观讲解、中国宗教文化讲解、中国古代建筑文化讲解、中国饮食文化讲解。	① 掌握中国历史文化、自然旅游资源、民族与民俗、古代建筑与园林、宗教文化、风物特产、饮食文化、文学艺术等相关的基本知识。 ② 掌握各地区基本概况、主要客源国概况等知识。 ③ 具有运用导游基础知识提供旅游服务的能力。
6	导游业务	接团准备、迎接服务、入住服务、餐饮服务、参观游览服务、购物娱乐服务、送团服务、客服工作。	① 了解导游服务的内涵、性质与特点。 ② 了解导游人员的从业素质与职责。 ③ 掌握各类导游服务程序与服务质量知识；掌握导游人员的带团、讲解、沟通基本方法与技巧以及导游工作相关常识等。 ④ 具有导游规范服务、导游讲解、特殊问题处理及应变的能力。
7	旅游政策与法规	旅游行程安排、参观游览讲解、住宿餐饮服务、购物娱乐服务、投诉处理服务等各旅游环节中的政策与法规咨询与问题。	① 了解旅游方针政策、《中华人民共和国旅游法》等相关基本知识。 ② 掌握旅行社管理、导游人员管理、旅游服务合同、旅游安全、旅游资源保护、出入境、交通、住宿、娱乐、旅游投诉等相关法律法规知识。 ③ 具有运用法律法规知识，预防和协助处理涉外旅游活动中相关问题的能力。

续表

序号	课程涉及的主要领域	典型工作任务描述	主要教学内容与要求
8	旅行社计调	旅游产品设计、旅游服务询价预订、旅游成本核算、旅游产品营销推广、旅游行程安排、突发事件处理、旅行费用账目清查。	① 了解计调工作认知与基础知识。 ② 掌握旅游产品开发、计价与报价、计调采购知识。 ③ 掌握国内组团、国内接待、入境接待、出境组团、自助游等计调操作流程以及计调业务软件应用等知识。 ④ 具有旅行社产品计划与调度、旅游行业信息处理与管理服务的能力。

（3）专业拓展课程

主要包括：日本社会与文化、日文信息化处理、商务日语、海外领队实务、旅游电子商务、旅游市场营销、旅行社经营与管理、旅游心理学等领域的内容。

8.1.3 实践性教学环节

实践性教学应贯穿于人才培养全过程。实践性教学主要包括实验、实习实训、毕业设计、社会实践活动等形式，公共基础课程和专业课程等都要加强实践性教学。

（1）实训

在校内外进行日语听、说、读、写、译等语言应用综合训练，以及涉外旅游服务、跨文化交际等实训，包括单项技能实训、综合能力实训、生产性实训等。

（2）实习

在旅游日语行业的国际旅行社、涉外酒店、景点景区等单位（场所）进行实习，包括认识实习和岗位实习。学校应建立稳定、够用的实习基地，选派专门的实习指导教师和人员，组织开展专业对口实习，加强对学生实习的指导、管理和考核。

实习实训既是实践性教学，也是专业课教学的重要内容，应注重理论与实践一体化教学。学校可根据技能人才培养规律，结合企业生产周期，优化学期安排，灵活开展实践性教学。应严格执行《职业学校学生实习管理规定》和相关专业岗位实习标准要求。为适应旅游旺季需求，可适当调整。

8.1.4 相关要求

学校应充分发挥思政课程和各类课程的育人功能。发挥思政课程政治引领和价值引领作用，在思政课程中有机融入党史、新中国史、改革开放史、社会主义发展史等相关内容；结合实际落实课程思政，推进全员、全过程、全方位育人，实现思想政治教育与技术技能培养的有机统一。应开设安全教育（含典型案例事故分析）、社会责任、绿色环保、新一代信息技术、数字经济、现代管理、创新创业教育等方面的拓展课程或专题讲座（活动），并将有关内容融入课程教学中；自主开设其他特色课程；组织开展德育活动、志愿服务活动和其他实践活动。

8.2 学时安排

总学时一般为 2700 学时，每 16~18 学时折算 1 学分，其中，公共基础课总学时一般不少于总学时的 25%。实践性教学学时原则上不少于总学时的 50%，其中，实习时间累计一般为 6 个月，可根据实际情况集中或分阶段安排实习时间。各类选修课程的学时累计不少于总学时的 10%。军训、社会实践、入学教育、毕业教育等活动按 1 周为 1 学分。

9. 师资队伍

按照"四有好老师""四个相统一""四个引路人"的要求建设专业教师队伍，将师德师风作为教师队伍建设的第一标准。

9.1 队伍结构

学生数与本专业专任教师数比例不高于 25∶1，"双师型"教师占专业课教师数比例一般不低于 60%，高级职称专任教师的比例不低于 20%，专任教师队伍要考虑职称、年龄、工作经验，形成合理的梯队结构。

能够整合校内外优质人才资源，选聘企业高级技术人员担任行业导师，组建校企合作、专兼结合的教师团队，建立定期开展专业（学科）教研机制。

9.2 专业带头人

原则上应具有本专业及相关专业副高及以上职称和较强的实践能力，能够较好地把握国内外商务服务业等行业、专业发展，能广泛联系行业企业，了解行业企业对本专业人才的需求实际，主持专业建设、开展教育教学改革、教科研工作和社会服务能力强，在本专业改革发展中起引领作用。

9.3 专任教师

具有高校教师资格；原则上具有日语或旅游管理等相关专业本科及以上学历；具有一定年限的相应工作经历或者实践经验，达到相应的技术技能水平；具有本专业理论和实践能力；能够落实课程思政要求，挖掘专业课程中的思政教育元素和资源；能够运用信息技术开展混合式教学等教法改革；能够跟踪新经济、新技术发展前沿，开展技术研发与社会服务；专业教师每年至少 1 个月在企业或生产性实训基地锻炼，每 5 年累计不少于 6 个月的企业实践经历。

9.4 兼职教师

主要从本专业相关行业企业的高技能人才中聘任，应具有扎实的专业知识和丰富的实际工作经验，一般应具有中级及以上专业技术职务（职称）或高级工及以上职业技能等级，了解教育教学规律，能承担专业课程教学、实习实训指导和学生职业发展规划指导等专业教学任务。根据需要聘请技能大师、劳动模范、能工巧匠等高技能人才，根据国家有关要求制定针对兼职教师聘任与管理的具体实施办法。

10. 教学条件

10.1 教学设施

主要包括能够满足正常的课程教学、实习实训所需的专业教室、实训室和实习实训基地。

10.1.1 专业教室基本要求

具备利用信息化手段开展混合式教学的条件。一般配备黑（白）板、多媒体计算机、投影设备、音响设备，具有互联网接入或无线网络环境及网络安全防护措施。安装应急照明装置并保持良好状态，符合紧急疏散要求，安防标志明显，保持逃生通道畅通无阻。

10.1.2 校内外实训场所基本要求

实训场所面积、设备设施、安全、环境、管理等符合教育部有关标准（规定、办法），实训环境与设备设施对接真实职业场景或工作情境，实训项目注重工学结合、理实一体化，实训指导教师配备合理，实训管理及实施规章制度齐全，确保能够顺利开展日语导游接待、景区景点解说、旅行社产品计划与调度、旅游咨询、酒店服务等实训活动。鼓励在实训中运用大数据、云计算、人工智能、虚拟仿真等前沿信息技术。

（1）日语语言综合实训室

具有互联网接入或无线网络环境，配备多媒体教学一体设备、中日双语语言数字化教学资源、日语语言实训系统等，用于日语听力、旅游日语翻译等实训教学。

（2）日本文化体验室

具有互联网接入或无线网络环境，配备多媒体教学一体设备、日式榻榻米、矮桌、坐垫、壁龛、挂画、茶具、插花、人偶、和服等，用于日本概况、日本社会与文化、旅游服务礼仪等实训教学。

（3）导游模拟实训室

具有互联网接入或无线网络环境，配备多媒体教学一体设备、仿真导览设备、景点景区中日文讲解教学资源等，用于导游日语、景点日语、旅游日语翻译、导游基础知识、旅游政策与法规、导游业务、旅行社计调等实训教学。

（4）涉外酒店模拟实训室

具有互联网接入或无线网络环境，配备仿真酒店前厅大堂、中西餐厅或酒吧等设备设施，以及酒店前厅业务、餐饮服务、产品营销、会展康乐、投诉与安全事故处理、涉外网络运维等各类配套实训系统软件等，用于酒店日语、旅游日语翻译等实训教学。

可结合实际建设综合性实训场所。

10.1.3 实习场所基本要求

符合《职业学校学生实习管理规定》《职业学校校企合作促进办法》等对实习单位的有关要求，经实地考察后，确定合法经营、管理规范，实习条件完备且符合产业发展实际、符合安全生产法律法规要求，与学校建立稳定合作关系的单位成为实习基地，并签署学校、学生、实习单位三方协议。

根据本专业人才培养的需要和未来就业需求，实习基地应能提供日语导游、旅行社计调、旅游咨询、酒店服务等与专业对口的相关实习岗位，能涵盖当前相关产业发展的主流技术，可接纳一定规模的学生实习；学校和实习单位双方共同制订实习计划，能够配备相应数量的指导教师对学生实习进行指导和管理，实习单位安排有经验的技术或管理人员担任实习指导教师，开展专业教学和职业技能训练，完成实习质量评价，做好学生实习服务和管理工作，有保证实习学生日常工作、学习、生活的规章制度，有安全、保险保障，依法依规保障学生的基本权益。

10.2 教学资源

主要包括能够满足学生专业学习、教师专业教学研究和教学实施需要

的教材、图书及数字化资源等。

10.2.1 教材选用基本要求

按照国家规定，经过规范程序选用教材，优先选用国家规划教材和国家优秀教材。专业课程教材应体现本行业新技术、新规范、新标准、新形态，并通过数字教材、活页式教材等多种方式进行动态更新。

10.2.2 图书文献配备基本要求

图书文献配备能满足人才培养、专业建设、教科研等工作的需要。专业类图书文献主要包括：日语语言文学、日本社会与文化、中日跨文化交际、旅游、历史、地理、文化等图书期刊；与本专业相关的国内外法律法规、国际惯例、行业企业技术规范和案例等。及时配置新经济、新技术、新工艺、新材料、新管理方式、新服务方式等相关的图书文献。

10.2.3 数字教学资源配置基本要求

建设、配备与本专业有关的音视频素材、教学课件、数字化教学案例库、虚拟仿真软件等专业教学资源库，种类丰富、形式多样、使用便捷、动态更新、满足教学。

11. 质量保障和毕业要求

11.1 质量保障

（1）学校和二级院系应建立专业人才培养质量保障机制，健全专业教学质量监控管理制度，改进结果评价，强化过程评价，探索增值评价，吸纳行业组织、企业等参与评价，并及时公开相关信息，接受教育督导和社会监督，健全综合评价。完善人才培养方案、课程标准、课堂评价、实验教学、实习实训、毕业设计以及资源建设等质量保障建设，通过教学实施、过程监控、质量评价和持续改进，达到人才培养规格要求。

（2）学校和二级院系应完善教学管理机制，加强日常教学组织运行与管理，定期开展课程建设、日常教学、人才培养质量的诊断与改进，建立健全巡课、听课、评教、评学等制度，建立与企业联动的实践教学环节督导制度，严明教学纪律，强化教学组织功能，定期开展公开课、示范课等教研活动。

（3）专业教研组织应建立线上线下相结合的集中备课制度，定期召开教学研讨会议，利用评价分析结果有效改进专业教学，持续提高人才培养质量。

（4）学校应建立毕业生跟踪反馈机制及社会评价机制，并对生源情况、职业道德、技术技能水平、就业质量等进行分析，定期评价人才培养质量和培养目标达成情况。

11.2 毕业要求

根据专业人才培养方案确定的目标和培养规格，完成规定的实习实训，全部课程考核合格或修满学分，准予毕业。

学校可结合办学实际，细化、明确学生课程修习、学业成绩、实践经历、职业素养、综合素质等方面的学习要求和考核要求等。要严把毕业出口关，确保学生毕业时完成规定的学时学分和各教学环节，保证毕业要求的达成度。

接受职业培训取得的职业技能等级证书、培训证书等学习成果，经职业学校认定，可以转化为相应的学历教育学分；达到相应职业学校学业要求的，可以取得相应的学业证书。

>>> **第九章**
# 应用俄语专业教学标准
（高等职业教育专科）

1. 概述

为适应科技发展、技术进步对产业生产、建设、管理、服务等领域带来的新变化，顺应商务服务业、批发业和零售业等行业优化升级需要，对接商务服务业、批发业和零售业数字化、网络化、智能化发展新趋势，对接新产业、新业态、新模式下涉俄商务翻译、国际贸易、跨境电商、客户服务、旅游服务等岗位（群）的新要求，不断满足商务服务业、批发业和零售业等行业高质量发展对高素质技能人才的需求，推动职业教育专业升级和数字化改造，提高人才培养质量，遵循推进现代职业教育高质量发展的总体要求，参照国家相关标准编制要求，制订本标准。

专业教学直接决定高素质技能人才培养的质量，专业教学标准是开展专业教学的基本依据。本标准是全国高等职业教育专科应用俄语专业教学的基本标准，学校应结合区域/行业实际和自身办学定位，依据本标准制订本校应用俄语专业人才培养方案，鼓励高于本标准办出特色。

2. 专业名称（专业代码）

应用俄语（570210）

3. 入学基本要求

中等职业学校毕业、普通高级中学毕业或具备同等学力

4. 基本修业年限

三年

5. 职业面向

所属专业大类（代码）	教育与体育大类（57）
所属专业类（代码）	语言类（5702）
对应行业（代码）	商务服务业（72）、批发业（51）、零售业（52）
主要职业类别（代码）	翻译人员（2-10-05）、商务专业人员（2-06-07）、销售人员（4-01-02）、电子商务服务人员（4-01-06）、旅游及公共游览场所服务人员（4-07-04）
主要岗位（群）或技术领域	涉俄商务翻译、国际贸易、跨境电商、客户服务、旅游服务……
职业类证书	暂无

6. 培养目标

本专业培养能够践行社会主义核心价值观，传承技能文明，德智体美劳全面发展，具有一定的科学文化水平，良好的人文素养、科学素养、数字素养、职业道德、创新意识、爱岗敬业的职业精神和精益求精的工匠精神，较强的就业创业能力和可持续发展的能力，掌握本专业知识和技术技能，具备职业综合素质和行动能力，面向商务服务业、批发业和零售业等行业

的翻译人员、商务专业人员、销售人员、电子商务服务人员、旅游及公共游览场所服务人员等职业，能够从事涉俄商务翻译、国际贸易、跨境电商、客户服务、旅游服务等工作的高技能人才。

7. 培养规格

本专业学生应在系统学习本专业知识并完成有关实习实训基础上，全面提升知识、能力、素质，掌握并实际运用岗位（群）需要的专业核心技术技能，实现德智体美劳全面发展，总体上须达到以下要求：

（1）坚定拥护中国共产党领导和中国特色社会主义制度，以习近平新时代中国特色社会主义思想为指导，践行社会主义核心价值观，具有坚定的理想信念、深厚的爱国情感和中华民族自豪感；

（2）掌握与本专业对应职业活动相关的国家法律、行业规定，掌握绿色生产、环境保护、安全防护、质量管理等相关知识与技能，了解相关行业文化，具有爱岗敬业的职业精神，遵守职业道德准则和行为规范，具备社会责任感和担当精神；

（3）掌握支撑本专业学习和可持续发展必备的语文、外语（英语等）、信息技术等文化基础知识，具有良好的人文素养与科学素养，具备职业生涯规划能力；

（4）具有良好的语言表达能力、文字表达能力、沟通合作能力，具有较强的集体意识和团队合作意识，具有一定的国际视野，能够正确理解多元文化和人类命运共同体内涵；

（5）掌握较为扎实的俄语语言基础知识、俄罗斯国情与文化及涉外礼仪等方面的基础知识，具有俄语听、说、读、写基本技能，能够运用俄语从事涉外日常活动的组织、协调及管理；

（6）掌握俄语应用文写作基础知识，具有俄文书面沟通技能，能够进行俄语应用文写作；

（7）掌握基本的翻译技巧和方法，具有俄语翻译及沟通技能，能够进行俄语会话和中俄文互译；

（8）熟悉国际贸易实务、跨境电子商务基础知识，具备运用俄语开展进出口业务、跨境营销业务的基本技能；

（9）熟悉旅游服务实务基础知识，具备运用俄语开展出入境旅游业务的基本技能；

（10）掌握信息技术基础知识，具有适应本行业数字化和智能化发展需求的数字技能，能够运用俄语基于互联网平台提供客户咨询服务；

（11）具有探究学习、终身学习和可持续发展的能力，具有整合知识和综合运用知识分析问题和解决问题的能力；

（12）掌握身体运动的基本知识和至少1项体育运动技能，达到国家大学生体质健康测试合格标准，养成良好的运动习惯、卫生习惯和行为习惯；具备一定的心理调适能力；

（13）掌握必备的美育知识，具有一定的文化修养、审美能力，形成至少1项艺术特长或爱好；

（14）树立正确的劳动观，尊重劳动，热爱劳动，具备与本专业职业发展相适应的劳动素养，弘扬劳模精神、劳动精神、工匠精神，弘扬劳动光荣、技能宝贵、创造伟大的时代风尚。

8. 课程设置及学时安排

8.1 课程设置

主要包括公共基础课程和专业课程。

8.1.1 公共基础课程

按照国家有关规定开齐开足公共基础课程。

应将思想政治理论、体育、军事理论与军训、心理健康教育、劳动教育等列为公共基础必修课程。将马克思主义理论类课程、党史国史、中华优秀传统文化、语文、国家安全教育、信息技术、艺术、职业发展与就业指导、创新创业教育、职业素养等列为必修课程或限定选修课程。

学校根据实际情况可开设具有地方特色的校本课程。

8.1.2 专业课程

一般包括专业基础课程、专业核心课程和专业拓展课程。专业基础课程是需要前置学习的基础性理论知识和技能构成的课程，是为专业核心课程提供理论和技能支撑的基础课程；专业核心课程是根据岗位工作内容、典型工作任务设置的课程，是培养核心职业能力的主干课程；专业拓展课程是根据学生发展需求横向拓展和纵向深化的课程，是提升综合职业能力的延展课程。

学校应结合区域/行业实际、办学定位和人才培养需要自主确定课程，进行模块化课程设计，依托体现新方法、新技术、新工艺、新标准的真实生产项目和典型工作任务等，开展项目式、情境式教学，结合人工智能等技术实施课程教学的数字化转型。有条件的专业，可结合教学实际，探索创新课程体系。

（1）专业基础课程

主要包括：俄语语音、综合俄语、俄语口语、俄语听力、俄罗斯国情与文化、跨境电商基础等领域的内容。

（2）专业核心课程

主要包括：实用俄语会话、俄语商务阅读、俄语应用文写作、俄汉互译、经贸俄语、旅游俄语、跨境电商平台运营实务等领域的内容，具体课程由学校根据实际情况，按国家有关要求自主设置。

专业核心课程主要教学内容与要求

序号	课程涉及的主要领域	典型工作任务描述	主要教学内容与要求
1	实用俄语会话	①与国外客户电话交流。②接待国外客户，当面交流。③安排和协调出国访问。	①掌握日常生活及典型职场环境中的俄语句式表达。②具有日常生活、社会热点、中俄文化相关主题俄语会话能力。

续表

序号	课程涉及的主要领域	典型工作任务描述	主要教学内容与要求
		④答复国外客户咨询，处理对外沟通相关事务。	③能运用俄语职场专业术语进行相关会话。
2	俄语商务阅读	①协助开发涉俄贸易业务。 ②答复国外客户咨询，处理对外沟通相关事务。 ③中俄文信函的收发及翻译。	①掌握各种基本的阅读技能。 ②具有商贸领域俄语读物通读及阅读能力；能够综合运用多种阅读技巧。 ③能够理解俄语原文并解答各种阅读题。
3	俄语应用文写作	①撰写俄语日常应用文（申请书、委托书、求职简历、请柬等）。 ②撰写俄语商贸信函(请求函、通知函、邀请函、感谢函、确认函、询问函、索赔函等）。	①掌握俄语应用文写作基础知识。 ②掌握俄语商贸信函的写作必要项及行文规范。 ③能够进行各类俄语日常应用文及商贸应用文的写作。
4	俄汉互译	①整理、记录并翻译日常交流对话。 ②翻译中俄文名片、邮件及商贸信函。 ③翻译中俄文产品介绍及广告。 ④翻译中俄文商贸合同文本。	①掌握翻译理论基础知识。 ②具有解决词汇翻译问题、语法范畴翻译问题以及语义转达问题的能力。 ③能够运用具体情境中词语、句子和篇章的翻译策略和技巧进行商贸及其他领域中的俄汉互译。
5	经贸俄语	①迎接客户，为客户送行。 ②协助客户办理宾馆入住手续。	①熟悉对俄国际贸易活动中的基本规则。

续表

序号	课程涉及的主要领域	典型工作任务描述	主要教学内容与要求
		③ 协助客户购物、带客户医院就医、带客户办理银行业务、带客户乘坐交通工具。 ④ 价格谈判、供货条件谈判、运输条件谈判。 ⑤ 带客户参观企业。 ⑥ 撰写商务信函及商贸合同条款。	② 具有运用俄语进行经贸领域日常情景交际及商务谈判的能力。 ③ 能够使用俄语撰写商务信函、商贸合同等文本。
6	旅游俄语	① 接机和沿途导游。 ② 入住酒店、商定行程、餐饮服务。 ③ 购物、文娱项目。 ④ 应急处理以及送团服务等日常活动。	① 掌握导游实务相关的俄语词汇、句型。 ② 具有运用俄语实施导游实务的能力。 ③ 能够使用俄语对中国传统文化及著名旅游景点进行讲解。
7	跨境电商平台运营实务	① 开通平台账号。 ② 设计跨境物流方案与优化选择。 ③ 完成平台运营选品。 ④ 设置运营产品的定价与发布。 ⑤ 设计运营优化方案并选择适合方式进行站内外推广。 ⑥ 处理订单、提升客户体验感并做好客服与日常维护。	① 掌握店铺开通、产品管理、交易管理等平台基础操作。 ② 熟悉平台注册、发布、交易等相关规则。 ③ 熟悉平台营销策略,能够进行信用评价、店铺好评等客服操作。 ④ 能够进行站内外选品、跨境物流基本操作。

（3）专业拓展课程

主要包括：媒体俄语选读、俄语信息化处理、俄文翻译软件应用、酒店俄语、涉外礼仪、国际贸易实务、文秘实务、导游业务、演讲与口才、人力资源管理等领域的内容。

8.1.3　实践性教学环节

实践性教学应贯穿于人才培养全过程。实践性教学主要包括实验、实习实训、毕业设计、社会实践活动等形式，公共基础课程和专业课程等都要加强实践性教学。

（1）实训

在校内外进行俄语听、说、读、写、译技能与模拟涉外职场工作等实训，包括单项技能实训、综合能力实训、生产性实训等。

（2）实习

在应用俄语行业的外贸公司、电商企业、旅行社、国际酒店等单位进行实习，包括认识实习和岗位实习。学校应建立稳定、够用的实习基地，选派专门的实习指导教师和人员，组织开展专业对口实习，加强对学生实习的指导、管理和考核。

实习实训既是实践性教学，也是专业课教学的重要内容，应注重理论与实践一体化教学。学校可根据技能人才培养规律，结合企业生产周期，优化学期安排，灵活开展实践性教学。应严格执行《职业学校学生实习管理规定》和相关专业岗位实习标准要求。

8.1.4　相关要求

学校应充分发挥思政课程和各类课程的育人功能。发挥思政课程政治引领和价值引领作用，在思政课程中有机融入党史、新中国史、改革开放史、社会主义发展史等相关内容；结合实际落实课程思政，推进全员、全过程、全方位育人，实现思想政治教育与技术技能培养的有机统一。应开设安全教育（含典型案例事故分析）、社会责任、绿色环保、新一代信息技术、数字经济、现代管理、创新创业教育等方面的拓展课程或专题讲座（活动），并将有关内容融入课程教学中；自主开设其他特色课程；组织开展德育活动、志愿服务活动和其他实践活动。

8.2 学时安排

总学时一般为 2700 学时，每 16~18 学时折算 1 学分，其中，公共基础课总学时一般不少于总学时的 25%。实践性教学学时原则上不少于总学时的 50%，其中，实习时间累计一般为 6 个月，可根据实际情况集中或分阶段安排实习时间。各类选修课程的学时累计不少于总学时的 10%。军训、社会实践、入学教育、毕业教育等活动按 1 周为 1 学分。

9. 师资队伍

按照"四有好老师""四个相统一""四个引路人"的要求建设专业教师队伍，将师德师风作为教师队伍建设的第一标准。

9.1 队伍结构

学生数与本专业专任教师数比例不高于 25∶1，"双师型"教师占专业课教师数比例一般不低于 60%，高级职称专任教师的比例不低于 20%，专任教师队伍要考虑职称、年龄、工作经验，形成合理的梯队结构。

能够整合校内外优质人才资源，选聘企业高级技术人员担任行业导师，组建校企合作、专兼结合的教师团队，建立定期开展专业（学科）教研机制。

9.2 专业带头人

原则上应具有本专业及相关专业副高及以上职称和较强的实践能力，能够较好地把握国内外商务服务业、批发业和零售业等行业、专业发展，能广泛联系行业企业，了解行业企业对本专业人才的需求实际，主持专业建设、开展教育教学改革、教科研工作和社会服务能力强，在本专业改革发展中起引领作用。

9.3 专任教师

具有高校教师资格；原则上具有俄语等相关专业本科及以上学历；具有一定年限的相应工作经历或者实践经验，达到相应的技术技能水平；具有本专业理论和实践能力；能够落实课程思政要求，挖掘专业课程中的思政教育元素和资源；能够运用信息技术开展混合式教学等教法改革；能够跟踪新经济、新技术发展前沿，开展技术研发与社会服务；专业教师每年至少1个月在企业或生产性实训基地锻炼，每5年累计不少于6个月的企业实践经历。

9.4 兼职教师

主要从本专业相关行业企业的高技能人才中聘任，应具有扎实的专业知识和丰富的实际工作经验，一般应具有中级及以上专业技术职务（职称）或高级工及以上职业技能等级，了解教育教学规律，能承担专业课程教学、实习实训指导和学生职业发展规划指导等专业教学任务。根据需要聘请技能大师、劳动模范、能工巧匠等高技能人才，根据国家有关要求制定针对兼职教师聘任与管理的具体实施办法。

10. 教学条件

10.1 教学设施

主要包括能够满足正常的课程教学、实习实训所需的专业教室、实训室和实习实训基地。

10.1.1 专业教室基本要求

具备利用信息化手段开展混合式教学的条件。一般配备黑（白）板、多媒体计算机、投影设备、音响设备，具有互联网接入或无线网络环境，及网络安全防护措施。安装应急照明装置并保持良好状态，符合紧急疏散要求，安防标志明显，保持逃生通道畅通无阻。

10.1.2 校内外实训场所基本要求

实训场所面积、设备设施、安全、环境、管理等符合教育部有关标准（规定、办法），实训环境与设备设施对接真实职业场景或工作情境，实训项目注重工学结合、理实一体化，实训指导教师配备合理，实训管理及实施规章制度齐全，确保能够顺利开展俄语语音、俄语口语、俄语听力、实用俄语会话、综合俄语、俄语应用文写作、俄汉互译等实训活动。鼓励在实训中运用大数据、云计算、人工智能、虚拟仿真等前沿信息技术。

（1）俄语语言综合实训室

配备多媒体教学设备，具有互联网接入或无线网络环境、中俄双语数字化教学资源、俄语语言实训系统等，用于俄语语音、俄语口语、俄语听力、实用俄语会话、综合俄语、俄语应用文写作、俄汉互译等实训教学。

（2）商务服务综合实训室

配备多媒体投影设备，具有互联网接入或无线网络环境、教学主控机、电子屏幕、会议设备、商品陈列柜、接待工作台、涉俄服务实训软件等，用于跨境电商基础、经贸俄语、旅游俄语、跨境电商平台运营实务、俄语信息化处理、俄文翻译软件应用、酒店俄语、涉外礼仪、国际贸易实务等实训教学。

可结合实际建设综合性实训场所。

10.1.3 实习场所基本要求

符合《职业学校学生实习管理规定》《职业学校校企合作促进办法》等对实习单位的有关要求，经实地考察后，确定合法经营、管理规范，实习条件完备且符合产业发展实际、符合安全生产法律法规要求，与学校建立稳定合作关系的单位成为实习基地，并签署学校、学生、实习单位三方协议。

根据本专业人才培养的需要和未来就业需求，实习基地应能提供涉俄商务翻译、国际贸易、跨境电商、客户服务、旅游服务等与专业对口的相关实习岗位，能涵盖当前相关产业发展的主流技术，可接纳一定规模的学生实习；学校和实习单位双方共同制订实习计划，能够配备相应数量的指导教师对学生实习进行指导和管理，实习单位安排有经验的技术或管理人员担任实习指导教师，开展专业教学和职业技能训练，完成实习质量评价，做好学生实习服务和管理工作，有保证实习学生日常工作、学习、生活的规章制度，有安全、保险保障，依法依规保障学生的基本权益。

10.2 教学资源

主要包括能够满足学生专业学习、教师专业教学研究和教学实施需要的教材、图书及数字化资源等。

10.2.1 教材选用基本要求

按照国家规定，经过规范程序选用教材，优先选用国家规划教材和国家优秀教材。专业课程教材应体现本行业新技术、新规范、新标准、新形态，并通过数字教材、活页式教材等多种方式进行动态更新。

10.2.2 图书文献配备基本要求

图书文献配备能满足人才培养、专业建设、教科研等工作的需要。专业类图书文献主要包括：国内外相关俄语教材、中俄文参考书和工具书、俄语期刊，俄语语言学类、翻译理论与实践类、中俄文化类图书，国际经济与贸易、跨境电子商务以及对外经济合作等方面的法律法规、国际惯例及行业企业技术规范和案例等。及时配置新经济、新技术、新工艺、新材料、新管理方式、新服务方式等相关的图书文献。

10.2.3 数字教学资源配置基本要求

建设、配备与本专业有关的音视频素材、教学课件、数字化教学案例库、虚拟仿真软件等专业教学资源库，种类丰富、形式多样、使用便捷、动态更新、满足教学。

11. 质量保障和毕业要求

11.1 质量保障

（1）学校和二级院系应建立专业人才培养质量保障机制，健全专业教学质量监控管理制度，改进结果评价，强化过程评价，探索增值评价，吸纳行业组织、企业等参与评价，并及时公开相关信息，接受教育督导和社会监督，健全综合评价。完善人才培养方案、课程标准、课堂评价、实习实训、毕业设计以及资源建设等质量保障建设，通过教学实施、过程监控、质量评价和持续改进，达到人才培养规格要求。

（2）学校和二级院系应完善教学管理机制，加强日常教学组织运行与管理，定期开展课程建设、日常教学、人才培养质量的诊断与改进，建立健全巡课、听课、评教、评学等制度，建立与企业联动的实践教学环节督导制度，严明教学纪律，强化教学组织功能，定期开展公开课、示范课等教研活动。

（3）专业教研组织应建立线上线下相结合的集中备课制度，定期召开教学研讨会议，利用评价分析结果有效改进专业教学，持续提高人才培养质量。

（4）学校应建立毕业生跟踪反馈机制及社会评价机制，并对生源情况、职业道德、技术技能水平、就业质量等进行分析，定期评价人才培养质量和培养目标达成情况。

11.2 毕业要求

根据专业人才培养方案确定的目标和培养规格，完成规定的实习实训，全部课程考核合格或修满学分，准予毕业。

学校可结合办学实际，细化、明确学生课程修习、学业成绩、实践经历、职业素养、综合素质等方面的学习要求和考核要求等。要严把毕业出口关，确保学生毕业时完成规定的学时学分和各教学环节，保证毕业要求的达成度。

接受职业培训取得的职业技能等级证书、培训证书等学习成果，经职业学校认定，可以转化为相应的学历教育学分；达到相应职业学校学业要求的，可以取得相应的学业证书。

>>> 第十章
应用法语专业教学标准（高等职业教育专科）

1. 概述

为适应科技发展、技术进步对行业生产、建设、管理、服务等领域带来的新变化，顺应商务服务业、批发业和零售业优化升级需要，对接商务服务业、批发业和零售业数字化、网络化、智能化发展新趋势，对接新产业、新业态、新模式下商务翻译、国际贸易、跨境电商销售与客服、涉外旅游服务等岗位（群）的新要求，不断满足行业高质量发展对高素质技能人才的需求，推动职业教育专业升级和数字化改造，提高人才培养质量，遵循推进现代职业教育高质量发展的总体要求，参照国家相关标准编制要求，制订本标准。

专业教学直接决定高素质技能人才培养的质量，专业教学标准是开展专业教学的基本依据。本标准是全国高等职业教育专科应用法语专业教学的基本标准，学校应结合区域／行业实际和自身办学定位，依据本标准制订本校应用法语专业人才培养方案，鼓励高于本标准办出特色。

2. 专业名称（专业代码）

应用法语（570211）

3. 入学基本要求

中等职业学校毕业、普通高级中学毕业或具备同等学力

4. 基本修业年限

三年

5. 职业面向

所属专业大类（代码）	教育与体育大类（57）
所属专业类（代码）	语言类（5702）
对应行业（代码）	商务服务业（72）、批发业（51）、零售业（52）
主要职业类别（代码）	翻译人员（2-10-05）、商务专业人员（2-06-07）、销售人员（4-01-02）、电子商务服务人员（4-01-06）、旅游及公共游览场所服务人员（4-07-04）
主要岗位（群）或技术领域	商务翻译、国际贸易、跨境电商销售与客服、涉外旅游服务……
职业类证书	暂无

6. 培养目标

本专业培养能够践行社会主义核心价值观，传承技能文明，德智体美劳全面发展，具有一定的科学文化水平，良好的人文素养、科学素养、数字素养、职业道德、创新意识，爱岗敬业的职业精神和精益求精的工匠精神，较强的就业创业能力和可持续发展的能力，掌握本专业知识和技术技能，具备职业综合素质和行动能力，面向商务服务业、批发业和零售业等行业

的翻译人员、商务专业人员、销售人员、电子商务服务人员、旅游及公共游览场所服务人员等职业，能够从事商务翻译、国际贸易、跨境电商销售与客服、涉外旅游服务等工作的高技能人才。

7. 培养规格

本专业学生应在系统学习本专业知识并完成有关实习实训基础上，全面提升知识、能力、素质，掌握并实际运用岗位（群）需要的专业核心技术技能，实现德智体美劳全面发展，总体上须达到以下要求：

（1）坚定拥护中国共产党领导和中国特色社会主义制度，以习近平新时代中国特色社会主义思想为指导，践行社会主义核心价值观，具有坚定的理想信念、深厚的爱国情感和中华民族自豪感；

（2）掌握与本专业对应职业活动相关的国家法律、行业规定，掌握绿色生产、环境保护、安全防护、质量管理等相关知识与技能，了解相关行业文化，具有爱岗敬业的职业精神，遵守职业道德准则和行为规范，具备社会责任感和担当精神；

（3）掌握支撑本专业学习和可持续发展必备的语文、外语（英语等）、信息技术等文化基础知识，具有良好的人文素养与科学素养，具备职业生涯规划能力；

（4）具有良好的语言表达能力、文字表达能力、沟通合作能力，具有较强的集体意识和团队合作意识，具有一定的国际视野，能够正确理解多元文化和人类命运共同体内涵；

（5）掌握较为扎实的法语语言基础知识，具备听、说、读、写基本技能，能够进行日常法语会话和应用文写作；

（6）掌握基本的翻译技巧和翻译方法，熟悉翻译软件，具备开展口头或书面形式的应用翻译能力；

（7）掌握沟通技巧与跨文化知识，具备一定的运用法语从事涉外活动的组织、协调及管理能力；

（8）掌握国际贸易实务和跨境电商实务基础知识，具备运用法语开展进出口业务及跨境电商销售与客服的基本技能；

（9）熟悉旅游服务基础知识，具备运用法语提供出入境旅游服务的基本技能；

（10）掌握信息技术基础知识，具有适应本行业数字化和智能化发展需求的数字技能，具有运用法语基于互联网平台提供客户咨询服务的能力；

（11）具有探究学习、终身学习和可持续发展的能力，具有整合知识和综合运用知识分析问题和解决问题的能力；

（12）掌握身体运动的基本知识和至少1项体育运动技能，达到国家大学生体质健康测试合格标准，养成良好的运动习惯、卫生习惯和行为习惯，具备一定的心理调适能力；

（13）掌握必备的美育知识，具有一定的文化修养、审美能力，形成至少1项艺术特长或爱好；

（14）树立正确的劳动观，尊重劳动，热爱劳动，具备与本专业职业发展相适应的劳动素养，弘扬劳模精神、劳动精神、工匠精神，弘扬劳动光荣、技能宝贵、创造伟大的时代风尚。

8. 课程设置及学时安排

8.1 课程设置

主要包括公共基础课程和专业课程。

8.1.1 公共基础课程

按照国家有关规定开齐开足公共基础课程。

应将思想政治理论、体育、军事理论与军训、心理健康教育、劳动教育等列为公共基础必修课程。将马克思主义理论类课程、党史国史、中华优秀传统文化、语文、公共外语、国家安全教育、信息技术、艺术、职业发展与就业指导、创新创业教育、职业素养等列为必修课程或限定选修课程。

学校根据实际情况可开设具有地方特色的校本课程。

8.1.2 专业课程

一般包括专业基础课程、专业核心课程和专业拓展课程。专业基础课程是需要前置学习的基础性理论知识和技能构成的课程，是为专业核心课程提供理论和技能支撑的基础课程；专业核心课程是根据岗位工作内容、典型工作任务设置的课程，是培养核心职业能力的主干课程；专业拓展课程是根据学生发展需求横向拓展和纵向深化的课程，是提升综合职业能力的延展课程。

学校应结合区域/行业实际、办学定位和人才培养需要自主确定课程，进行模块化课程设计，依托体现新方法、新技术、新工艺、新标准的真实生产项目和典型工作任务等，开展项目式、情境式教学，结合人工智能等技术实施课程教学的数字化转型。有条件的专业，可结合教学实际，探索创新课程体系。

（1）专业基础课程

主要包括：综合法语、法语语音、法语语法、法语阅读、法语基础写作、法语国家与地区概况、国际贸易实务、跨境电商实务等领域的内容。

（2）专业核心课程

主要包括：法语视听说、实用法语会话、法语应用文写作、法汉互译、商务法语、旅游法语、法文信息化处理等领域的内容，具体课程由学校根据实际情况，按国家有关要求自主设置。

专业核心课程主要教学内容与要求

序号	课程涉及的主要领域	典型工作任务描述	主要教学内容与要求
1	法语视听说	运用中法双语听说技能、相关专业领域知识或辅助工具，与法语国家和地区客户通过当面交流、语音或视频沟通，进行产品推广，客户开发、跟进与维护等工作。	① 了解法语国家和地区的日常生活、社会、经济、文化等领域的基本知识，兼顾中国国情与社会文化知识。② 熟悉中法跨文化交流等元素。③ 具备法语听说基本能力。

续表

序号	课程涉及的主要领域	典型工作任务描述	主要教学内容与要求
2	实用法语会话	① 接待外宾，完成迎送、宴请、会面、会谈等工作。② 安排和协调出国访问。③ 回复客户咨询，处理涉外沟通相关事务。	① 掌握日常生活及商务服务等职业环境典型语境中的常用词汇、句型、惯用表达及沟通技巧。② 具备法语口语表达和沟通能力。
3	法语应用文写作	① 撰写法语日常应用文（各类证明、申请书、委托书、履历、名片、请柬等）。② 撰写法语常见信函（请求函、通知函、邀请函、感谢函、确认函、询问函、报价函、催促函、索赔函等）。	① 掌握法语应用文写作基础知识，行政公函、商务信函、社交书信等各类常用文书的撰写格式、规范、惯用语及写作技巧等。② 具备书写各类常见信函及其他一般应用文的能力。
4	法汉互译	① 日常文件、资料、信函等笔译。② 涉外接待、陪同、会谈等口译。③ 对照原文（法语或汉语）对笔译进行修改和审定，或对机器翻译的结果进行译后编辑和审核。	① 掌握翻译理论基础知识，翻译方法和技巧，商务服务等相关行业的专业术语、惯用语的对等转换等。② 具备基本的法汉互译能力。
5	商务法语	① 了解客户需求，处理客户函件，回复客户问题。② 处理订单及售后服务。③ 客户接待、工厂参观、商务会谈等。	① 掌握商务法语知识，熟悉商务活动、对外经贸中的基本规则、专业术语和常用表达。② 具备运用法语进行商务接待、贸易洽谈和相关翻译等工作的能力。

续表

序号	课程涉及的主要领域	典型工作任务描述	主要教学内容与要求
6	旅游法语	法语国家和地区相关的出境领队、地陪、接待、酒店管理、应急救援等涉外旅游服务业务。	① 掌握旅游服务中的导游、领队、地陪等职业技能，包括导游相关业务术语，接待、入店服务、商定行程、游览服务、餐饮服务、购物、娱乐、应急事件处理、送团服务等日常表达和沟通技巧。② 具备在"互联网＋旅游"背景下运用法语提供旅游服务的能力。
7	法文信息化处理	法文资料及信息搜索、编辑与处理。	① 掌握法文计算机操作基础，法文环境下常用办公软件的应用，智能翻译、社交软件等涉法商务、旅游服务中各类工作软件的应用。② 具备法文互联网平台操作与应用的基本能力。

（3）专业拓展课程

主要包括：中法跨文化交际、涉外商务秘书实务、涉外商务礼仪、商务沟通、会展策划、外贸单证、涉外经济法、国际工程法语实务、商务英语等领域的内容。

8.1.3 实践性教学环节

实践性教学应贯穿于人才培养全过程。实践性教学主要包括实验、实习实训、毕业设计、社会实践活动等形式，公共基础课程和专业课程等都要加强实践性教学。

（1）实训

在校内外进行法语听、说、读、写、译基本技能及商务翻译、国际贸易、跨境电商销售与客服、涉外旅游服务等实训，包括单项技能实训、综合能力实训、生产性实训等。

（2）实习

在应用法语行业的外贸公司、跨境电商企业、涉外旅游公司等单位进行实习，包括认识实习和岗位实习。学校应建立稳定、够用的实习基地，选派专门的实习指导教师和人员，组织开展专业对口实习，加强对学生实习的指导、管理和考核。

实习实训既是实践性教学，也是专业课教学的重要内容，应注重理论与实践一体化教学。学校可根据技能人才培养规律，结合企业生产周期，优化学期安排，灵活开展实践性教学。应严格执行《职业学校学生实习管理规定》和相关专业岗位实习标准要求。

8.1.4 相关要求

学校应充分发挥思政课程和各类课程的育人功能。发挥思政课程政治引领和价值引领作用，在思政课程中有机融入党史、新中国史、改革开放史、社会主义发展史等相关内容；结合实际落实课程思政，推进全员、全过程、全方位育人，实现思想政治教育与技术技能培养的有机统一。应开设安全教育（含典型案例事故分析）、社会责任、绿色环保、新一代信息技术、数字经济、现代管理、创新创业教育等方面的拓展课程或专题讲座（活动），并将有关内容融入课程教学中；自主开设其他特色课程；组织开展德育活动、志愿服务活动和其他实践活动。

8.2 学时安排

总学时一般为 2700 学时，每 16~18 学时折算 1 学分，其中，公共基础课总学时一般不少于总学时的 25%。实践性教学学时原则上不少于总学时的 50%，其中，实习时间累计一般为 6 个月，可根据实际情况集中或分阶段安排实习时间。各类选修课程的学时累计不少于总学时的 10%。军训、社会实践、入学教育、毕业教育等活动按 1 周为 1 学分。

9. 师资队伍

按照"四有好老师""四个相统一""四个引路人"的要求建设专业教师队伍，将师德师风作为教师队伍建设的第一标准。

9.1 队伍结构

学生数与本专业专任教师数比例不高于 25∶1，"双师型"教师占专业课教师数比例一般不低于 60%，高级职称专任教师的比例不低于 20%，专任教师队伍要考虑职称、年龄、工作经验，形成合理的梯队结构。

能够整合校内外优质人才资源，选聘企业高级技术人员担任行业导师，组建校企合作、专兼结合的教师团队，建立定期开展专业（学科）教研机制。

9.2 专业带头人

原则上应具有本专业及相关专业副高及以上职称和较强的实践能力，能够较好地把握国内外商务服务行业、批发业、零售业等行业、专业发展，能广泛联系行业企业，了解行业企业对本专业人才的需求实际，主持专业建设、开展教育教学改革、教科研工作和社会服务能力强，在本专业改革发展中起引领作用。

9.3 专任教师

具有高校教师资格；原则上具有法语相关专业本科及以上学历；具有一定年限的相应工作经历或者实践经验，达到相应的技术技能水平；具有本专业理论和实践能力；能够落实课程思政要求，挖掘专业课程中的思政教育元素和资源；能够运用信息技术开展混合式教学等教法改革；能够跟踪新经济、新技术发展前沿，开展技术研发与社会服务；专业教师每年至少 1 个月在企业或生产性实训基地锻炼，每 5 年累计不少于 6 个月的企业实践经历。

9.4 兼职教师

主要从本专业相关行业企业的高技能人才中聘任，应具有扎实的专业知识和丰富的实际工作经验，一般应具有中级及以上专业技术职务（职称）或高级工及以上职业技能等级，了解教育教学规律，能承担专业课程教学、实习实训指导和学生职业发展规划指导等专业教学任务。根据需要聘请技能大师、劳动模范、能工巧匠等高技能人才，根据国家有关要求制定针对兼职教师聘任与管理的具体实施办法。

10. 教学条件

10.1 教学设施

主要包括能够满足正常的课程教学、实习实训所需的专业教室、实训室和实习实训基地。

10.1.1 专业教室基本要求

具备利用信息化手段开展混合式教学的条件。一般配备黑（白）板、多媒体计算机、投影设备、音响设备，具有互联网接入或无线网络环境及网络安全防护措施。安装应急照明装置并保持良好状态，符合紧急疏散要求，安防标志明显，保持逃生通道畅通无阻。

10.1.2 校内外实训场所基本要求

实训场所面积、设备设施、安全、环境、管理等符合教育部有关标准（规定、办法），实训环境与设备设施对接真实职业场景或工作情境，实训项目注重工学结合、理实一体化，实训指导教师配备合理，实训管理及实施规章制度齐全，确保能够顺利开展法语语音、法语听力、法语口译、法汉互译（笔译）、商务法语、涉外商务礼仪等实训活动。鼓励在实训中运用大数据、云计算、人工智能、虚拟仿真等前沿信息技术。

（1）法语语音实训室

配备交互式主控台等基础教学设备和可上网的多媒体设备、学生个人终端、常用法语语音和听说教学资源及软件等，用于法语语音、法语听力、法语口语等实训教学。

（2）法语翻译综合实训室（实训基地）

配备包括学生个人终端在内的交互口译教学与实践训练设备、可上网的多媒体设备、国内外主流翻译软件等，用于法汉互译、商务法语、法文信息化处理、国际工程法语实务等实训教学。

（3）涉外商务服务综合实训室

配备相关基础教学设备，具有互联网接入或无线网络环境，以及演讲台、商务服务模拟平台或实训软件、黑（白）板、工位桌椅等，用于商务法语、旅游法语、国际贸易实务、跨境电商实务、涉外商务礼仪、会展策划、商务沟通等实训教学。

可结合实际建设综合性实训场所。

10.1.3 实习场所基本要求

符合《职业学校学生实习管理规定》《职业学校校企合作促进办法》等对实习单位的有关要求，经实地考察后，确定合法经营、管理规范，实习条件完备且符合产业发展实际、符合安全生产法律法规要求，与学校建立稳定合作关系的单位成为实习基地，并签署学校、学生、实习单位三方协议。

根据本专业人才培养的需要和未来就业需求，实习基地应能提供商务翻译、国际贸易、跨境电商销售与客服、涉外旅游服务等与专业对口的相关实习岗位，能涵盖当前相关产业发展的主流技术，可接纳一定规模的学生实习；学校和实习单位双方共同制订实习计划，能够配备相应数量的指导教师对学生实习进行指导和管理，实习单位安排有经验的技术或管理人员担任实习指导教师，开展专业教学和职业技能训练，完成实习质量评价，做好学生实习服务和管理工作，有保证实习学生日常工作、学习、生活的规章制度，有安全、保险保障，依法依规保障学生的基本权益。

10.2 教学资源

主要包括能够满足学生专业学习、教师专业教学研究和教学实施需要

的教材、图书及数字化资源等。

10.2.1 教材选用基本要求

按照国家规定，经过规范程序选用教材，优先选用国家规划教材和国家优秀教材。专业课程教材应体现本行业新技术、新规范、新标准、新形态，并通过数字教材、活页式教材等多种方式进行动态更新。

10.2.2 图书文献配备基本要求

图书文献配备能满足人才培养、专业建设、教科研等工作的需要。专业类图书文献主要包括：应用法语专业教学所需的主要法语教材、参考书和工具书、课外读物、期刊，相关专业课程教材、参考书和工具书；与本专业相关的国内外法律法规、国际惯例以及行业企业技术规范和案例等。及时配置新经济、新技术、新工艺、新材料、新管理方式、新服务方式等相关的图书文献。

10.2.3 数字教学资源配置基本要求

建设、配备与本专业有关的音视频素材、教学课件、数字化教学案例库、虚拟仿真软件等专业教学资源库，种类丰富、形式多样、使用便捷、动态更新、满足教学。

11. 质量保障和毕业要求

11.1 质量保障

（1）学校和二级院系应建立专业人才培养质量保障机制，健全专业教学质量监控管理制度，改进结果评价，强化过程评价，探索增值评价，吸纳行业组织、企业等参与评价，并及时公开相关信息，接受教育督导和社会监督，健全综合评价。完善人才培养方案、课程标准、课堂评价、实习实训、毕业设计以及资源建设等质量保障建设，通过教学实施、过程监控、质量评价和持续改进，达到人才培养规格要求。

（2）学校和二级院系应完善教学管理机制，加强日常教学组织运行与管理，定期开展课程建设、日常教学、人才培养质量的诊断与改进，建立健全巡课、听课、评教、评学等制度，建立与企业联动的实践教学环节督导制度，严明教学纪律，强化教学组织功能，定期开展公开课、示范课等教研活动。

（3）专业教研组织应建立线上线下相结合的集中备课制度，定期召开教学研讨会议，利用评价分析结果有效改进专业教学，持续提高人才培养质量。

（4）学校应建立毕业生跟踪反馈机制及社会评价机制，并对生源情况、职业道德、技术技能水平、就业质量等进行分析，定期评价人才培养质量和培养目标达成情况。

11.2 毕业要求

根据专业人才培养方案确定的目标和培养规格，完成规定的实习实训，全部课程考核合格或修满学分，准予毕业。

学校可结合办学实际，细化、明确学生课程修习、学业成绩、实践经历、职业素养、综合素质等方面的学习要求和考核要求等。要严把毕业出口关，确保学生毕业时完成规定的学时学分和各教学环节，保证毕业要求的达成度。

接受职业培训取得的职业技能等级证书、培训证书等学习成果，经职业学校认定，可以转化为相应的学历教育学分；达到相应职业学校学业要求的，可以取得相应的学业证书。

>>> 第十一章
应用西班牙语专业教学标准
（高等职业教育专科）

1. 概述

为适应科技发展、技术进步对行业生产、建设、管理、服务等领域带来的新变化，顺应商务服务业、批发业和零售业优化升级需要，对接商务服务业、批发业和零售业数字化、网络化、智能化发展新趋势，对接新产业、新业态、新模式下西班牙语翻译、外贸业务员、跨境电商专员、西班牙语导游人员、客户服务等岗位（群）的新要求，不断满足商务服务业、批发业和零售业高质量发展对高素质技能人才的需求，推动职业教育专业升级和数字化改造，提高人才培养质量，遵循推进现代职业教育高质量发展的总体要求，参照国家相关标准编制要求，制订本标准。

专业教学直接决定高素质技能人才培养的质量，专业教学标准是开展专业教学的基本依据。本标准是全国高等职业教育专科应用西班牙语专业教学的基本标准，学校应结合区域/行业实际和自身办学定位，依据本标准制订本校应用西班牙语专业人才培养方案，鼓励高于本标准办出特色。

2. 专业名称（专业代码）

应用西班牙语（570212）

3. 入学基本要求

中等职业学校毕业、普通高级中学毕业或具备同等学力

4. 基本修业年限

三年

5. 职业面向

所属专业大类（代码）	教育与体育大类（57）
所属专业类（代码）	语言类（5702）
对应行业（代码）	商务服务业（72）、批发业（51）、零售业（52）
主要职业类别（代码）	翻译人员（2-10-05）、销售人员（4-01-02）、商务专业人员（2-06-07）、电子商务服务人员（4-01-06）、旅游及公共游览场所服务人员（4-07-04）
主要岗位（群）或技术领域	西班牙语翻译、外贸业务员、跨境电商专员、西班牙语导游人员、客户服务……
职业类证书	暂无

6. 培养目标

本专业培养能够践行社会主义核心价值观，传承技能文明，德智体美劳全面发展，具有一定的科学文化水平，良好的人文素养、科学素养、数字素养、职业道德、创新意识，爱岗敬业的职业精神和精益求精的工匠精神，较强的就业创业能力和可持续发展的能力，掌握本专业知识和技术技能，具备职业综合素质和行动能力，面向商务服务业、批发业和零售业等行业

的翻译人员、销售人员、商务专业人员、电子商务服务人员、旅游及公共游览场所服务人员等职业，能够从事商务翻译、国际贸易、跨境电商运营、客户服务、涉外旅游服务等工作的高技能人才。

7. 培养规格

本专业学生应在系统学习本专业知识并完成有关实习实训基础上，全面提升知识、能力、素质，掌握并实际运用岗位（群）需要的专业核心技术技能，实现德智体美劳全面发展，总体上须达到以下要求：

（1）坚定拥护中国共产党领导和中国特色社会主义制度，以习近平新时代中国特色社会主义思想为指导，践行社会主义核心价值观，具有坚定的理想信念、深厚的爱国情感和中华民族自豪感；

（2）掌握与本专业对应职业活动相关的国家法律、行业规定，掌握绿色生产、环境保护、安全防护、质量管理等相关知识与技能，了解相关行业文化，具有爱岗敬业的职业精神，遵守职业道德准则和行为规范，具备社会责任感和担当精神；

（3）掌握支撑本专业学习和可持续发展必备的语文、外语（英语等）、信息技术等文化基础知识，具有良好的人文素养与科学素养，具备职业生涯规划能力；

（4）具有良好的语言表达能力、文字表达能力、沟通合作能力，具有较强的集体意识和团队合作意识，具有一定的国际视野，能够正确理解多元文化和人类命运共同体内涵；

（5）掌握较为扎实的西班牙语语言基础知识，具有听、说、读、写基本技能，能够进行西班牙语日常会话和应用文写作；

（6）掌握基本的翻译技巧和翻译方法，熟悉翻译软件，具有开展口头或书面形式的应用翻译能力；

（7）掌握跨境电商基础知识，具有开展互联网平台运营与产品推广的能力；

（8）掌握国际贸易实务基础知识，具有运用西班牙语开展进出口业务的能力；

（9）熟悉旅游服务基础知识，具有运用西班牙语开展出入境旅游业务的能力；

（10）掌握信息技术基础知识，具有适应本行业数字化和智能化发展需求的数字技能；

（11）具有探究学习、终身学习和可持续发展的能力，具有整合知识和综合运用知识分析问题和解决问题的能力；

（12）掌握身体运动的基本知识和至少 1 项体育运动技能，达到国家大学生体质健康测试合格标准，养成良好的运动习惯、卫生习惯和行为习惯；具备一定的心理调适能力；

（13）掌握必备的美育知识，具有一定的文化修养、审美能力，形成至少 1 项艺术特长或爱好；

（14）树立正确的劳动观，尊重劳动，热爱劳动，具备与本专业职业发展相适应的劳动素养，弘扬劳模精神、劳动精神、工匠精神，弘扬劳动光荣、技能宝贵、创造伟大的时代风尚。

8. 课程设置及学时安排

8.1 课程设置

主要包括公共基础课程和专业课程。

8.1.1 公共基础课程

按照国家有关规定开齐开足公共基础课程。

应将思想政治理论、体育、军事理论与军训、心理健康教育、劳动教育等列为公共基础必修课程。将马克思主义理论类课程、党史国史、中华优秀传统文化、语文、公共外语、国家安全教育、信息技术、艺术、职业发展与就业指导、创新创业教育、职业素养等列为必修课程或限定选修课程。

学校根据实际情况可开设具有地方特色的校本课程。

8.1.2 专业课程

一般包括专业基础课程、专业核心课程和专业拓展课程。专业基础课程是需要前置学习的基础性理论知识和技能构成的课程，是为专业核心课程提供理论和技能支撑的基础课程；专业核心课程是根据岗位工作内容、典型工作任务设置的课程，是培养核心职业能力的主干课程；专业拓展课程是根据学生发展需求横向拓展和纵向深化的课程，是提升综合职业能力的延展课程。

学校应结合区域/行业实际、办学定位和人才培养需要自主确定课程，进行模块化课程设计，依托体现新方法、新技术、新工艺、新标准的真实生产项目和典型工作任务等，开展项目式、情境式教学，结合人工智能等技术实施课程教学的数字化转型。有条件的专业，可结合教学实际，探索创新课程体系。

（1）专业基础课程

主要包括：综合西班牙语、西班牙语语音、西班牙语听力、西班牙语口语、西班牙语阅读、西班牙语写作、西班牙语国家和地区概况、涉外礼仪等领域的内容。

（2）专业核心课程

主要包括：西班牙语视听说、实用西班牙语会话、实用西班牙语阅读、西班牙语应用文写作、西汉互译、商务西班牙语、跨境电商西班牙语、旅游西班牙语等领域的内容，具体课程由学校根据实际情况，按国家有关要求自主设置。

专业核心课程主要教学内容与要求

序号	课程涉及的主要领域	典型工作任务描述	主要教学内容与要求
1	西班牙语视听说	与西班牙语国家和地区客户进行音视频沟通，听取客户需求，进行客户开发、跟进与维护。	① 进行西班牙语国家和地区社会、文化、政治、经济、艺术、教育、科技等相关题材的视听说综合训练。② 具备抓取一定时长的音、视频材料大意的能力。③ 具备在相应语境下进行口语交际的能力。
2	实用西班牙语会话	① 涉外接待、陪同、景点讲解等。② 面向西班牙语国家和地区客户进行产品推广。	① 掌握西班牙口语会话特点和基本规律。② 掌握日常生活及典型职场环境中的常用词汇、句型，具备用西班牙语进行较为准确、得体的沟通和表达的能力。
3	实用西班牙语阅读	① 了解西班牙语国家和地区风土人情、新闻热点。② 了解网络平台客户需求。③ 阅读西班牙语邮件、信件、合同、协议等。	① 掌握有关社会、生活、文化、职场等的西班牙语文本的阅读技巧。② 能够少量借助词典等阅读与日常生活、工作、学习相关的新闻、广告等应用文，并能较为快速、准确地获取文本信息。
4	西班牙语应用文写作	① 撰写西班牙语日常应用文（各类证明、申请书、委托书、履历、合同、协议等）。② 用西班牙语撰写产品介绍、广告等。③ 撰写西班牙语常见信函(邀请信、感谢信、通知函等)。	① 掌握西班牙语常见应用文和信函的书写格式和行文规范。② 具备用西班牙语撰写格式正确、结构完整、意思准确的常见应用文和信函的能力。

续表

序号	课程涉及的主要领域	典型工作任务描述	主要教学内容与要求
5	西汉互译	① 日常文件、资料、信函等笔译等。 ② 涉外接待、陪同、会谈等口译等。 ③ 对笔译进行修改、审定，或对机器翻译的稿件进行译后编辑等。	① 掌握翻译理论基础知识、翻译策略和技巧等。 ② 掌握商务服务业、批发业和零售业等相关行业的专业术语、惯用语等，并能进行西汉对等转换。 ③ 具备借助词典、翻译软件等准确进行西汉互译的能力。
6	商务西班牙语	① 了解客户需求，面向西班牙语国家和地区客户撰写产品动态信息。 ② 处理客户邮件，回复客户问题。 ③ 处理订单售后服务。	① 掌握企业工作流程和业务规范，代表性公司业务知识和业务术语等，各种商务场合下的西班牙语常用词汇、句型、表达习惯等。 ② 熟悉企业工作流程，并在相应场合下较为自如地运用西班牙语解决实际问题。
7	跨境电商西班牙语	① 了解主要跨境电商平台和西班牙语国家和地区本土的零售平台。 ② 用西班牙语进行产品发布、营销、推广、客户服务等。	① 熟悉主流跨境电子商务平台选择与规则、市场定位与选品、产品发布与上架规划、产品推广与优化、文案编辑与修改、客户问题解决、订单跟踪、物流与供应链管理、后台数据监控与分析等。 ② 具备综合运用西班牙语进行跨境电商平台操作的能力。
8	旅游西班牙语	西班牙语国家和地区相关的出境领队、地陪、接待、酒店管理、应急救援等涉外旅游服务业务。	① 了解中西旅游文化。 ② 掌握旅游服务中的交通、餐饮、住宿、游览、娱乐、购物和应急救援等场景中西班牙语习惯用语表达和翻译技巧。

续表

序号	课程涉及的主要领域	典型工作任务描述	主要教学内容与要求
			③ 开展涉西班牙语国家和地区旅游服务中导游、领队、地陪等职业技能训练。 ④ 能用西班牙语介绍工作地点、主要景点。

（3）专业拓展课程

主要包括：媒体西班牙语选读、会展策划、外贸单证、商务沟通、涉外秘书实务、跨文化交际、国际贸易实务、办公自动化实务、国际中文等领域的内容。

8.1.3 实践性教学环节

实践性教学应贯穿于人才培养全过程。实践性教学主要包括实验、实习实训、毕业设计、社会实践活动等形式，公共基础课程和专业课程等都要加强实践性教学。

（1）实训

在校内外进行西班牙语翻译、外贸业务实务、跨境电商实务等实训，包括单项技能实训、综合能力实训、生产性实训等。

（2）实习

在应用西班牙语行业的外贸公司、跨境电商企业、旅行社、跨国企业等单位进行岗位实习，包括认识实习和岗位实习。学校应建立稳定、够用的实习基地，选派专门的实习指导教师和人员，组织开展专业对口实习，加强对学生实习的指导、管理和考核。

实习实训既是实践性教学，也是专业课教学的重要内容，应注重理论与实践一体化教学。学校可根据技能人才培养规律，结合企业生产周期，优化学期安排，灵活开展实践性教学。应严格执行《职业学校学生实习管理规定》和相关专业岗位实习标准要求。

8.1.4 相关要求

学校应充分发挥思政课程和各类课程的育人功能。发挥思政课程政治引领和价值引领作用，在思政课程中有机融入党史、新中国史、改革开放史、社会主义发展史等相关内容；结合实际落实课程思政，推进全员、全过程、全方位育人，实现思想政治教育与技术技能培养的有机统一。应开设安全教育（含典型案例事故分析）、社会责任、绿色环保、新一代信息技术、数字经济、现代管理、创新创业教育等方面的拓展课程或专题讲座（活动），并将有关内容融入课程教学中；自主开设其他特色课程；组织开展德育活动、志愿服务活动和其他实践活动。

8.2 学时安排

总学时一般为 2700 学时，每 16~18 学时折算 1 学分，其中，公共基础课总学时一般不少于总学时的 25%。实践性教学学时原则上不少于总学时的 50%，其中，实习时间累计一般为 6 个月，可根据实际情况集中或分阶段安排实习时间。各类选修课程的学时累计不少于总学时的 10%。军训、社会实践、入学教育、毕业教育等活动按 1 周为 1 学分。

9. 师资队伍

按照"四有好老师""四个相统一""四个引路人"的要求建设专业教师队伍，将师德师风作为教师队伍建设的第一标准。

9.1 队伍结构

学生数与本专业专任教师数比例不高于 25：1，"双师型"教师占专业课教师数比例一般不低于 60%，高级职称专任教师的比例不低于 20%，专任教师队伍要考虑职称、年龄、工作经验，形成合理的梯队结构。

能够整合校内外优质人才资源，选聘企业高级技术人员担任行业导师，组建校企合作、专兼结合的教师团队，建立定期开展专业（学科）教研机制。

9.2 专业带头人

原则上应具有本专业及相关专业副高及以上职称和较强的实践能力，能够较好地把握国内外商务服务业、批发业和零售业等行业、专业发展，能广泛联系行业企业，了解行业企业对本专业人才的需求实际，主持专业建设、开展教育教学改革、教科研工作和社会服务能力强，在本专业改革发展中起引领作用。

9.3 专任教师

具有高校教师资格；原则上具有西班牙语等相关专业本科及以上学历；具有一定年限的相应工作经历或者实践经验，达到相应的技术技能水平；具有本专业理论和实践能力；能够落实课程思政要求，挖掘专业课程中的思政教育元素和资源；能够运用信息技术开展混合式教学等教法改革；能够跟踪新经济、新技术发展前沿，开展技术研发与社会服务；专业教师每年至少 1 个月在企业或生产性实训基地锻炼，每 5 年累计不少于 6 个月的企业实践经历。

9.4 兼职教师

主要从本专业相关行业企业的高技能人才中聘任，应具有扎实的专业知识和丰富的实际工作经验，一般应具有中级及以上专业技术职务（职称）或高级工及以上职业技能等级，了解教育教学规律，能承担专业课程教学、实习实训指导和学生职业发展规划指导等专业教学任务。根据需要聘请技能大师、劳动模范、能工巧匠等高技能人才，根据国家有关要求制定针对兼职教师聘任与管理的具体实施办法。

10. 教学条件

10.1 教学设施

主要包括能够满足正常的课程教学、实习实训所需的专业教室、实训室和实习实训基地。

10.1.1 专业教室基本要求

具备利用信息化手段开展混合式教学的条件。一般配备黑（白）板、多媒体计算机、投影设备、音响设备，具有互联网接入或无线网络环境及网络安全防护措施。安装应急照明装置并保持良好状态，符合紧急疏散要求，安防标志明显，保持逃生通道畅通无阻。

10.1.2 校内外实训场所基本要求

实训场所面积、设备设施、安全、环境、管理等符合教育部有关标准（规定、办法），实训环境与设备设施对接真实职业场景或工作情境，实训项目注重工学结合、理实一体化，实训指导教师配备合理，实训管理及实施规章制度齐全，确保能够顺利开展西班牙语语音训练、商务谈判等实训活动。鼓励在实训中运用大数据、云计算、人工智能、虚拟仿真等前沿信息技术。

（1）西班牙语语言综合实训室

配备多媒体教学一体设备，具有互联网接入或无线网络环境，以及中西双语数字化教学资源、西班牙语语言实训软件或平台系统、电子白板、桌椅等，用于西班牙语语音、西班牙语视听说、西班牙语阅读、西汉互译、实用西班牙语会话等课程实训教学。

（2）商务服务综合实训室

配备多媒体教学一体设备，具有互联网接入或无线网络环境，以及演讲台、商务服务模拟平台或实训软件、电子白板、桌椅等，用于商务西班牙语、旅游西班牙语、会展策划、外贸单证、商务沟通、涉外礼仪、跨境电商西班牙语、国际贸易实务等课程实训教学。

可结合实际建设综合性实训场所。

10.1.3 实习场所基本要求

符合《职业学校学生实习管理规定》《职业学校校企合作促进办法》等对实习单位的有关要求，经实地考察后，确定合法经营、管理规范，实习条件完备且符合产业发展实际、符合安全生产法律法规要求，与学校建立稳定合作关系的单位成为实习基地，并签署学校、学生、实习单位三方协议。

根据本专业人才培养的需要和未来就业需求，实习基地应能提供商务翻译、国际贸易、跨境电商、客户服务、涉外旅游服务等与专业对口的相关实习岗位，能涵盖当前相关产业发展的主流技术，可接纳一定规模的学生实习；学校和实习单位双方共同制订实习计划，能够配备相应数量的指导教师对学生实习进行指导和管理，实习单位安排有经验的技术或管理人员担任实习指导教师，开展专业教学和职业技能训练，完成实习质量评价，做好学生实习服务和管理工作，有保证实习学生日常工作、学习、生活的规章制度，有安全、保险保障，依法依规保障学生的基本权益。

10.2 教学资源

主要包括能够满足学生专业学习、教师专业教学研究和教学实施需要的教材、图书及数字化资源等。

10.2.1 教材选用基本要求

按照国家规定，经过规范程序选用教材，优先选用国家规划教材和国家优秀教材。专业课程教材应体现本行业新技术、新规范、新标准、新形态，并通过数字教材、活页式教材等多种方式进行动态更新。

10.2.2 图书文献配备基本要求

图书文献配备能满足人才培养、专业建设、教科研等工作的需要。专业类图书文献主要包括：西班牙语教材、西班牙语教学参考书和工具书、西班牙语期刊，西班牙语文学类、西班牙语语言学类、中西（中拉）文化类、翻译理论与实践类、国际经济与贸易类、跨境电子商务类等文献，以及与本专业相关的国内外法律法规、国际惯例、行业企业标准、技术规范和案例等。及时配置新经济、新技术、新工艺、新材料、新管理方式、新服务方式等相关的图书文献。

10.2.3 数字教学资源配置基本要求

建设、配备与本专业有关的音视频素材、教学课件、数字化教学案例库、虚拟仿真软件等专业教学资源库，种类丰富、形式多样、使用便捷、动态更新、满足教学。

11. 质量保障和毕业要求

11.1 质量保障

（1）学校和二级院系应建立专业人才培养质量保障机制，健全专业教学质量监控管理制度，改进结果评价，强化过程评价，探索增值评价，吸纳行业组织、企业等参与评价，并及时公开相关信息，接受教育督导和社会监督，健全综合评价。完善人才培养方案、课程标准、课堂评价、实习实训、毕业设计以及资源建设等质量保障建设，通过教学实施、过程监控、质量评价和持续改进，达到人才培养规格要求。

（2）学校和二级院系应完善教学管理机制，加强日常教学组织运行与管理，定期开展课程建设、日常教学、人才培养质量的诊断与改进，建立健全巡课、听课、评教、评学等制度，建立与企业联动的实践教学环节督导制度，严明教学纪律，强化教学组织功能，定期开展公开课、示范课等教研活动。

（3）专业教研组织应建立线上线下相结合的集中备课制度，定期召开教学研讨会议，利用评价分析结果有效改进专业教学，持续提高人才培养质量。

（4）学校应建立毕业生跟踪反馈机制及社会评价机制，并对生源情况、职业道德、技术技能水平、就业质量等进行分析，定期评价人才培养质量和培养目标达成情况。

11.2 毕业要求

根据专业人才培养方案确定的目标和培养规格，完成规定的实习实训，全部课程考核合格或修满学分，准予毕业。

学校可结合办学实际，细化、明确学生课程修习、学业成绩、实践经历、职业素养、综合素质等方面的学习要求和考核要求等。要严把毕业出口关,确保学生毕业时完成规定的学时学分和各教学环节,保证毕业要求的达成度。

接受职业培训取得的职业技能等级证书、培训证书等学习成果,经职业学校认定,可以转化为相应的学历教育学分;达到相应职业学校学业要求的,可以取得相应的学业证书。

>>> 第十二章

应用德语专业教学标准（高等职业教育专科）

1. 概述

为适应科技发展、技术进步对行业生产、建设、管理、服务等领域带来的新变化，顺应商务服务业、批发业和零售业优化升级需要，对接商务服务业、批发业和零售业数字化、网络化、智能化发展新趋势，对接新产业、新业态、新模式下商务翻译、跨境电商、客户服务、旅游服务等岗位（群）的新要求，不断满足商务服务业、批发业和零售业高质量发展对高素质技能人才的需求，推动职业教育专业升级和数字化改造，提高人才培养质量，遵循推进现代职业教育高质量发展的总体要求，参照国家相关标准编制要求，制订本标准。

专业教学直接决定高素质技能人才培养的质量，专业教学标准是开展专业教学的基本依据。本标准是全国高等职业教育专科应用德语专业教学的基本标准，学校应结合区域 / 行业实际和自身办学定位，依据本标准制订本校应用德语专业人才培养方案，鼓励高于本标准办出特色。

2. 专业名称（专业代码）

应用德语（570213）

3. 入学基本要求

中等职业学校毕业、普通高级中学毕业或具备同等学力

4. 基本修业年限

三年

5. 职业面向

所属专业大类（代码）	教育与体育大类（57）
所属专业类（代码）	语言类（5702）
对应行业（代码）	商务服务业（72）、批发业（51）、零售业（52）
主要职业类别（代码）	翻译人员（2-10-05）、销售人员（4-01-02）、电子商务服务人员（4-01-06）、商务专业人员（2-06-07）、旅游及公共游览场所服务人员（4-07-04）
主要岗位（群）或技术领域	商务翻译、跨境电商、客户服务、旅游服务……
职业类证书	暂无

6. 培养目标

本专业培养能够践行社会主义核心价值观，传承技能文明，德智体美劳全面发展，具有一定的科学文化水平，良好的人文素养、科学素养、数字素养、职业道德、创新意识，爱岗敬业的职业精神和精益求精的工匠精神，较强的就业创业能力和可持续发展的能力，掌握本专业知识和技术技能，具备职业综合素质和行动能力，面向商务服务业、批发业和零售业等

行业的翻译人员、销售人员、电子商务服务人员、商务专业人员、旅游及公共游览场所服务人员等职业，能够从事商务翻译、跨境电商、客户服务、旅游服务等工作的高技能人才。

7. 培养规格

本专业学生应在系统学习本专业知识并完成有关实习实训基础上，全面提升知识、能力、素质，掌握并实际运用岗位（群）需要的专业核心技术技能，实现德智体美劳全面发展，总体上须达到以下要求：

（1）坚定拥护中国共产党领导和中国特色社会主义制度，以习近平新时代中国特色社会主义思想为指导，践行社会主义核心价值观，具有坚定的理想信念、深厚的爱国情感和中华民族自豪感；

（2）掌握与本专业对应职业活动相关的国家法律、行业规定，掌握绿色生产、环境保护、安全防护、质量管理等相关知识与技能，了解相关行业文化，具有爱岗敬业的职业精神，遵守职业道德准则和行为规范，具备社会责任感和担当精神；

（3）掌握支撑本专业学习和可持续发展必备的语文、外语（英语等）、信息技术等文化基础知识，具有良好的人文素养与科学素养，具备职业生涯规划能力；

（4）具有良好的语言表达能力、文字表达能力、沟通合作能力，具有较强的集体意识和团队合作意识，具有一定的国际视野，能够正确理解多元文化和人类命运共同体内涵；

（5）掌握较为扎实的德语语言基础知识，具备听、说、读、写基本技能；

（6）掌握基本的翻译技巧和翻译方法，熟悉翻译软件，具备开展口头或书面形式的应用翻译能力；

（7）掌握沟通技巧与跨文化知识，具备一定运用德语从事涉外活动的组织、协调及管理能力；

（8）掌握国际贸易、跨境电商等相关基础知识，具备运用德语开展进出口业务与互联网平台运营与推广的基本技能；

（9）熟悉旅游服务基础知识，具备运用德语开展出入境旅游业务的基本技能；

（10）掌握信息技术基础知识，具有适应本行业数字化和智能化发展需求的数字技能；

（11）具有探究学习、终身学习和可持续发展的能力，具有整合知识和综合运用知识分析问题和解决问题的能力；

（12）掌握身体运动的基本知识和至少1项体育运动技能，达到国家大学生体质健康测试合格标准，养成良好的运动习惯、卫生习惯和行为习惯；具备一定的心理调适能力；

（13）掌握必备的美育知识，具有一定的文化修养、审美能力，形成至少1项艺术特长或爱好；

（14）树立正确的劳动观，尊重劳动，热爱劳动，具备与本专业职业发展相适应的劳动素养，弘扬劳模精神、劳动精神、工匠精神，弘扬劳动光荣、技能宝贵、创造伟大的时代风尚。

8. 课程设置及学时安排

8.1 课程设置

主要包括公共基础课程和专业课程。

8.1.1 公共基础课程

按照国家有关规定开齐开足公共基础课程。

应将思想政治理论、体育、军事理论与军训、心理健康教育、劳动教育等列为公共基础必修课程。将马克思主义理论类课程、党史国史、中华优秀传统文化、语文、公共外语、国家安全教育、信息技术、艺术、职业发展与就业指导、创新创业教育、健康教育、职业素养等列为必修课程或限定选修课程。

学校根据实际情况可开设具有地方特色的校本课程。

8.1.2 专业课程

一般包括专业基础课程、专业核心课程和专业拓展课程。专业基础课程是需要前置学习的基础性理论知识和技能构成的课程，是为专业核心课程提供理论和技能支撑的基础课程；专业核心课程是根据岗位工作内容、典型工作任务设置的课程，是培养核心职业能力的主干课程；专业拓展课程是根据学生发展需求横向拓展和纵向深化的课程，是提升综合职业能力的延展课程。

学校应结合区域／行业实际、办学定位和人才培养需要自主确定课程，进行模块化课程设计，依托体现新方法、新技术、新工艺、新标准的真实生产项目和典型工作任务等，开展项目式、情境式教学，结合人工智能等技术实施课程教学的数字化转型。有条件的专业，可结合教学实际，探索创新课程体系。

（1）专业基础课程

主要包括：综合德语、德语语音、德语听力、德语口语、德语阅读、德语基础写作、德语国家和地区概况、涉外礼仪等领域的内容。

（2）专业核心课程

主要包括：德语视听说、实用德语会话、德语应用文写作、德汉互译、中德跨文化交际、商务德语、跨境电商实务、旅游德语等领域的内容，具体课程由学校根据实际情况，按国家有关要求自主设置。

专业核心课程主要教学内容与要求

序号	课程涉及的主要领域	典型工作任务描述	主要教学内容与要求
1	德语视听说	① 对德语国家和地区客户进行产品推广。② 与德语国家和地区客户进行电话或线上沟通。	① 开展有关德语国家和地区社会、文化、政治、经济、艺术、教育、科技等各种题材的音像资料的教学和视听说综合训练。

序号	课程涉及的主要领域	典型工作任务描述	主要教学内容与要求
		③ 进行客户开发、跟进与维护。	② 能够抓取一定时长的音、视频材料的大意，并具备在相应的语境下进行口语交际的能力。
2	实用德语会话	① 对德语国家和地区客户进行产品推广。 ② 与德语国家和地区客户进行电话或线上沟通，进行客户开发、跟进与维护。 ③ 从事涉外接待、陪同、景点讲解等工作。	① 熟悉德语口语会话的特点和基本规律，掌握德语职场专业术语，掌握日常生活及典型职场环境中的德语句式表达。 ② 能够较为熟练地运用典型职场环境中的常用词汇、句型进行较为准确、得体的会话。
3	德语应用文写作	能够从事文案撰写、产品上架与描述、产品推广、数据分析、客户邮件沟通、商务文书撰写、日常行政文书撰写等工作。	① 掌握德语邮件、委托书、协议书、各种信函等应用文的书写格式和行文规范。 ② 熟悉与工作、生活相关的常用应用文文体，能够撰写格式正确、结构完整、意思表达准确的常用应用文。
4	德汉互译	① 日常文件、信函笔译。涉外接待口译。 ② 协助进行文化、商务等活动的策划、组织、翻译、沟通协调等工作。	① 掌握翻译理论基础知识，进行模拟情境翻译实训，掌握具体情境中词语、句子和篇章的翻译策略和技巧。 ② 能够借助词典、资料、翻译软件等进行准确的德汉笔译，尤其能较为恰当地处理德汉双语的差异之处，并在此基础上完成常用场景下的德汉口译。

续表

序号	课程涉及的主要领域	典型工作任务描述	主要教学内容与要求
5	中德跨文化交际	① 与不同文化背景的德语国家和地区客户友好相处。 ② 涉外接待、陪同。 ③ 妥善协调矛盾、处理突发事件。	① 熟悉跨文化交际中的语言和文化差异、中外思维模式、文化冲突、文化价值观障碍、风俗礼仪及社会交往、非言语行为，开展面向德语翻译、商务服务、涉外企业服务、涉外旅游接待领域跨文化交际项目实操。 ② 在跨文化背景下能够恰当、得体地与他人交往。
6	商务德语	运用中德双语技能、相关专业领域知识和辅助工具，能够从事国际贸易交流活动、开拓市场、发展业务、联系客户、谈判、签订合同、履行合同等工作。	① 掌握企业工作流程和业务规范，代表性公司业务知识和业务术语，各种商务场合下的德语常用词汇、句型、表达习惯。 ② 能够熟悉企业工作流程，并在相应场合下较为自如地运用德语。
7	跨境电商实务	① 运用电商平台操作相关知识，达成交易、进行电子支付结算，并通过跨境电商物流及异地仓储送达商品。 ② 与德语客户进行沟通服务。	① 熟悉主流跨境电商平台选择方法与规则、市场定位与选品、产品发布与上架规划、产品推广与优化、文案编辑与修改、客户问题解决、订单跟踪、物流与供应链管理、后台数据监控与分析等。 ② 在实训过程中掌握跨境电商平台操作及客户服务等职业技能。

续表

序号	课程涉及的主要领域	典型工作任务描述	主要教学内容与要求
8	旅游德语	涉德出境领队、地陪、接待、酒店管理、应急救援等涉外旅游服务业务。	① 熟悉中德旅游文化，旅游服务中的交通、餐饮、住宿、游玩、娱乐、购物和应急救援等德语习惯用语表达和翻译技巧等。 ② 在实训过程中掌握涉德旅游服务中导游、领队、地陪等岗位职业技能。

（3）专业拓展课程

主要包括：德文信息化处理、现代办公技术应用、涉外秘书实务、国际贸易实务、商务沟通、会展策划、搜索引擎营销、邮件营销等领域的内容。

8.1.3 实践性教学环节

实践性教学应贯穿于人才培养全过程。实践性教学主要包括实验、实习实训、毕业设计、社会实践活动等形式，公共基础课程和专业课程等都要加强实践性教学。

（1）实训

在校内外进行德语语言综合运用、商务翻译、涉外综合业务操作等实训，包括单项技能实训、综合能力实训、生产性实训等。

（2）实习

在应用德语行业的涉外贸易企业、跨境电商公司、涉外旅行社等单位进行实习，包括认识实习和岗位实习。学校应建立稳定、够用的实习基地，选派专门的实习指导教师和人员，组织开展专业对口实习，加强对学生实习的指导、管理和考核。

实习实训既是实践性教学，也是专业课教学的重要内容，应注重理论与实践一体化教学。学校可根据技能人才培养规律，结合企业生产周期，优化学期安排，灵活开展实践性教学。应严格执行《职业学校学生实习管理规定》和相关专业岗位实习标准要求。

8.1.4 相关要求

学校应充分发挥思政课程和各类课程的育人功能。发挥思政课程政治引领和价值引领作用，在思政课程中有机融入党史、新中国史、改革开放史、社会主义发展史等相关内容；结合实际落实课程思政，推进全员、全过程、全方位育人，实现思想政治教育与技术技能培养的有机统一。应开设安全教育（含典型案例事故分析）、社会责任、绿色环保、新一代信息技术、数字经济、现代管理、创新创业教育等方面的拓展课程或专题讲座（活动），并将有关内容融入课程教学中；自主开设其他特色课程；组织开展德育活动、志愿服务活动和其他实践活动。

8.2 学时安排

总学时一般为 2700 学时，每 16~18 学时折算 1 学分，其中，公共基础课总学时一般不少于总学时的 25%。实践性教学学时原则上不少于总学时的 50%，其中，实习时间累计一般为 6 个月，可根据实际情况集中或分阶段安排实习时间。各类选修课程的学时累计不少于总学时的 10%。军训、社会实践、入学教育、毕业教育等活动按 1 周为 1 学分。

9. 师资队伍

按照"四有好老师""四个相统一""四个引路人"的要求建设专业教师队伍，将师德师风作为教师队伍建设的第一标准。

9.1 队伍结构

学生数与本专业专任教师数比例不高于 25∶1，"双师型"教师占专业课教师数比例一般不低于 60%，高级职称专任教师的比例不低于 20%，专任教师队伍要考虑职称、年龄、工作经验，形成合理的梯队结构。

能够整合校内外优质人才资源，选聘企业高级技术人员担任行业导师，组建校企合作、专兼结合的教师团队，建立定期开展专业（学科）教研机制。

9.2　专业带头人

原则上应具有本专业及相关专业副高及以上职称和较强的实践能力，能够较好地把握商务服务业、批发业和零售业等行业、专业发展，能广泛联系行业企业，了解行业企业对本专业人才的需求实际，主持专业建设、开展教育教学改革、教科研工作和社会服务能力强，在本专业改革发展中起引领作用。

9.3　专任教师

具有高校教师资格；原则上具有德语相关专业本科及以上学历；具有一定年限的相应工作经历或者实践经验，达到相应的技术技能水平；具有本专业理论和实践能力；能够落实课程思政要求，挖掘专业课程中的思政教育元素和资源；能够运用信息技术开展混合式教学等教法改革；能够跟踪新经济、新技术发展前沿，开展技术研发与社会服务；专业教师每年至少1个月在企业或生产性实训基地锻炼，每5年累计不少于6个月的企业实践经历。

9.4　兼职教师

主要从本专业相关行业企业的高技能人才中聘任，应具有扎实的专业知识和丰富的实际工作经验，一般应具有中级及以上专业技术职务（职称）或高级工及以上职业技能等级，了解教育教学规律，能承担专业课程教学、实习实训指导和学生职业发展规划指导等专业教学任务。根据需要聘请技能大师、劳动模范、能工巧匠等高技能人才，根据国家有关要求制定针对兼职教师聘任与管理的具体实施办法。

10. 教学条件

10.1 教学设施

主要包括能够满足正常的课程教学、实习实训所需的专业教室、实训室和实习实训基地。

10.1.1 专业教室基本要求

具备利用信息化手段开展混合式教学的条件。一般配备黑（白）板、多媒体计算机、投影设备、音响设备，具有互联网接入或无线网络环境及网络安全防护措施。安装应急照明装置并保持良好状态，符合紧急疏散要求，安防标志明显，保持逃生通道畅通无阻。

10.1.2 校内外实训场所基本要求

实训场所面积、设备设施、安全、环境、管理等符合教育部有关标准（规定、办法），实训环境与设备设施对接真实职业场景或工作情境，实训项目注重工学结合、理实一体化，实训指导教师配备合理，实训管理及实施规章制度齐全，确保能够顺利开展商务翻译、跨境电商、客户服务、旅游服务等实训活动。鼓励在实训中运用大数据、云计算、人工智能、虚拟仿真等前沿信息技术。

（1）德语语言综合实训室

配备多媒体教学一体设备，具有互联网接入或无线网络环境、中德双语数字化教学资源、德语语言实训软件或平台系统等，用于德语语音、德语听力、德语口语、德语视听说、实用德语会话、德汉互译、德文信息化处理等实训教学。

（2）商务服务综合实训室

配备多媒体教学一体设备，具有互联网接入或无线网络环境、会议设备、录播设备、接待工作台及涉德企业服务实训软件等，用于商务德语、涉外礼仪、中德跨文化交际、商务沟通、国际贸易实务、会展策划、跨境电商实务、现代办公技术应用、涉外秘书实务、搜索引擎营销、邮件营销等实训教学。

可结合实际建设综合性实训场所。

10.1.3 实习场所基本要求

符合《职业学校学生实习管理规定》《职业学校校企合作促进办法》等对实习单位的有关要求，经实地考察后，确定合法经营、管理规范，实习条件完备且符合产业发展实际、符合安全生产法律法规要求，与学校建立稳定合作关系的单位成为实习基地，并签署学校、学生、实习单位三方协议。

根据本专业人才培养的需要和未来就业需求，实习基地应能提供商务翻译、跨境电商、客户服务、旅游服务等与专业对口的相关实习岗位，能涵盖当前相关产业发展的主流技术，可接纳一定规模的学生实习；学校和实习单位双方共同制订实习计划，能够配备相应数量的指导教师对学生实习进行指导和管理，实习单位安排有经验的技术或管理人员担任实习指导教师，开展专业教学和职业技能训练，完成实习质量评价，做好学生实习服务和管理工作，有保证实习学生日常工作、学习、生活的规章制度，有安全、保险保障，依法依规保障学生的基本权益。

10.2 教学资源

主要包括能够满足学生专业学习、教师专业教学研究和教学实施需要的教材、图书及数字化资源等。

10.2.1 教材选用基本要求

按照国家规定，经过规范程序选用教材，优先选用国家规划教材和国家优秀教材。专业课程教材应体现本行业新技术、新规范、新标准、新形态，并通过数字教材、活页式教材等多种方式进行动态更新。

10.2.2 图书文献配备基本要求

图书文献配备能满足人才培养、专业建设、教科研等工作的需要。专业类图书文献主要包括：翻译理论与实践、德语国家和地区社会与文化、涉外礼仪、中德跨文化交际、国际经济与贸易、跨境电商以及对外经济合作等方面的图书文献；与本专业相关的法律法规、国际惯例及行业企业技术规范和案例等。及时配置新经济、新技术、新工艺、新材料、新管理方式、新服务方式等相关的图书文献。

10.2.3 数字教学资源配置基本要求

建设、配备与本专业有关的音视频素材、教学课件、数字化教学案例库、虚拟仿真软件等专业教学资源库，种类丰富、形式多样、使用便捷、动态更新、满足教学。

11. 质量保障和毕业要求

11.1 质量保障

（1）学校和二级院系应建立专业人才培养质量保障机制，健全专业教学质量监控管理制度，改进结果评价，强化过程评价，探索增值评价，吸纳行业组织、企业等参与评价，并及时公开相关信息，接受教育督导和社会监督，健全综合评价。完善人才培养方案、课程标准、课堂评价、实习实训、毕业设计以及资源建设等质量保障建设，通过教学实施、过程监控、质量评价和持续改进，达到人才培养规格要求。

（2）学校和二级院系应完善教学管理机制，加强日常教学组织运行与管理，定期开展课程建设、日常教学、人才培养质量的诊断与改进，建立健全巡课、听课、评教、评学等制度，建立与企业联动的实践教学环节督导制度，严明教学纪律，强化教学组织功能，定期开展公开课、示范课等教研活动。

（3）专业教研组织应建立线上线下相结合的集中备课制度，定期召开教学研讨会议，利用评价分析结果有效改进专业教学，持续提高人才培养质量。

（4）学校应建立毕业生跟踪反馈机制及社会评价机制，并对生源情况、职业道德、技术技能水平、就业质量等进行分析，定期评价人才培养质量和培养目标达成情况。

11.2 毕业要求

根据专业人才培养方案确定的目标和培养规格，完成规定的实习实训，全部课程考核合格或修满学分，准予毕业。

学校可结合办学实际，细化、明确学生课程修习、学业成绩、实践经历、职业素养、综合素质等方面的学习要求和考核要求等。要严把毕业出口关，确保学生毕业时完成规定的学时学分和各教学环节，保证毕业要求的达成度。

接受职业培训取得的职业技能等级证书、培训证书等学习成果，经职业学校认定，可以转化为相应的学历教育学分；达到相应职业学校学业要求的，可以取得相应的学业证书。

>>> **第十三章**

应用泰语专业教学标准
（高等职业教育专科）

1. 概述

　　为适应科技发展、技术进步对行业生产、建设、管理、服务等领域带来的新变化，顺应商务服务业、批发业和零售业优化升级需要，对接商务服务业、批发业和零售业数字化、网络化、智能化发展新趋势，对接新产业、新业态、新模式下泰语翻译、涉泰商贸服务、跨境电商运营及涉泰旅游服务等岗位（群）的新要求，不断满足商务服务业、批发业和零售业高质量发展对高素质技能人才的需求，推动职业教育专业升级和数字化改造，提高人才培养质量，遵循推进现代职业教育高质量发展的总体要求，参照国家相关标准编制要求，制订本标准。

　　专业教学直接决定高素质技能人才培养的质量，专业教学标准是开展专业教学的基本依据。本标准是全国高等职业教育专科应用泰语专业教学的基本标准，学校应结合区域/行业实际和自身办学定位，依据本标准制订本校应用泰语专业人才培养方案，鼓励高于本标准办出特色。

2. 专业名称（专业代码）

　　应用泰语（570214）

3. 入学基本要求

中等职业学校毕业、普通高级中学毕业或具备同等学力

4. 基本修业年限

三年

5. 职业面向

所属专业大类（代码）	教育与体育大类（57）
所属专业类（代码）	语言类（5702）
对应行业（代码）	商务服务业（72）、批发业（51）、零售业（52）
主要职业类别（代码）	翻译人员（2-10-05）、商务专业人员（2-06-07）、旅游及公共游览场所服务人员（4-07-04）
主要岗位（群）或技术领域	泰语翻译、涉泰商贸服务、跨境电商运营、涉泰旅游服务……
职业类证书	暂无

6. 培养目标

本专业培养能够践行社会主义核心价值观，传承技能文明，德智体美劳全面发展，具有一定的科学文化水平，良好的人文素养、科学素养、数字素养、职业道德、创新意识，爱岗敬业的职业精神和精益求精的工匠精神，较强的就业创业能力和可持续发展的能力，掌握本专业知识和技术技能，具备职业综合素质和行动能力，面向商务服务业、批发业和零售业等行业的翻译人员、商务专业人员、旅游及公共游览场所服务人员等职业，

能够从事泰语翻译、涉泰商贸服务、跨境电商运营、涉泰旅游服务等工作的高技能人才。

7. 培养规格

本专业学生应在系统学习本专业知识并完成有关实习实训基础上，全面提升知识、能力、素质，掌握并实际运用岗位（群）需要的专业核心技术技能，实现德智体美劳全面发展，总体上须达到以下要求：

（1）坚定拥护中国共产党领导和中国特色社会主义制度，以习近平新时代中国特色社会主义思想为指导，践行社会主义核心价值观，具有坚定的理想信念、深厚的爱国情感和中华民族自豪感；

（2）掌握与本专业对应职业活动相关的国家法律、行业规定，掌握绿色生产、环境保护、安全防护、质量管理等相关知识与技能，了解相关行业文化，具有爱岗敬业的职业精神，遵守职业道德准则和行为规范，具备社会责任感和担当精神；

（3）掌握支撑本专业学习和可持续发展必备的语文、外语（英语等）、信息技术、应用文写作等文化基础知识，具有良好的人文素养与科学素养，具备职业生涯规划能力；

（4）具有良好的语言表达能力、文字表达能力、沟通合作能力，具有较强的集体意识和团队合作意识，具有一定的国际视野，能够正确理解多元文化和人类命运共同体内涵；

（5）掌握较为扎实的泰语语言基础知识，具备听、说、读、写基本技能，能够进行泰语日常会话和应用文写作；

（6）掌握基本的翻译技巧和翻译方法，熟悉翻译软件，具备开展口头或书面形式的应用翻译能力；

（7）熟悉对象国市场、国际规则和惯例，掌握进出口业务和跨境电商基本理论与知识，具备互联网平台运营与推广的基本技能；

（8）掌握商务服务业泰语专业术语及常用表达，具有较强的运用泰语进行商务服务的业务能力；

（9）熟悉旅游服务基础知识，具备运用泰语开展出入境旅游业务的基本技能；

（10）掌握信息技术基础知识，具有适应本行业数字化和智能化发展需求的数字技能；

（11）具有探究学习、终身学习和可持续发展的能力，具有整合知识和综合运用知识分析问题和解决问题的能力；

（12）掌握身体运动的基本知识和至少1项体育运动技能，达到国家大学生体质健康测试合格标准，养成良好的运动习惯、卫生习惯和行为习惯；具备一定的心理调适能力；

（13）掌握必备的美育知识，具有一定的文化修养、审美能力，形成至少1项艺术特长或爱好；

（14）树立正确的劳动观，尊重劳动，热爱劳动，具备与本专业职业发展相适应的劳动素养，弘扬劳模精神、劳动精神、工匠精神，弘扬劳动光荣、技能宝贵、创造伟大的时代风尚。

8. 课程设置及学时安排

8.1 课程设置

主要包括公共基础课程和专业课程。

8.1.1 公共基础课程

按照国家有关规定开齐开足公共基础课程。

应将思想政治理论、体育、军事理论与军训、心理健康教育、劳动教育等列为公共基础必修课程。将马克思主义理论类课程、党史国史、中华优秀传统文化、语文、国家安全教育、信息技术、艺术、职业发展与就业指导、职业素养等列为必修课程或限定选修课程。

学校根据实际情况可开设具有地方特色的校本课程。

8.1.2 专业课程

一般包括专业基础课程、专业核心课程和专业拓展课程。专业基础课程是需要前置学习的基础性理论知识和技能构成的课程，是为专业核心课程提供理论和技能支撑的基础课程；专业核心课程是根据岗位工作内容、典型工作任务设置的课程，是培养核心职业能力的主干课程；专业拓展课程是根据学生发展需求横向拓展和纵向深化的课程，是提升综合职业能力的延展课程。

学校应结合区域/行业实际、办学定位和人才培养需要自主确定课程，进行模块化课程设计，依托体现新方法、新技术、新工艺、新标准的真实生产项目和典型工作任务等，开展项目式、情境式教学，结合人工智能等技术实施课程教学的数字化转型。有条件的专业，可结合教学实际，探索创新课程体系。

（1）专业基础课程

主要包括：泰语语音、泰语口语、泰语阅读、泰语基础写作、泰国和东南亚地区概况、涉外服务礼仪、泰语信息化处理、国际贸易基础等领域的内容。

（2）专业核心课程

主要包括：综合泰语、泰语视听说、实用泰语会话、泰语应用文写作、泰汉互译、跨境电商、商务泰语、旅游泰语等领域的内容，具体课程由学校根据实际情况，按国家有关要求自主设置。

专业核心课程主要教学内容与要求

序号	课程涉及的主要领域	典型工作任务描述	主要教学内容与要求
1	综合泰语	① 处理对外沟通相关事务。② 与客户用泰语进行电话或线上沟通。	① 掌握泰语语法、词法、句法、篇章结构、表达习惯等综合语言知识及文化背景知识。

序号	课程涉及的主要领域	典型工作任务描述	主要教学内容与要求
		③ 客户开发、跟进与维护。 ④ 涉外接待、陪同、景点讲解等。 ⑤ 用泰语进行产品推广。	② 进行各类日常生活对话及篇章学习。 ③ 能够较为准确地进行听、说、读、写、译语言综合运用。
2	泰语视听说	运用中泰双语技能、相关专业领域知识或辅助工具，与泰语国家和地区客户进行音视频沟通，听取客户需求，进行客户开发、跟进与维护。	① 开展有关泰国社会、文化、政治、经济、艺术、教育、科技等各种题材的泰语音像资料的学习及视听说综合训练。 ② 能够抓取一定时长的音、视频材料的大意，并具备在相应的语境下进行口语交际的能力。
3	实用泰语会话	① 与外宾电话交流。 ② 接待外宾，当面交流。 ③ 安排和协调出国访问。 ④ 答复客户咨询，处理对外沟通相关事务。	① 掌握泰语口语会话的特点和基本规律，泰语职场专业术语、日常生活及典型职场环境中的泰语句式表达。 ② 能够较为熟练地运用典型职场环境中的常用词汇、句型进行较为准确、得体的会话。
4	泰语应用文写作	① 撰写泰语邮件对客户进行产品推广和售后服务等。 ② 撰写泰语邀请函、道歉信、贺信等。	① 掌握泰语信函等各类应用文的必要项和行文规范。 ② 熟悉与工作、生活相关的常用应用文文体，能够撰写格式正确、结构完整、表意准确的常用应用文。

续表

序号	课程涉及的主要领域	典型工作任务描述	主要教学内容与要求
5	泰汉互译	① 整理、记录并翻译日常交流对话。 ② 翻译名片、电子邮件及商务信函。 ③ 翻译产品介绍及广告。	① 开展模拟情境翻译实训，具体情境中词语、句子和篇章的翻译策略和技巧学习与训练。 ② 能够借助词典、资料、翻译软件等进行基本准确的泰汉笔译，并在此基础上完成常用场景下的泰汉口译。
6	跨境电商	① 产品开发：选定销售产品并翻译上传。 ② 文案编写：编写产品促销广告文本。 ③ 售后客服：平台回复客户问题或电话沟通。 ④ 数据分析应用：分析行业店铺数据，并做出正确营销决策。	① 熟悉主流跨境电商的平台选择与规则、市场定位与选品、产品发布与上架规划、产品推广与优化、文案编辑与修改、客户问题解决、订单跟踪、物流与供应链管理、后台数据监控与分析等。 ② 具备操作和运营跨境电商平台的能力。
7	商务泰语	进出口贸易操作：进行客户开发、产品询价、洽谈业务、签订合同、交货结算等贸易流程。	① 熟悉访问计划、预约访问、寒暄介绍、参观访问及进出口贸易专业术语和表达句式，掌握贸易洽谈（包括品名、数量、品质、价格、包装、付款条件、装运、保险、商检、代理等内容）、委托订购、交货结算、投诉赔偿等业务内容。 ② 具备运用泰语开展国际贸易活动的能力。

续表

序号	课程涉及的主要领域	典型工作任务描述	主要教学内容与要求
8	旅游泰语	① 导游陪同：随行介绍中国风土人情和景点知识文化。② 旅游应急处理：协助游客处理突发应急事件。	① 掌握导游相关业务术语，机场接机、沿途导游、入店服务、商定行程、游览服务、餐饮服务、购物、娱乐、应急事件处理、送团服务等日常表达，中国历史、传统文化、特产与菜系、中医药等知识表达，各区域主要景点介绍等。② 具备在"互联网＋旅游"背景下运用泰语进行业务接待的能力。

（3）专业拓展课程

主要包括：中泰跨文化交际、媒体泰语选读、商务谈判、对外汉语、涉外事务管理、旅游实务等领域的内容。

8.1.3 实践性教学环节

实践性教学应贯穿于人才培养全过程。实践性教学主要包括实验、实习实训、毕业设计、社会实践活动等形式。公共基础课程和专业课程等都要加强实践性教学。

（1）实训

在校内外进行泰语翻译、涉泰商贸服务、跨境电商运营、涉泰旅游服务等实训，包括单项技能实训、综合能力实训、生产性实训等。

（2）实习

在涉泰商贸企业、旅行社、翻译机构等单位进行岗位实习，包括认识实习和岗位实习。学校应建立稳定、够用的实习基地，选派专门的实习指导教师和人员，组织开展专业对口实习，加强对学生实习的指导、管理和考核。

实习实训既是实践性教学，也是专业课教学的重要内容，应注重理论与实践一体化教学。学校可根据技能人才培养规律，结合企业生产周期，优化学期安排，灵活开展实践性教学。应严格执行《职业学校学生实习管理规定》和相关专业岗位实习标准要求。

8.1.4 相关要求

学校应充分发挥思政课程和各类课程的育人功能。发挥思政课程政治引领和价值引领作用，在思政课程中有机融入党史、新中国史、改革开放史、社会主义发展史等相关内容；结合实际落实课程思政，推进全员、全过程、全方位育人，实现思想政治教育与技术技能培养的有机统一。应开设安全教育（含典型案例事故分析）、社会责任、绿色环保、新一代信息技术、数字经济、现代管理、创新创业教育等方面的拓展课程或专题讲座（活动），并将有关内容融入课程教学中；自主开设其他特色课程；组织开展德育活动、志愿服务活动和其他实践活动。

8.2 学时安排

总学时一般为 2700 学时，每 16~18 学时折算 1 学分，其中，公共基础课总学时一般不少于总学时的 25%。实践性教学学时原则上不少于总学时的 50%，其中，实习时间累计一般为 6 个月，可根据实际情况集中或分阶段安排实习时间。各类选修课程的学时累计不少于总学时的 10%。军训、社会实践、入学教育、毕业教育等活动按 1 周为 1 学分。

9. 师资队伍

按照"四有好老师""四个相统一""四个引路人"的要求建设专业教师队伍，将师德师风作为教师队伍建设的第一标准。

9.1 队伍结构

学生数与本专业专任教师数比例不高于 25:1，"双师型"教师占专业课教师数比例一般不低于 60%，高级职称专任教师的比例不低于 20%，专任教师队伍要考虑职称、年龄、工作经验，形成合理的梯队结构。

能够整合校内外优质人才资源，选聘企业高级技术人员担任行业导师，组建校企合作、专兼结合的教师团队，建立定期开展专业（学科）教研机制。

9.2 专业带头人

原则上应具有本专业及相关专业副高及以上职称和较强的实践能力，能够较好地把握国内外商务服务业、批发业和零售业等行业、专业发展，能广泛联系行业企业，了解行业企业对本专业人才的需求实际，主持专业建设、开展教育教学改革、教科研工作和社会服务能力强，在本专业改革发展中起引领作用。

9.3 专任教师

具有高校教师资格；原则上具有泰语相关专业本科及以上学历；具有一定年限的相应工作经历或者实践经验，达到相应的技术技能水平；具有本专业理论和实践能力；能够落实课程思政要求，挖掘专业课程中的思政教育元素和资源；能够运用信息技术开展混合式教学等教法改革；能够跟踪新经济、新技术发展前沿，开展技术研发与社会服务；专业教师每年至少 1 个月在企业或生产性实训基地锻炼，每 5 年累计不少于 6 个月的企业实践经历。

9.4 兼职教师

主要从本专业相关行业企业的高技能人才中聘任，应具有扎实的专业知识和丰富的实际工作经验，一般应具有中级及以上专业技术职务（职称）或高级工及以上职业技能等级，了解教育教学规律，能承担专业课程教学、实习实训指导和学生职业发展规划指导等专业教学任务。根据需要聘请技能大师、劳动模范、能工巧匠等高技能人才，根据国家有关要求制定针对兼职教师聘任与管理的具体实施办法。

10. 教学条件

10.1 教学设施

主要包括能够满足正常的课程教学、实习实训所需的专业教室、实训室和实习实训基地。

10.1.1 专业教室基本要求

具备利用信息化手段开展混合式教学的条件。一般配备黑（白）板、多媒体计算机、投影设备、音响设备，具有互联网接入或无线网络环境及网络安全防护措施。安装应急照明装置并保持良好状态，符合紧急疏散要求，安防标志明显，保持逃生通道畅通无阻。

10.1.2 校内外实训场所基本要求

实训场所面积、设备设施、安全、环境、管理等符合教育部有关标准（规定、办法），实训环境与设备设施对接真实职业场景或工作情境，实训项目注重工学结合、理实一体化，实训指导教师配备合理，实训管理及实施规章制度齐全，确保能够顺利开展泰语翻译、涉泰商贸服务、跨境电商运营、涉泰旅游服务等实训活动。鼓励在实训中运用大数据、云计算、人工智能、虚拟仿真等前沿信息技术。

（1）泰语语言综合实训室

配备多媒体教学一体设备，具有互联网接入或无线网络环境、中泰双语数字化教学资源、泰语语言实训软件或平台系统，用于泰语信息化处理、综合泰语、泰语视听说、实用泰语会话等实训教学。

（2）泰汉翻译技能模拟场景综合实训室

配备教学主控台、投影仪、电子屏幕、会议设备、录播设备、演讲台，中泰双语数字化教学资源、泰语语言实训软件或平台系统等，用于泰汉互译、跨境电商、商务泰语、旅游泰语等实训教学。

可结合实际建设综合性实训场所。

10.1.3 实习场所基本要求

符合《职业学校学生实习管理规定》《职业学校校企合作促进办法》

等对实习单位的有关要求，经实地考察后，确定合法经营、管理规范，实
习条件完备且符合产业发展实际、符合安全生产法律法规要求，与学校建
立稳定合作关系的单位成为实习基地，并签署学校、学生、实习单位三方
协议。

根据本专业人才培养的需要和未来就业需求，实习基地应能提供泰语
翻译、涉泰商贸服务、跨境电商运营、涉泰旅游服务等与专业对口的相关
实习岗位，能涵盖当前相关产业发展的主流技术，可接纳一定规模的学生
实习；学校和实习单位双方共同制订实习计划，能够配备相应数量的指导
教师对学生实习进行指导和管理，实习单位安排有经验的技术或管理人员
担任实习指导教师，开展专业教学和职业技能训练，完成实习质量评价，
做好学生实习服务和管理工作，有保证实习学生日常工作、学习、生活的
规章制度，有安全、保险保障，依法依规保障学生的基本权益。

10.2 教学资源

主要包括能够满足学生专业学习、教师专业教学研究和教学实施需要
的教材、图书及数字化资源等。

10.2.1 教材选用基本要求

按照国家规定，经过规范程序选用教材，优先选用国家规划教材和国
家优秀教材。专业课程教材应体现本行业新技术、新规范、新标准、新形态，
并通过数字教材、活页式教材等多种方式进行动态更新。

10.2.2 图书文献配备基本要求

图书文献配备能满足人才培养、专业建设、教科研等工作的需要。专
业类图书文献主要包括：国内外相关泰语教材、中泰文参考书和工具书、
泰语语言文学、泰国社会与文化、中泰跨文化交际、国际经济与贸易、跨
境电商、涉泰企业服务以及对外经济合作方面的法律法规、国际惯例以及
行业企业技术规范和案例等。及时配置新经济、新技术、新工艺、新材料、
新管理方式、新服务方式等相关的图书文献。

10.2.3 数字教学资源配置基本要求

建设、配备与本专业有关的音视频素材、教学课件、数字化教学案例库、虚拟仿真软件等专业教学资源库，种类丰富、形式多样、使用便捷、动态更新、满足教学。

11. 质量保障和毕业要求

11.1 质量保障

（1）学校和二级院系应建立专业人才培养质量保障机制，健全专业教学质量监控管理制度，改进结果评价，强化过程评价，探索增值评价，吸纳行业组织、企业等参与评价，并及时公开相关信息，接受教育督导和社会监督，健全综合评价。完善人才培养方案、课程标准、课堂评价、实习实训、毕业设计以及资源建设等质量保障建设，通过教学实施、过程监控、质量评价和持续改进，达到人才培养规格要求。

（2）学校和二级院系应完善教学管理机制，加强日常教学组织运行与管理，定期开展课程建设、日常教学、人才培养质量的诊断与改进，建立健全巡课、听课、评教、评学等制度，建立与企业联动的实践教学环节督导制度，严明教学纪律，强化教学组织功能，定期开展公开课、示范课等教研活动。

（3）专业教研组织应建立线上线下相结合的集中备课制度，定期召开教学研讨会议，利用评价分析结果有效改进专业教学，持续提高人才培养质量。

（4）学校应建立毕业生跟踪反馈机制及社会评价机制，并对生源情况、职业道德、技术技能水平、就业质量等进行分析，定期评价人才培养质量和培养目标达成情况。

11.2 毕业要求

根据专业人才培养方案确定的目标和培养规格，完成规定的实习实训，全部课程考核合格或修满学分，准予毕业。

　　学校可结合办学实际，细化、明确学生课程修习、学业成绩、实践经历、职业素养、综合素质等方面的学习要求和考核要求等。要严把毕业出口关，确保学生毕业时完成规定的学时学分和各教学环节，保证毕业要求的达成度。

　　接受职业培训取得的职业技能等级证书、培训证书等学习成果，经职业学校认定，可以转化为相应的学历教育学分；达到相应职业学校学业要求的，可以取得相应的学业证书。

>>> **第十四章**
# 应用越南语专业教学标准
# （高等职业教育专科）

1. 概述

　　为适应科技发展、技术进步对行业生产、建设、管理、服务等领域带来的新变化，顺应商务服务领域优化升级需要，对接商务服务领域数字化、网络化、智能化发展新趋势，对接新产业、新业态、新模式下越南语翻译、涉越旅游服务和跨境电子商务等岗位（群）的新要求，不断满足商务服务领域高质量发展对高素质技能人才的需求，推动职业教育专业升级和数字化改造，提高人才培养质量，遵循推进现代职业教育高质量发展的总体要求，参照国家相关标准编制要求，制订本标准。

　　专业教学直接决定高素质技能人才培养的质量，专业教学标准是开展专业教学的基本依据。本标准是全国高等职业教育专科应用越南语专业教学的基本标准，学校应结合区域/行业实际和自身办学定位，依据本标准制订本校应用越南语专业人才培养方案，鼓励高于本标准办出特色。

2. 专业名称（专业代码）

　　应用越南语（570215）

3. 入学基本要求

中等职业学校毕业、普通高级中学毕业或具备同等学力

4. 基本修业年限

三年

5. 职业面向

所属专业大类（代码）	教育与体育大类（57）
所属专业类（代码）	语言类（5702）
对应行业（代码）	商务服务业（72）
主要职业类别（代码）	翻译人员（2-10-05）、商务专业人员（2-06-07）、商务咨询服务人员（4-07-02）、旅游及公共游览场所服务人员（4-07-04）
主要岗位（群）或技术领域	越南语翻译、涉越旅游服务、跨境电子商务……
职业类证书	暂无

6. 培养目标

本专业培养能够践行社会主义核心价值观，传承技能文明，德智体美劳全面发展，具有一定的科学文化水平，良好的人文素养、科学素养、数字素养、职业道德、创新意识，爱岗敬业的职业精神和精益求精的工匠精神，较强的就业创业能力和可持续发展的能力，掌握本专业知识和技术技能，具备职业综合素质和行动能力，面向商务服务业等行业的翻

译人员、商务专业人员、商务咨询服务人员、旅游及公共游览场所服务人员等职业，能够从事越南语翻译、涉越旅游服务和跨境电子商务等工作的高技能人才。

7. 培养规格

本专业学生应在系统学习本专业知识并完成有关实习实训基础上，全面提升知识、能力、素质，掌握并实际运用岗位（群）需要的专业核心技术技能，实现德智体美劳全面发展，总体上须达到以下要求：

（1）坚定拥护中国共产党领导和中国特色社会主义制度，以习近平新时代中国特色社会主义思想为指导，践行社会主义核心价值观，具有坚定的理想信念、深厚的爱国情感和中华民族自豪感；

（2）掌握与本专业对应职业活动相关的国家法律、行业规定，掌握绿色生产、环境保护、安全防护、质量管理等相关知识与技能，了解相关行业文化，具有爱岗敬业的职业精神，遵守职业道德准则和行为规范，具备社会责任感和担当精神；

（3）掌握支撑本专业学习和可持续发展必备的语文、外语（英语等）、信息技术等文化基础知识，具有良好的人文素养与科学素养，具备职业生涯规划能力；

（4）具有良好的语言表达能力、文字表达能力、沟通合作能力，具有较强的集体意识和团队合作意识，具有一定的国际视野，能够正确理解多元文化和人类命运共同体内涵；

（5）掌握较为扎实的越南语语言基础知识，具备听、说、读、写基本技能，能够进行越南语会话和应用文写作；

（6）掌握基本的翻译技巧和翻译方法，熟悉翻译软件，具备开展口头或书面形式的应用翻译能力；

（7）熟悉越南和东盟国家概况及中越文化背景知识，掌握跨境电商基础知识，具有开展互联网平台运营与推广的基本技能；

（8）熟悉旅游服务基础知识，具备运用越南语开展出入境旅游业务的基本技能；

（9）具有一定的越南语信息采集、筛选、编辑和处理能力，能够运用越南语开展线上咨询服务及业务拓展；

（10）掌握信息技术基础知识，具有适应本行业数字化和智能化发展需求的数字技能；

（11）能够运用创新思维、思辨性思维适应新技术、新岗位的要求，具有探究学习、终身学习和可持续发展的能力，具备创新发展能力、创业能力，具有整合知识和综合运用知识分析问题和解决问题的能力。

（12）掌握身体运动的基本知识和至少1项体育运动技能，达到国家大学生体质健康测试合格标准，养成良好的运动习惯、卫生习惯和行为习惯；具备一定的心理调适能力；

（13）掌握必备的美育知识，具有一定的文化修养、审美能力，形成至少1项艺术特长或爱好；

（14）树立正确的劳动观，尊重劳动，热爱劳动，具备与本专业职业发展相适应的劳动素养，弘扬劳模精神、劳动精神、工匠精神，弘扬劳动光荣、技能宝贵、创造伟大的时代风尚。

8. 课程设置及学时安排

8.1 课程设置
主要包括公共基础课程和专业课程。

8.1.1 公共基础课程
按照国家有关规定开齐开足公共基础课程。

应将思想政治理论、体育、军事理论与军训、心理健康教育、劳动教育等列为公共基础必修课程。将马克思主义理论类课程、党史国史、中华优秀传统文化、语文、国家安全教育、信息技术、艺术、职业发展与就业指导、创新创业教育、健康教育、职业素养等列为必修课程或限定选修课程。

学校根据实际情况可开设具有地方特色的校本课程。

8.1.2 专业课程

一般包括专业基础课程、专业核心课程和专业拓展课程。专业基础课程是需要前置学习的基础性理论知识和技能构成的课程，是为专业核心课程提供理论和技能支撑的基础课程；专业核心课程是根据岗位工作内容、典型工作任务设置的课程，是培养核心职业能力的主干课程；专业拓展课程是根据学生发展需求横向拓展和纵向深化的课程，是提升综合职业能力的延展课程。

学校可结合区域／行业实际、办学定位和人才培养需要自主确定课程，进行模块化课程设计，依托体现新方法、新技术、新工艺、新标准的真实生产项目和典型工作任务等，开展项目式、情境式教学，结合人工智能等技术实施课程教学的数字化转型。有条件的专业，可结合教学实际，探索创新课程体系。

（1）专业基础课程

主要包括：基础越南语、越南语听力、越南语口语、越南语阅读、越南语基础写作、越南和东盟国家概况、中越跨文化交际、跨境电商实务等领域的内容。

（2）专业核心课程

主要包括：综合越南语、越南语视听说、越南语口译、越南语应用文写作、越汉互译、商务越南语、旅游越南语、越文信息化处理等领域的内容，具体课程由学校根据实际情况，按国家有关要求自主设置。

专业核心课程主要教学内容与要求

序号	课程涉及的主要领域	典型工作任务描述	主要教学内容与要求
1	综合越南语	越南语资料翻译及越南语编辑。	① 掌握越南语基本知识（包括语法、语音、词汇、语篇结构、文体、语言功能等）。 ② 熟悉特定环境中越南语的表达方式和特点。 ③ 具备商务、旅游、时政等相关越南语篇章阅读的能力。
2	越南语视听说	越南语口语交际。	① 掌握涉越商务服务中职场越南语常用词汇与惯用表达。 ② 开展商务考察、访问行程、商务洽谈、商务接待、旅游产品推销等职场情景视听技能训练。 ③ 开展旅游接待、产品广告、天气预报、会展博览等职场情景视听技能训练。
3	越南语口译	越南语会务口译。	① 掌握介绍、接待、交际、购物、通信联络、咨询等职场情景口译技能。 ② 掌握出入境签证办理、商务洽谈、天气等职场情景口译技能。 ③ 掌握住宿、餐饮、交通等职场情景口译技能。
4	越南语应用文写作	越南语商务文书撰写。	① 掌握越南语应用文写作基础知识。 ② 掌握报告书、计划书、产品目录、意向书、协议书、委托书、调查表等各类应用文的撰写。 ③ 掌握联络函、催促函等商务、旅游服务中各类应用文的撰写。

续表

序号	课程涉及的主要领域	典型工作任务描述	主要教学内容与要求
5	越汉互译	越汉资料翻译。	① 熟悉翻译技巧。 ② 掌握常见汉越词、熟语、外来语、专用名词等词汇的翻译；越汉句法、越南语长句的翻译。 ③ 掌握越南语公文、政论、科技和商务等越语文体的翻译技巧。
6	商务越南语	越南语商务业务交流。	① 掌握涉越商务流程基础环节的基本业务知识。 ② 熟悉商务职场中越南语习惯用语表达和翻译技巧。 ③ 开展跨境电商、商务考察、洽谈、接待、合同签订、询价、函电、产品营销、代理等情景职业技能训练。
7	旅游越南语	越南语旅游翻译。	① 了解中越旅游文化。 ② 掌握旅游服务中的交通、餐饮、住宿、游玩、娱乐、购物和应急救援等职场中越南语习惯用语表达和翻译技巧。 ③ 开展涉越旅游服务中导游、领队等职业技能训练。
8	越文信息化处理	越南语信息编辑与处理。	① 掌握越文计算机操作基础。 ② 掌握越文环境下常用办公软件的应用。 ③ 熟悉智能翻译、社交软件等涉越商务、旅游服务中各类工作软件的应用。 ④ 具备越文互联网平台操作与应用的能力。

（3）专业拓展课程

主要包括：越南语媒体选读、涉外事务管理、跨境电商实务、跨境电商实训、跨境电商网站运营、国际贸易实务、导游实务、出境领队、涉外礼仪等领域的内容。

8.1.3 实践性教学环节

实践性教学应贯穿于人才培养全过程。实践性教学主要包括实验、实习实训、毕业设计、社会实践活动等形式，公共基础课程和专业课程等都要加强实践性教学。

（1）实训

在校内外进行越南语语言综合运用、涉越商务接待、跨境电商业务磋商、出入境旅游业务办理等实训，包括单项技能实训、综合能力实训、生产性实训等。

（2）实习

在应用越南语行业的翻译公司、国际旅行社、跨境电商企业等单位进行实习，包括认识实习和岗位实习。学校应建立稳定、够用的实习基地，选派专门的实习指导教师和人员，组织开展专业对口实习，加强对学生实习的指导、管理和考核。

实习实训既是实践性教学，也是专业课教学的重要内容，应注重理论与实践一体化教学。学校可根据技能人才培养规律，结合企业生产周期，优化学期安排，灵活开展实践性教学。严格执行《职业学校学生实习管理规定》和相关专业岗位实习标准要求。

8.1.4 相关要求

学校应充分发挥思政课程和各类课程的育人功能。发挥思政课程政治引领和价值引领作用，在思政课程中有机融入党史、新中国史、改革开放史、社会主义发展史等相关内容；结合实际落实课程思政，推进全员、全过程、全方位育人，实现思想政治教育与技术技能培养的有机统一。应开设安全教育（含典型案例事故分析）、社会责任、绿色环保、新一代信息技术、数字经济、现代管理、创新创业教育等方面的拓展课程或专题讲座（活动），并将有关内容融入课程教学中；自主开设其他特色课程；组织开展德育活动、志愿服务活动和其他实践活动。

8.2 学时安排

总学时一般为 2700 学时，每 16~18 学时折算 1 学分，其中，公共基础课总学时一般不少于总学时的 25%。实践性教学学时原则上不少于总学时的 50%，其中，实习时间累计一般为 6 个月，可根据实际情况集中或分阶段安排实习时间。各类选修课程的学时累计不少于总学时的 10%。军训、社会实践、入学教育、毕业教育等活动按 1 周为 1 学分。

9. 师资队伍

按照"四有好老师""四个相统一""四个引路人"的要求建设专业教师队伍，将师德师风作为教师队伍建设的第一标准。

9.1 队伍结构

学生数与本专业专任教师数比例不高于 25∶1，"双师型"教师占专业课教师数比例一般不低于 60%，高级职称专任教师的比例不低于 20%，专任教师队伍要考虑职称、年龄、工作经验，形成合理的梯队结构。

能够整合校内外优质人才资源，选聘企业高级技术人员担任行业导师，组建校企合作、专兼结合的教师团队，建立定期开展专业（学科）教研机制。

9.2 专业带头人

原则上应具有本专业及相关专业副高及以上职称和较强的实践能力，能够较好地把握国内外商务服务业等行业、专业发展，能广泛联系行业企业，了解行业企业对本专业人才的需求实际，主持专业建设、开展教育教学改革、教科研工作和社会服务能力强，在本专业改革发展中起引领作用。

9.3 专任教师

具有高校教师资格；原则上具有越南语相关专业本科及以上学历；具有一定年限的相应工作经历或者实践经验，达到相应的技术技能水平；具有本专业理论和实践能力；能够落实课程思政要求，挖掘专业课程中的思政教育元素和资源；能够运用信息技术开展混合式教学等教法改革；能够跟踪新经济、新技术发展前沿，开展技术研发与社会服务；专业教师每年至少 1 个月在企业或生产性实训基地锻炼，每 5 年累计不少于 6 个月的企业实践经历。

9.4 兼职教师

主要从本专业相关行业企业的高技能人才中聘任，应具有扎实的专业知识和丰富的实际工作经验，一般应具有中级及以上专业技术职务（职称）或高级工及以上职业技能等级，了解教育教学规律，能承担专业课程教学、实习实训指导和学生职业发展规划指导等专业教学任务。根据需要聘请技能大师、劳动模范、能工巧匠等高技能人才，根据国家有关要求制定针对兼职教师聘任与管理的具体实施办法。

10. 教学条件

10.1 教学设施

主要包括能够满足正常的课程教学、实习实训所需的专业教室、实训室和实习实训基地。

10.1.1 专业教室基本要求

具备利用信息化手段开展混合式教学的条件。一般配备黑（白）板、多媒体计算机、投影设备、音响设备，具有互联网接入或无线网络环境及网络安全防护措施。安装应急照明装置并保持良好状态，符合紧急疏散要求，安防标志明显，保持逃生通道畅通无阻。

10.1.2 校内外实训场所基本要求

实训场所面积、设备设施、安全、环境、管理等符合教育部有关标准（规定、办法），实训环境与设备设施对接真实职业场景或工作情境，实训项目注重工学结合、理实一体化，实训指导教师配备合理，实训管理及实施规章制度齐全，确保能够顺利开展越南语翻译、涉越旅游服务、跨境电子商务等实训活动。鼓励在实训中运用大数据、云计算、人工智能、虚拟仿真等前沿信息技术。

（1）越南语语言综合实训室

配备多媒体教学一体设备，具有互联网接入或无线网络环境，以及中越双语数字化教学资源、越南语语言实训软件或平台系统，用于越南语视听说、越南语口译等实训教学。

（2）越南语翻译技能实训室

配备翻译实训管理主控台，具有互联网接入或无线网络环境，以及电子屏幕、会议设备、智能翻译系统、在线翻译系统等，用于商务越南语、越汉互译、越文信息化处理等实训教学。

可结合实际建设综合性实训场所。

10.1.3 实习场所基本要求

符合《职业学校学生实习管理规定》《职业学校校企合作促进办法》等对实习单位的有关要求，经实地考察后，确定合法经营、管理规范，实习条件完备且符合产业发展实际、符合安全生产法律法规要求，与学校建立稳定合作关系的单位成为实习基地，并签署学校、学生、实习单位三方协议。

根据本专业人才培养的需要和未来就业需求，实习基地应能提供越南语翻译、涉越旅游服务、跨境电子商务等与专业对口的相关实习岗位，能涵盖当前相关产业发展的主流技术，可接纳一定规模的学生实习；学校和实习单位双方共同制订实习计划，能够配备相应数量的指导教师对学生实习进行指导和管理，实习单位安排有经验的技术或管理人员担任实习指导教师，开展专业教学和职业技能训练，完成实习质量评价，做好学生实习服务和管理工作，有保证实习学生日常工作、学习、生活的规章制度，有安全、保险保障，依法依规保障学生的基本权益。

10.2 教学资源

主要包括能够满足学生专业学习、教师专业教学研究和教学实施需要的教材、图书及数字化资源等。

10.2.1 教材选用基本要求

按照国家规定，经过规范程序选用教材，优先选用国家规划教材和国家优秀教材。专业课程教材应体现本行业新技术、新规范、新标准、新形态，并通过数字教材、活页式教材等多种方式进行动态更新。

10.2.2 图书文献配备基本要求

图书文献配备能满足人才培养、专业建设、教科研等工作的需要。专业类图书文献主要包括：国内外相关越南语教材、中越文参考书和工具书、越南语期刊、中越文化类、翻译理论与实践类图书，以及与本专业相关的国内外方面的法律法规、国际惯例以及行业企业技术规范和案例等。及时配置新经济、新技术、新工艺、新材料、新管理方式、新服务方式等相关的图书文献。

10.2.3 数字教学资源配置基本要求

建设、配备与本专业有关的音视频素材、教学课件、数字化教学案例库、虚拟仿真软件等专业教学资源库，种类丰富、形式多样、使用便捷、动态更新、满足教学。

11. 质量保障和毕业要求

11.1 质量保障

（1）学校和二级院系应建立专业人才培养质量保障机制，健全专业教学质量监控管理制度，改进结果评价，强化过程评价，探索增值评价，吸纳行业组织、企业等参与评价，并及时公开相关信息，接受教育督导和社会监督，健全综合评价。完善人才培养方案、课程标准、课堂评价、实习实训、毕业设计以及资源建设等质量保障建设，通过教学实施、过程监控、质量评价和持续改进，达到人才培养规格要求。

（2）学校和二级院系应完善教学管理机制，加强日常教学组织运行与管理，定期开展课程建设、日常教学、人才培养质量的诊断与改进，建立健全巡课、听课、评教、评学等制度，建立与企业联动的实践教学环节督导制度，严明教学纪律，强化教学组织功能，定期开展公开课、示范课等教研活动。

（3）专业教研组织应建立线上线下相结合的集中备课制度，定期召开教学研讨会议，利用评价分析结果有效改进专业教学，持续提高人才培养质量。

（4）学校应建立毕业生跟踪反馈机制及社会评价机制，并对生源情况、职业道德、技术技能水平、就业质量等进行分析，定期评价人才培养质量和培养目标达成情况。

11.2 毕业要求

根据专业人才培养方案确定的目标和培养规格，完成规定的实习实训，全部课程考核合格或修满学分，准予毕业。

学校可结合办学实际，细化、明确学生课程修习、学业成绩、实践经历、职业素养、综合素质等方面的学习要求和考核要求等。要严把毕业出口关，确保学生毕业时完成规定的学时学分和各教学环节，保证毕业要求的达成度。

接受职业培训取得的职业技能等级证书、培训证书等学习成果，经职业学校认定，可以转化为相应的学历教育学分；达到相应职业学校学业要求的，可以取得相应的学业证书。

第十五章
应用英语专业教学标准
（高等职业教育本科）

1. 概述

为适应科技发展、技术进步对行业生产、建设、管理、服务等领域带来的新变化，顺应国际商务、国际贸易等领域数字化、网络化、智能化发展的新趋势，对接新产业、新业态、新模式下语言服务、涉外商贸服务与管理等岗位（群）的新要求，不断满足国际商务、国际贸易等领域高质量发展对高素质技能人才的需求，推动职业教育专业升级和数字化改造，提高人才培养质量，遵循推进现代职业教育高质量发展的总体要求，参照国家相关标准编制要求，制订本标准。

专业教学直接决定高素质技能人才培养的质量，专业教学标准是开展专业教学的基本依据。本标准是全国高等职业教育本科应用英语专业教学的基本标准，学校应结合区域/行业实际和自身办学定位，依据本标准制订本校应用英语专业人才培养方案，鼓励高于本标准办出特色。

2. 专业名称（专业代码）

应用英语（370201）

3. 入学基本要求

中等职业学校毕业、普通高级中学毕业或具备同等学力

4. 基本修业年限

四年

5. 职业面向

所属专业大类（代码）	教育与体育大类（37）
所属专业类（代码）	语言类（3702）
对应行业（代码）	商务服务业（72）、批发业（51）、零售业（52）
主要职业类别（代码）	翻译人员（2-10-05）、商务专业人员（2-06-07）、销售人员（4-01-02）、电子商务服务人员（4-01-06）、商务咨询服务人员（4-07-02）
主要岗位（群）或技术领域	语言服务、涉外商贸服务与管理……
职业类证书	全国高等学校英语专业四级考试、翻译专业资格……

6. 培养目标

本专业培养能够践行社会主义核心价值观，传承与创新技能文明，德智体美劳全面发展，具有较高的科学文化水平，良好的人文素养、科学素养、数字素养、职业道德，爱岗敬业的职业精神和精益求精的工匠精神，一定的国际视野和良好的跨文化交际能力，掌握较为系统的基础理论知识和技术技能，能够提供中高端服务、解决较复杂问题、进行较复杂操作，具有一定的创新能力，具有较强的就业创业能力和可持续发展能力，具备职业

综合素质和行动能力，面向商务服务业、批发业和零售业等行业的翻译人员、商务专业人员、销售人员、电子商务服务人员、商务咨询服务人员等职业，能够从事商务英语翻译、机器翻译译后编校、国际商务、外贸业务等工作的高端技能人才。

7. 培养规格

本专业学生应在系统学习本专业知识并完成有关实习实训基础上，全面提升知识、能力、素质，掌握并实际运用岗位（群）需要的专业核心技术技能，实现德智体美劳全面发展，总体上须达到以下要求：

（1）坚定拥护中国共产党领导和中国特色社会主义制度，以习近平新时代中国特色社会主义思想为指导，践行社会主义核心价值观，具有坚定的理想信念、深厚的爱国情感和中华民族自豪感；

（2）掌握与本专业对应职业活动相关的国家法律、行业规定，掌握绿色生产、环境保护、安全防护、质量管理等相关知识与技能，具有质量意识、环保意识、安全意识和创新思维；了解相关行业文化，具有爱岗敬业的职业精神，遵守职业道德准则和行为规范，具备社会责任感和担当精神；

（3）掌握支撑本专业学习和可持续发展必备的语文、数学、外语（英语等）、信息技术等文化基础知识，具有扎实的人文素养与科学素养，具备职业生涯规划能力；

（4）掌握英语国家社会与文化、国际商务礼仪等方面的专业基础理论知识，具有一定的国际视野和跨文化交流能力，能够妥善应对文化差异或冲突，具有较强的整合知识和综合运用知识的能力；

（5）掌握较为系统的英语语言基础知识，具有较高水平的英语听、说、读、写综合运用能力和较强的语言交际能力，能够流利地进行日常商务会话并撰写较为规范的商务英语应用文；

（6）掌握基础的翻译理论和常用的翻译方法和相关行业专业知识，具有较好的现场口译、资料笔译、翻译技术应用及机器翻译译后编校的实践能力；

（7）掌握国际商贸实务处理、涉外沟通与接待、海外业务拓展、客户关系维护等技术技能，具有涉外商务活动组织协调与管理、谈判公关以及处理常见涉外工作风险的能力；

（8）具有在国际商务、国际贸易等领域提供中高端服务的能力，具有从事海外业务拓展方案设计及过程监控的能力，具有解决岗位现场较复杂问题的能力，具有实施现场管理的能力；

（9）掌握信息技术基础知识，具有适应本行业数字化和智能化发展需求的数字技能，能够在数字化信息平台上用英语进行国际市场调研、产品推广及海外客户开发与维护；

（10）具有良好的人际交往能力、语言表达能力、文字表达能力、沟通合作能力，具有较强的集体意识和团队合作能力；

（11）具有探究学习、终身学习和可持续发展的能力，能够适应新技术、新岗位的要求；具有批判性思维、创新思维和创业意识，具有较强的分析问题和解决问题的能力；

（12）掌握身体运动的基本知识和至少 1 项运动技能，达到国家大学生体质健康测试合格标准，养成良好的运动习惯、卫生习惯和行为习惯；具备一定的心理调适能力；

（13）掌握必备的美育知识，具有一定的文化修养、审美能力，形成至少 1 项艺术特长或爱好；

（14）树立正确的劳动观，尊重劳动，热爱劳动，具备与本专业职业发展相适应的劳动素养，弘扬劳模精神、劳动精神、工匠精神，弘扬劳动光荣、技能宝贵、创造伟大的时代风尚。

8. 课程设置及学时安排

8.1 课程设置

主要包括公共基础课程和专业课程。

8.1.1　公共基础课程

按照国家有关规定开齐开足公共基础课程。

应将思想政治理论、体育、军事理论与军训、心理健康教育、劳动教育等列为公共基础必修课程。将马克思主义理论类课程、党史国史、中华优秀传统文化、社会主义先进文化、宪法法律、语文、国家安全教育、信息技术、艺术、职业发展与就业指导、创新创业教育、科学探索、中国文化概论等列为必修或限定选修的课程内容。

学校根据实际情况可开设具有地方特色的校本课程。

8.1.2　专业课程

一般包括专业基础课程、专业核心课程和专业拓展课程。专业基础课程是需要前置学习的基础性理论知识和技能构成的课程，是为专业核心课程提供理论和技能支撑的基础课程；专业核心课程是根据岗位工作内容、典型工作任务设置的课程，是培养核心职业能力的主干课程；专业拓展课程是根据学生发展需求横向拓展和纵向深化的课程，是提升综合职业能力的延展课程。

学校应结合区域／行业实际、办学定位和人才培养需要自主确定课程，进行模块化课程设计，依托体现新方法、新技术、新工艺、新标准的真实生产项目和典型工作任务等，开展项目式、情境式教学，结合人工智能等技术实施课程教学的数字化转型。有条件的专业，可结合教学实际，探索创新课程体系。

（1）专业基础课程

主要包括：综合英语、应用英语视听说、英语阅读、英语写作技巧、英语翻译理论、英语演讲与辩论、英语国家社会与文化、国际商务礼仪等领域的内容。

（2）专业核心课程

主要包括：商务英语、英语应用英语口笔译、机器翻译译后编校、英语商务信函写作、国际商务谈判英语、跨文化交际、海外客户开发与管理、国际贸易实务、商务沟通技巧等领域的内容，具体课程由学校根据实际情况，按国家有关要求自主设置。

专业核心课程主要教学内容与要求

序号	课程涉及的主要领域	典型工作任务描述	主要教学内容与要求
1	商务英语	① 涉外日常行程及会议安排。 ② 海外市场调研。 ③ 商务陪同翻译及客户接待。 ④ 英文产品描述及产品推广。 ⑤ 客户投诉接待及处理等售后服务。	① 包括现代商务知识、商务环境、公司文化、公司业务、市场调研、产品描述、营销策略、客户接待、售后服务、投诉处理、索赔及理赔、职场压力及团队合作等相关知识及技能。 ② 掌握基础商务知识，熟悉商务活动流程，提升商务交际能力。
2	英语应用文写作	① 企业内部文案写作。 ② 涉外文案写作。	① 包括基本应用文写作类型、写作规范、写作格式和写作方法等知识。 ② 掌握个人简历、电子邮件、通知、会议议程、备忘录、工作报告、企业介绍、产品介绍、邀请信、感谢信等实用文种的撰写。 ③ 熟悉职场所需的应用文写作规范，具备英语写作能力。
3	应用英语口笔译	① 多领域多类别文件的英语笔译。 ② 企业对外联络、商务陪同、项目管理等过程中的英语口译。	① 包括口笔译理论、方法及技巧，以及经贸、商务、旅游、技术等领域的多文本翻译，包括但不限于商务名片、旅游公示语、产品说明、企业宣传、商务信函、公关文稿、商务合同等。 ② 具备相应的语言能力、专业素养，提升跨文化交际意识。

续表

序号	课程涉及的主要领域	典型工作任务描述	主要教学内容与要求
4	机器翻译译后编校	① 使用翻译软件或利用网络在线完成初稿翻译，并对译后文本进行人工校对和润色。 ② 熟悉、审核和管理外贸、商务等相关领域的双语对照术语表、词汇库和词汇翻译库。	① 包括主流机器辅助翻译软件介绍及使用方法、语料库创建、译后文本编校方法及技巧、互联网资源检索能力提升、资料编辑排版等实践技能。 ② 了解机器翻译出现的背景及发展前景，具备机器翻译译后编校能力，掌握借助专业翻译工具提升翻译实效的技巧和方法。
5	英语商务信函写作	① 业务磋商、签订贸易合同、沟通履约、售后服务等环节的英语信函或电子邮件书写。 ② 售前、售中和售后服务各环节的英语信函书写。	① 包括商务英语信函的行文方法、写作规范、写作布局、专业词汇及惯用句型等基础知识。 ② 具备用英语进行书面表达及沟通的能力，掌握询盘及答复、发盘及还盘、订单与执行、包装、保险、运输、支付、投诉与索赔、代理等典型信函或电子邮件写作策略。
6	国际商务谈判英语	① 接待国际客户来访或客户拜访。 ② 运用英语与国际客户就产品、质量等方面进行磋商和谈判。	① 包括商务谈判原则、相关法律法规、谈判计划制订、谈判开局技巧、磋商技巧、谈判成交和签约、专业术语和常用表达等实践能力训练。 ② 具备运用英语进行国际商务谈判的能力，掌握业务谈判及磋商技巧。

续表

序号	课程涉及的主要领域	典型工作任务描述	主要教学内容与要求
7	跨文化交际	① 处理业务活动中的跨文化冲突。 ② 针对不同文化运用市场营销手段，促成产品推广及行销。 ③ 讲述中国故事，增强文化自信。	① 包括跨文化交际基础知识、语言交际及非语言交际中的文化差异，包括各国风俗习惯、文化禁忌等。 ② 了解业务活动中可能出现的跨文化冲突，掌握在商务环境下开展跨文化交际的技能，具备跨文化思维和跨文化敏感性，提升跨文化交际能力和水平。
8	海外客户开发与管理	① 运用网络平台、展会等手段开发海外客户。 ② 海外客户需求分析及满意度管理。 ③ 海外客户建档、评估及分类管理。 ④ 海外客户关系维护。	① 包括客户信息管理的基本理念和流程、英文环境下常用客户管理系统组成结构及其基本使用方法，以及海外客户开发渠道、海外客户定位及维系、海外客户沟通及纠纷预防、跨境客户流失管理与挽回等内容。 ② 具备用英语进行海外客户开发及管理的能力。
9	国际贸易实务	① 负责进出口贸易全流程操作。 ② 负责方案策划、报价、下单、收款及售后等。 ③ 按要求传递相关的客户要求，制作和办理各种结汇所需单据等。	① 包括国际商品买卖的基本原理、基础知识和基本技能，以及进出口交易程序和国际货物买卖合同条款的拟定方法和技巧。 ② 掌握外贸进出口业务中的交易准备、报价核算、交易磋商、合同订立、结算方式、备货订舱、出口通关、付汇、结汇退税等国际贸易业务操作流程，具备国际贸易事务处理能力。

续表

序号	课程涉及的主要领域	典型工作任务描述	主要教学内容与要求
10	商务沟通技巧	① 与海外客户进行电话或当面沟通交流,促成交易达成。② 保持与供应商和客户的沟通协调,确保合作畅通。③ 顺利实施招聘面试、演示等商务活动。	① 包括人际沟通、组织沟通、跨文化沟通的理论及实务。② 具备用英语进行商务沟通的能力,重点掌握电话沟通、面谈沟通、招聘与面试沟通、演示和会议主持等技能。

（3）专业拓展课程

主要包括：国际贸易、跨境电商、旅游酒店三个专业方向，各院校可结合区域经济发展需求和自身专业方向及特色，选取不同专业方向开展教学。

国际贸易方向可设置：外贸跟单实务、进出口单证实务、跨境电商实务、进出口综合业务操作、国际市场营销、短视频拍摄与剪辑等领域的内容；

跨境电商方向可设置：跨境电商运营、跨境电商客服、跨境电商实用英语、跨境电商综合实训、短视频拍摄与剪辑、社交媒体运营等领域的内容；

旅游酒店方向可设置：旅游英语、导游实务、酒店英语、酒店数字化运营实务、旅游市场营销、旅行社经营与管理等领域的内容。

8.1.3 实践性教学环节

实践性教学应贯穿于人才培养全过程。实践性教学主要包括实验、实习实训、毕业设计、社会实践活动等形式，公共基础课程和专业课程等都要加强实践性教学。

（1）实训

在校内外进行涉外商务接待、机器翻译译后编校、国际商务谈判及业务磋商、海外客户开发及平台运维等实训，包括单项技能实训、综合能力实训、生产性实训等。

（2）实习

在国际商务、国际贸易等领域的翻译公司、跨国公司、贸易企业、跨境电商企业等单位进行实习，包括认识实习和岗位实习。各院校也可以根据不同专业方向，组织学生在校内外进行外贸综合业务操作、跨境电商综合业务操作、社交媒体运营、酒店管理与数字化运营等综合实训；在外贸企业、跨境电商企业、国际旅行社、涉外酒店等单位进行对外贸易、跨境电商运营、新媒体运营、英文导游、酒店管理等岗位实习。学校应建立稳定、够用的实习基地，选派专门的实习指导教师和人员，组织开展专业对口实习，加强对学生实习的指导、管理和考核。

实习实训既是实践性教学，也是专业课教学的重要内容，应注重理论与实践一体化教学。学校可根据技能人才培养规律，结合企业生产周期，优化学期安排，灵活开展实践性教学。应严格执行《职业学校学生实习管理规定》和相关专业岗位实习标准要求。

8.1.4 相关要求

学校应充分发挥思政课程和各类课程的育人功能。发挥思政课程政治引领和价值引领作用，在思政课程中有机融入党史、新中国史、改革开放史、社会主义发展史等相关内容；结合实际落实课程思政，推进全员、全过程、全方位育人，实现思想政治教育与技术技能培养的有机统一。应开设安全教育（含典型案例事故分析）、社会责任、绿色环保、新一代信息技术、数字经济、现代管理、创新创业教育等方面的拓展课程或专题讲座（活动），并将有关内容融入课程教学中；自主开设其他特色课程；组织开展德育活动、志愿服务活动和其他实践活动。

8.2 学时安排

总学时一般为3400学时，每16~18学时折算1学分，其中，公共基础课总学时一般不少于总学时的25%。实践性教学学时原则上不少于总学时的 60%，其中，实习时间累计一般不少于 6 个月，可根据实际情况集中或分阶段安排实习时间。各类选修课程的学时累计不少于总学时的 10%。军训、社会实践、入学教育、毕业教育等活动按 1 周为 1 学分。

9. 师资队伍

按照"四有好老师""四个相统一""四个引路人"的要求建设专业教师队伍，将师德师风作为教师队伍建设的第一标准。

9.1 队伍结构

学生数与本专业专任教师数比例不高于 20∶1，"双师型"教师占比不低于 50%，高级职称专任教师的比例不低于 30%，具有研究生学位专任教师的比例不低于 50%，具有博士研究生学位专任教师的比例按照教育部有关规定执行，专任教师队伍要考虑职称、年龄，工作经验，形成合理的梯队结构。

能够整合校内外优质人才资源，选聘企业高级技术人员担任行业导师，组建校企合作、专兼结合的教师团队，建立定期开展专业（学科）教研机制。

9.2 专业带头人

具有本专业或相关专业副高及以上职称和较强的实践能力；原则上应是省级及以上教育行政部门等认定的高水平教师教学（科研）创新团队带头人、省级及以上教学名师、高技能人才、技术技能大师，或主持获省级及以上教学领域有关奖励两项以上，能够较好地把握国内外商务服务业、批发业和零售业等行业、专业发展，能广泛联系行业企业，了解行业企业对本专业人才的需求实际，主持专业建设、教学改革，教科研工作和社会服务能力强，在本区域或本领域具有一定的专业影响力。

9.3 专任教师

具有高校教师资格；具有英语语言文学、外国语言学及应用语言学、商务英语、英语教育、翻译等相关专业本科及以上学历；具有一定年限的相应工作经历或者实践经验，达到相应的技术技能水平；具有本专业理论和实践能力；能够落实课程思政要求，挖掘专业课程中的思政教育元素和资源；能够运用信息技术开展混合式教学等教法改革；能够跟踪新经济、新技术发展前沿，开展技术研发与社会服务；专业教师每年至少1个月在企业或生产性实训基地锻炼，每5年累计不少于6个月的企业实践经历。

9.4 兼职教师

主要从本专业相关行业企业的高技能人才中聘任，应具有扎实的专业知识和丰富的实际工作经验，一般应具有中级及以上专业技术职务（职称）或高级工及以上职业技能等级，了解教育教学规律，能承担专业课程教学、实习实训指导和学生职业发展规划指导等专业教学任务。本专业所有兼职教师所承担的本专业教学任务授课课时一般不少于专业课总课时的20%。根据需要聘请技能大师、劳动模范、能工巧匠等高技能人才，根据国家有关要求制定针对兼职教师聘任与管理的具体实施办法。

10. 教学条件

10.1 教学设施

主要包括能够满足正常的课程教学、实习实训所需的专业教室、实训室和实习实训基地。生均教学科研仪器设备值原则上不低于1万元。

10.1.1 专业教室基本要求

具备利用信息化手段开展混合式教学的条件。一般配备黑（白）板、多媒体计算机、投影设备、音响设备，具有互联网接入或无线网络环境及网络安全防护措施。安装应急照明装置并保持良好状态，符合紧急疏散要求，安防标志明显，保持逃生通道畅通无阻。

10.1.2 校内外实训场所基本要求

实训场所面积、设备设施、安全、环境、管理等符合教育部有关标准（规定、办法），实训环境与设备设施对接真实职业场景或工作情境，实训项目注重工学结合、理实一体化，实训指导教师配备合理，实训管理及实施规章制度齐全，确保能够顺利开展英语听力、口语、写作、翻译、涉外业务操作等实训活动。鼓励在实训中运用大数据、云计算、人工智能、虚拟仿真等前沿信息技术。

（1）语言综合实训室

配备教学主控机、学生机、电子白板、服务器，具有互联网接入或无线网络环境，以及各类配套英语口语或听力实训系统或软件，主要用于综合英语、应用英语视听说、商务英语、英语商务信函写作、英语应用文写作等实训教学。

（2）翻译实训室

配备教学主控机、学生机、电子白板、服务器，具有互联网接入或无线网络环境，以及各类国内外主流机器辅助翻译软件的单机版及服务器版，用于应用英语口笔译、机器翻译译后编校等实训教学。

（3）商务谈判实训室

配备教学主控机、学生机、电子白板、服务器，具有互联网接入或无线网络环境、谈判桌椅、办公设备、会议设备、录播设备，以及人工智能、虚拟仿真或其他与谈判相关的软硬件设备，用于商务英语、国际商务谈判英语、跨文化交际、商务沟通技巧等实训教学。

（4）业务综合实训室

配备教学主控机、学生机、电子白板、服务器，具有互联网接入或无线网络环境、音响设备，以及进出口业务、跨境电子商务、国际商务管理等模拟软件或真实项目操作平台，用于国际贸易实务、进出口综合业务操作、跨境电商综合实训等的实训教学。如开设旅游酒店方向课程，可安装酒店管理模拟软件或真实项目操作平台，用于酒店管理与数字化运营等实训教学。

可结合实际建设综合性实训场所。

10.1.3 实习场所基本要求

符合《职业学校学生实习管理规定》《职业学校校企合作促进办法》等对实习单位的有关要求，经实地考察后，确定合法经营、管理规范，实习条件完备且符合产业发展实际、符合安全生产法律法规要求，与学校建立稳定合作关系的单位成为实习基地，并签署学校、学生、实习单位三方协议。

根据本专业人才培养的需要和未来就业需求，实习基地应能提供商务英语翻译、机器翻译译后编校、国际商务、外贸业务等与专业对口的相关实习岗位，能涵盖当前相关产业发展的主流技术，可接纳一定规模的学生实习；学校和实习单位双方共同制订实习计划，能够配备相应数量的指导教师对学生实习进行指导和管理，实习单位安排有经验的技术或管理人员担任实习指导教师，开展专业教学和职业技能训练，完成实习质量评价，做好学生实习服务和管理工作，有保证实习学生日常工作、学习、生活的规章制度，有安全、保险保障，依法依规保障学生的基本权益。

10.2 教学资源

主要包括能够满足学生专业学习、教师专业教学研究和教学实施需要的教材、图书及数字化资源等。

10.2.1 教材选用基本要求

按照国家规定，经过规范程序选用教材，优先选用国家规划教材和国家优秀教材。专业课程教材应体现本行业新技术、新规范、新标准、新形态，并通过数字教材、活页式教材等多种方式进行动态更新。

10.2.2 图书文献配备基本要求

图书文献配备能满足人才培养、专业建设、教科研等工作的需要。专业类图书文献主要包括：外语类、国际经济与贸易类、跨境电子商务类、商务管理类、国际市场营销类、旅游类、酒店管理类、新媒体类、创新创业类、中西文化类图书和期刊等；与本专业相关的工具书、国内外法律法规、国际惯例、行业标准、技术规范、案例及操作流程、操作手册等。及时配置新经济、新技术、新工艺、新材料、新管理方式、新服务方式等相关的图书文献。

10.2.3 数字教学资源配置基本要求

建设、配备与本专业有关的音视频素材、教学课件、数字化教学案例库、虚拟仿真软件等专业教学资源库，种类丰富、形式多样、使用便捷、动态更新、满足教学。

11. 质量保障和毕业要求

11.1 质量保障

（1）学校和二级院系应建立专业人才培养质量保障机制，健全专业教学质量监控管理制度，改进结果评价，强化过程评价，探索增值评价，吸纳行业组织、企业等参与评价，并及时公开相关信息，接受教育督导和社会监督，健全综合评价。完善人才培养方案、课程标准、课堂评价、实习实训、毕业设计以及资源建设等质量保障建设，通过教学实施、过程监控、质量评价和持续改进，达到人才培养规格要求。

（2）学校和二级院系应完善教学管理机制，加强日常教学组织运行与管理，定期开展课程建设、日常教学、人才培养质量的诊断与改进，建立健全巡课、听课、评教、评学等制度，建立与企业联动的实践教学环节督导制度，严明教学纪律，强化教学组织功能，定期开展公开课、示范课等教研活动。

（3）专业教研组织应建立线上线下相结合的集中备课制度，定期召开教学研讨会议，利用评价分析结果有效改进专业教学，持续提高人才培养质量。

（4）学校应建立毕业生跟踪反馈机制及社会评价机制，并对生源情况、职业道德、技术技能水平、就业质量等进行分析，定期评价人才培养质量和培养目标达成情况。

11.2 毕业要求

根据专业人才培养方案确定的目标和培养规格，完成规定的实习实训，全部课程考核合格或修满学分，准予毕业。学校可将工艺改进、产品（服务）设计、技术（服务）创新、技艺展示、专利研发等作为毕业设计（创作）的重要内容，一般不要求学生撰写毕业论文。符合学位授予条件的按规定授予学位。

学校可结合办学实际，细化、明确学生课程修习、学业成绩、实践经历、职业素养、综合素质等方面的学习要求和考核要求等。要严把毕业出口关，确保学生毕业时完成规定的学时学分和各教学环节，保证毕业要求的达成度。

接受职业培训取得的职业技能等级证书、培训证书等学习成果，经职业学校认定，可以转化为相应的学历教育学分；达到相应职业学校学业要求的，可以取得相应的学业证书。